David De Angelis

Ohne Brille seh ich besser

David De Angelis

Ohne Brille seh ich besser

Power Vision System®: Das scharfsichtige Augentraining

VAK

VAK Verlags GmbH
Kirchzarten bei Freiburg

Titel der italienischen Originalausgabe:
Come sono guarito dalla miopia – Senza occhiali, lenti a contatto e chirurgia. Power Vision System

Erschienen bei: Macro Edizioni, Diegaro di Cesena, Italien
ISBN 88-7507-484-4

Bibliografische Information der Deutschen Bibliothek
Die Deutsche Bibliothek verzeichnet diese Publikation in der Deutschen Nationalbibliografie; detaillierte bibliografische Daten sind im Internet über http://dnb.ddb.de abrufbar.

VAK Verlags GmbH
Eschbachstraße 5
79199 Kirchzarten
Deutschland
www.vakverlag.de

2. Auflage: 2008

Übersetzung: Melanie Klett, Hildegard Baumann (Vorbemerkung, Teil II)
Lektorat: Dr. Dorothea Wenninger
Zeichnungen: Riccardo Federici
Umschlaggestaltung: Hugo Waschkowski, Freiburg
Umschlagfoto: Tony Zecchinelli
Druck: Himmer AG, Augsburg
Printed in Germany
ISBN: 978-3-86731-002-4

Inhaltsverzeichnis

Vorbemerkung – Meine persönliche Geschichte 9
Vorwort von Otis Brown 13

Einleitung

Zu diesem Buch 19
Wie dieses Buch aufgebaut ist 24

Teil I

Die Theorie – Physiologische Grundlagen von *Power Vision System*®

Kapitel 1: Akkommodationsreize 28
Kapitel 2: Training der äußeren Augenmuskeln 44
Kapitel 3: Defokus – Unschärfe als Trainingsreiz 57

Teil II

Die Praxis – Muskeltraining und allmähliche Defokussierung

Kapitel 4: Überakkommodativer Stress und Kurzsichtigkeit 84
Kapitel 5: Beseitigen Sie die Ursache des Brechungsfehlers – nicht seine Symptome! 89
Kapitel 6: Das Geheimnis eines perfekten Sehvermögens .. 96
Kapitel 7: Die Methode 101

Teil III

Ganzheitliche Betrachtung des Sehens

Kapitel 8: Stress, Nervensystem und Sehkraft 120
Kapitel 9: Der Körper im Gleichgewicht 128

Teil IV

Power Vision System® und weitere unkonventionelle Augentherapien

Kapitel 10: Unkonventionelle Augentherapien 142
Kapitel 11: Ein neuer Ansatz im Umgang mit Sehfehlern ... 148

Teil V

Fragen und Antworten zu *Power Vision System*® 155

Anhang

Nachwort an die Skeptiker aus den Reihen der Wissenschaft 224
Persönliches Nachwort – Was ich aus meiner Kurzsichtigkeit gelernt habe 226
Nachwort an den Leser 228
Regeln zur Vorbeugung von Sehfehlern 231
Verschiedene Intensitätsstufen des Trainingsprogramms *Power Vision System*® 233
Glossar 237
Bibliografie 244
Über den Autor 249
Stichwortregister 253

Ich widme dieses Buch all denjenigen, die es mithilfe
ihres *Vertrauens* und ihrer *Beharrlichkeit* schaffen werden,
ihre Sehschwäche zu verbessern oder sie sogar ganz aufzulösen.
Frauen und Männern, die mit ihrer persönlichen Erfahrung
zukünftige Generationen befreien werden:
vom Brille- und Kontaktlinsentragen und von anderen
medizinischen Praktiken, die man später als veraltet und
befremdend betrachten wird.
Außerdem widme ich *Ohne Brille seh ich besser*
auch den Augenärzten und Optometristen,
die ihren Arbeitsschwerpunkt auf Prävention und
natürliche Heilung von Brechungsfehlern ausrichten.

„... auch wer in einer einzigen Erklärung gefangen ist, kann eine Erweiterung der eigenen Sichtweise erfahren; einfach, indem er die Dinge einmal aus einem anderen Blickwinkel betrachtet."

Michael J. A. Howe *(Genius Explained*, Cambridge University Press, 1999 [Übersetzung D. W.])

„Eine neue wissenschaftliche Wahrheit pflegt sich nicht in der Weise durchzusetzen, dass ihre Gegner überzeugt werden und sich als belehrt erklären, sondern dadurch, dass die Gegner allmählich aussterben und dass die heranwachsende Generation von vornherein mit der Wahrheit vertraut gemacht ist."

Max Planck *(Wissenschaftliche Selbstbiographie*, Leipzig: J. A. Barth, 1948)

„Wenn Brechungsfehler am Auge bewusst herbeigeführt werden können, müsste man ihre Entwicklung auch vorhersehen können und es müsste sogar möglich sein, sie zu heilen."

Grosvenor und Flom
(aus: Ong und Ciuffreda 1997 [Übersetzung D. W.])

Hinweis des Verlags

Dieses Buch dient der Information über eine Methode der Selbsthilfe bei funktionellen Sehfehlern. Wer sie anwendet, tut dies in eigener Verantwortung. Autor und Verlag empfehlen explizit, vor dem Beginn eines Augentrainings – egal welches Sehproblem zugrunde liegt – einen Augenarzt aufzusuchen.

Autor und Verlag beabsichtigen nicht, Diagnosen zu stellen oder Therapieempfehlungen zu geben. Die Informationen in diesem Buch sind nicht als Ersatz für professionelle Hilfe bei gesundheitlichen oder psychischen Problemen zu verstehen.

Für Hinweise auf verbesserungswürdige Stellen des Buches ist der Autor dankbar. Er würde sich auch freuen, Kommentare und Erfahrungsberichte von Lesern über die Ergebnisse, die sie mithilfe seiner Methode erzielt haben, veröffentlichen zu können. Nach dem Motto: Jede persönliche Erfahrung kann für andere Anwender der Methode hilfreich sein.

Kontaktieren Sie hierzu

David De Angelis,
E-Mail: info@powervisionsystem.com oder das Leserforum:
www.visuellestraining.com.

Vorbemerkung – Meine persönliche Geschichte

Ich wusste, ich würde es schaffen, früher oder später.

Ich wusste, dass nichts unmöglich ist für jemanden, der daran *glaubt*, dass er es kann.

Ich wusste, dass ich eines Tages meine klare Sicht wiedererlangen würde und dass ich es schaffen würde, meinen Erfolg mit meinen eigenen Augen zu sehen, ohne von einer Brille abhängig zu sein. Ich wusste, dass ich all die fantastischen Details und Farben sehen würde, die ein Kurzsichtiger sich eben nur vorstellen kann.

Bis zum Alter von 15 Jahren war ich „normalsichtig". Ich sah hervorragend, laut Snellen-Index hatte ich einen Visus von 20/20.

Aus verschiedenen Gründen, die ich erst später verstand, begann ich kurzsichtig zu werden und erhielt meine erste Brille (mit Minuslinsen). Wie alle kurzsichtigen Menschen betrat ich den „vernebelten Tunnel", den Tunnel, der – indem man nach und nach immer stärkere Brillengläser verschrieben bekommt – unvermeidlich und unerbittlich in einen immer dichteren Nebel, eine immer stärkere Kurzsichtigkeit führt.

Meine Brille konnte ich nie ausstehen, ich empfand immer eine Art körperliche Abneigung gegen sie. Ich habe sie immer als etwas empfunden, das nicht in mein Gesicht gehört. Vor allem war ich immer der Überzeugung, dass ich mein Sehvermögen wieder würde herstellen können und eines Tages wieder völlig klar sehen würde – irgendwie, trotz der Tatsache, dass ich zu diesem Zeitpunkt noch nicht genau wusste wie.

Während jener Jahre, die ich im Nebel meiner Kurzsichtigkeit verbrachte, versuchte ich alles – außer der refraktiven Chirurgie, Gott sei Dank –, um mich daraus zu befreien. Aber im Endeffekt frustrierten und erstickten mich alle Versuche gleichermaßen.

Ich las Tausende Bücher zum Thema „Verbessern Sie Ihr Sehvermögen" und probierte die vorgeschlagenen Methoden aus – wieder und immer wieder.

Ich versuchte nachzuvollziehen, wie der korrekte Sehvorgang funktioniert, indem ich Menschen ohne Sehprobleme fragte, was im Moment des Fokussierens ihrer Augen vor sich ging.

Ich war von diesen Fragen gleichermaßen fasziniert und besessen.

Ich versuchte es mit verschiedenen Methoden der alternativen Sehschulen, einschließlich des teuren *Accommotrac® Vision Trainers* (die Details werden im Kapitel 10 erklärt).

Die Ergebnisse waren praktisch gleich null und hin und wieder verlor ich die Zuversicht, doch noch irgendwo und irgendwann die definitive Lösung zu finden. Genauso oft aber fasste ich wieder Mut und fuhr mit meinen Studien und Übungen fort.

Ein Freund von mir sagte einmal: „Die Zeit kommt für denjenigen, der es versteht zu warten", und er hatte vollkommen recht. – „Die Zeit kommt für denjenigen, der es versteht zu warten, der *beharrlich* ist und der *Vertrauen* hat und der *beharrlich* genug ist.", möchte ich hinzufügen.

Ich ergänze: „Früher oder später kommt die Lösung." Wenn Sie während Ihrer Suche und des Herumirrens nie aufgeben, werden sich plötzlich die Tore auftun und die Lösung wird sichtbar werden. Diese Lösung wird Ihnen wie ein unerwarteter Gewinn erscheinen. Sie können nur sehen, was Sie sehen wollen, so wie man nur hört, was man hören will.

Ich schrieb dieses Buch als eine Art Zeugnis, nicht nur als eine Art Gebrauchsanweisung. Ich schrieb es für geistig offene Menschen, die ihren Weg aus der Kurzsichtigkeit finden wollen, unabhängig von Sehhilfen.

Was für mich wirklich von Bedeutung ist, ist die Tatsache, dass ich *jetzt*, nach über zehn langen Jahren der frustrierenden Versuche, der Lektüre und Übungen mit teuren Geräten *(Accommotrac® Vision Trainer)* die große Freude habe, die Welt in ihren leuchtenden Farben und Schattierungen zu sehen, und das auf eine überraschend kristallklare Art und Weise.

Ich habe meine -2,25 und -2,00 Dioptrien Kurzsichtigkeit sozusagen im „Nebel" hinter mir zurückgelassen. Auch wenn es zunächst vielleicht ein wenig unglaublich klingen mag, es ist wirklich *wahr.*

Und es ist auch für andere möglich. Sie müssen nur die Durststrecke bis zu Ihrem ersten Erfolgserlebnis überwinden. Das extrem Faszinierende an Anfangserfolgen ist nämlich, dass sie – das betrifft jede menschliche Unternehmung – *vervielfacht* werden können, wenn man einmal die „Gewinnregeln des Spiels" verstanden hat. Durch Lesen *und vor allem Anwenden* der „Gewinnregeln" dieser Methode, die ich *Power Vision System*® genannt habe, können Sie die fortschreitende Schwächung Ihrer Augen umkehren und mit der Zeit die Dioptrienstärke Ihrer Brille reduzieren. Wenn Sie fest an das Gelingen glauben und besonders beharrlich üben, werden Sie Ihren Sehfehler sogar vollständig hinter sich lassen – das ist jedenfalls meine Erfahrung.

Sie werden eine überraschend klare und lebendige Welt wiederentdecken, die Sie vielleicht schon vergessen haben. Und darüber hinaus werden Sie eine wichtige Lektion für Ihr ganzes Leben lernen, nämlich dass alles zu demjenigen kommen kann, der an das Gelingen der Aufgabe glaubt.

Dieses Bewusstsein wird Ihnen die Kraft für weitere Bemühungen in anderen Lebensbereichen geben und Sie können sich von den unsinnigen Einschränkungen befreien, die jeder von uns in seinen eigenen Gedanken erschafft. Dieses Buch soll Freude und Zufriedenheit für all jene Menschen bringen, die *darüber hinaus sehen* wollen und auch den Mut dazu haben.

Das Buch, das Sie in Ihren Händen halten, ist das Ergebnis meines erarbeiteten Wissens und meiner eigenen Erfahrung. Dieses Wissen reifte in mir, indem ich viele Bücher und wissenschaftliche Studien las. Dieses Wissen habe ich durch Versuch und Irrtum in die Praxis umgesetzt, in endlosen Stunden harter Arbeit. Beim Versuch zu verstehen, welche Fehler ich wo, wie und warum machte, erfuhr ich oft über lange Zeit tiefste Entmutigung und Enttäuschung. Nach all dieser Arbeit schrieb ich meine Erfahrungen nieder – für Sie. Ich hoffe, dass Sie sie verstehen werden und sich damit Ihre eigene Methode erarbeiten, um Ihre eigenen Augen zu befreien.

Ich habe mein Sehvermögen wieder hergestellt. Aber dieses Ziel ist mir nicht genug. Mein tieferes Ziel ist es, Ihnen dieses Wissen zu vermitteln. Das ist der eigentliche Grund, warum ich dieses Buch geschrieben habe: die Hoffnung, Sie bei der Heilung Ihres Sehvermögens unterstützen zu können. Ich würde mich schuldig fühlen, wenn ich dieses Wissen einfach für mich behielte. Daher betrachten Sie dieses Buch als mein Geschenk an Sie und an die Welt.

Vorwort von Otis Brown

"Beweise es!" ist eine Aufforderung, die ich oft gehört habe. Wenn „es" jedoch nicht einmal beschrieben wird, kann man auch schlecht etwas „beweisen".

David De Angelis hat es nun allen Hürden zum Trotz bewiesen – dass es möglich ist, die eigene Fernsicht zu stärken und zu verbessern. Die Beschreibung des Autors ist präzise, und sein persönlicher Einsatz zeigt, dass jeder von uns erfolgreiche Resultate erzielen kann, wenn er sich nur dafür engagiert.

Überraschenderweise vertritt ein gewisser Prozentsatz der Optometristen dieselbe Meinung zu dem Thema; diese sagen jedoch, dass es ihnen nicht gelingt, viele Menschen dauerhaft zu motivieren, das Sehtraining korrekt auszuführen und so das Auge ‚umzuschulen'. Der Arzt Jacob Raphaelson hatte dieses Problem bereits zu seiner Zeit erkannt: Die Öffentlichkeit wünscht sich eine scharfe Fernsicht, und zwar sofort. Von sämtlichen Optometristen wird erwartet, dass sie diesen Wunsch umgehend erfüllen. Alle weiteren denkbaren Maßnahmen würden von der Allgemeinheit abgelehnt, mit Ausnahme sehr intelligenter Menschen, die persönlich motiviert sind, sich dieser schwierigen Situation zu stellen. Es leuchtet ein, dass alle, die dem Problem zu Leibe rücken möchten, hoch motiviert sein müssen und der Unterstützung eines Optometristen bedürfen, der um die Wirksamkeit des hier vorgestellten Weges weiß. Der Generalschlüssel zur Lösung ist zweifelsohne die eigene Willenskraft.

Auf welche Schwierigkeiten trifft man, wenn die fehlerhafte Sehleistung verbessert werden soll? In diesem Punkt sind sich De Angelis und die der Thematik zugeneigten Optometristen einig: Der Großteil der Öffentlichkeit fordert unmittelbare Ergebnisse und will sich keine Erklärungen anhören. Viele Menschen würden vermutlich beim kleinsten Problem das Sehtraining einstellen und auch im Falle etwaiger Entmutigungen durch einen Augenarzt oder Optometristen, der die konventionelle Meinung verteidigt, den Mut verlieren. Da die Fachleute bei jeder Hürde und jedem Augenproblem vom Patienten in die Verantwortung gezogen würden, ist der Anreiz bisher gering, der Öffentlichkeit auf diesen Weg zu helfen. Dies ist auch der Grund dafür, dass unter Medizinern bis auf wenige Ausnahmen die Meinung verbreitet ist, kurzsichtigen Patienten nur damit weiterhelfen zu können, ihnen Minuslinsen zu verschreiben.

Das ist eine tragische Angelegenheit, wenn man bedenkt, dass wissenschaftliche Daten objektiv darlegen, wie die Brechkraft des Auges sich immer in Richtung Kurzsichtigkeit bewegt, wenn das visuelle Umfeld „eingegrenzt" wird.

Die Wissenschaft ist darum bemüht, wertungsfreie Messungen anzustellen; die Mehrzahl der Optometristen ist darum bemüht, so zu handeln, dass ihre Klienten unmittelbar zufriedengestellt sind. Unglücklicherweise ist das nun seit etlichen Jahren so. Die ersten Erkenntnisse bezüglich des Sehens sahen folgendermaßen aus:

1. Die Hersteller von Brillengläsern fanden heraus, dass in fortgeschrittenem Alter mit Pluslinsen im Nahbereich scharf gestellt werden konnte.
2. Es wurde außerdem festgestellt, dass junge Menschen, die eine leichte Unschärfe auf die Ferne aufwiesen, dank Minuslinsen auf solche Distanzen sofort scharf stellen konnten.

Die Einstellung zur Brillennutzung basiert bei den meisten Fachleuten auf dem oben genannten Verständnis von Verantwortung und dem Ziel, sofortige Ergebnisse zu erzielen. Dieses Konzept ist bisher kaum verbessert worden.

Um 1600 begann der Astronom Johannes Kepler damit, eine Theorie zur Brechkraft des Auges zu entwickeln. Seine Analyse war einwandfrei, setzte aber voraus, dass man das Auge „einfrieren" könne und dass man alle Messungen wie bei einer Kamera bei fest eingestelltem Fokus durchführen könne. Aufgrund dieser Vorstellung wurde nie das dynamische Verhalten des Auges untersucht, sondern lediglich die Brechkraft eines gedachten „eingefrorenen" Auges. Damals schien diese Analyse, dieser Ansatz plausibel. Dass das lebendige Auge nicht mit einem „eingefrorenen" verglichen werden kann, wurde übergangen und geriet in Vergessenheit. Daher erfuhr die Theorie des „eingefrorenen Auges" Anerkennung in der Medizin, und jeder, der die Erkenntnisse Keplers anzweifelte, bekam zur Antwort, dass sie bewiesen seien, und dass das Auge einer Kamera mit fest eingestelltem Fokus gleichkomme.

Die von Kepler erzielten Ergebnisse wurden 1858 von zwei Ophthalmologen, den Ärzten Donders und Helmholtz, aufgegriffen, detailliert ausgearbeitet und neu veröffentlicht. Die beiden teilten die Vorstellung vom „eingefrorenen" Auge und fügten weitere Vermutungen an:

1. Sie nahmen an, dass die Brechkraft eines Auges als normal zu betrachten sei, wenn sie gleich null sei. Donders erfand das Wort „Emmetropie", um dieses ideale „eingefrorene" Auge zu benennen.
2. Sie gingen weiter davon aus, dass jeder Brechwert, der von null abwich, ein Fehler sein müsse: ein „Brechungsfehler". Donders und Helmholtz erfanden das Wort „Ametropie", um solche positiven und negativen Brechwerte zu benennen, die bei jedem normalen Auge vorkommen.

Ich will an dieser Stelle nicht falsch verstanden werden: Die beiden Ärzte waren wichtige medizinische Größen ihrer Zeit. Aber sie übernahmen einfach Keplers Hypothese, dass man das Auge „einfrieren" und so eine saubere Brechungsanalyse durchführen könne. Sie gingen auch davon aus, dass man einen relativen Brechwert in absoluten Größen definieren könne. Ein Beispiel: Ein Auge, dessen Brechwert gleich null ist, muss eine Länge von 24,38 mm haben. Tatsächlich ist nie ein solches Verhältnis zwischen diesen Größen bewiesen worden.

Donders und Helmholtz dachten, auf diese Weise die Annahme Keplers bewiesen zu haben, dass das Auge „zu lang" sei, wenn es lediglich einen normalen, wenn auch unerwünschten negativen Brechwert zeigte.

Die Theorie vom Auge als Kamera ließ den Einsatz von Plus- und Minuslinsen zunehmend systematisch wirken, obwohl sie einfach die Annahme voraussetzte, dass ein Sehfehler vorliege, sobald der Brechwert positiv oder negativ ist. Ein Beispiel: Wenn Ihre Augen einen Brechwert ungleich null haben, folgert man, dass Sie an überdehnten oder übertrieben angespannten Augen leiden, weil Ihre Augen zu lang oder zu kurz seien. Diese Überlegung ist weit hergeholt, denn es ist mitnichten bewiesen, dass der Brechwert null einer genauen Länge entspricht. Es handelt sich hierbei lediglich um die Vermutung, dass sich relative Größen in absolute umwandeln lassen.

In jedem Fall sind nach dieser Theorie alle Augen per definitionem fehlerhaft – eine äußerst zweifelhafte These.

Warum sollten wir nun Keplers Annahmen widersprechen, die doch allgemein akzeptiert sind? Um die Brechkraft eines idealisierten Auges zu messen, eignet sie sich hervorragend. Um auf ein lebendiges, sich bewegendes Auge mit veränderlichem Brechwert angewandt zu werden, ist sie nicht geeignet. Die ausschließlich auf die Brechkraft bezogenen Erkenntnisse Keplers sind korrekt, doch die Vermutungen, die Donders und Helmholtz darauffolgend anstellten, sind nicht präzise und nicht korrekt.

Angesichts der Ergebnisse von Experimenten der letzten fünfzig Jahre müssten wir anfangen, ein besseres Modell zum dynamischen Verhalten des Auges zu entwickeln.

Experimente haben gezeigt, dass jedes Auge seine Brennweite ändert, je nachdem, welchem visuellen Umfeld es ausgesetzt ist. Unter Bezug auf diese Fakten können wir tatsächlich den Vergleich mit einem Fotoapparat anstellen, und zwar einer Kamera mit Autofokus. Es ist zum Beispiel möglich, *jedes* Auge kurzsichtig zu machen, indem man ihm Minuslinsen vorsetzt.

Die nötigen Daten, um diese Wahrheit zu beweisen, lagen 1860 nicht vor. Deshalb sollte die ursprüngliche Auffassung aus dem Blickwinkel dieser aktuellen, wissenschaftlich belegten Grundlagen überholt und erneuert werden. Die Grundlagen, die den Gebrauch von Plus- und Minuslinsen vorgeben, haben sich bis heute nicht verändert und sind die gleichen wie vor 400 Jahren. Darum erlaube ich mir den bescheidenen Kommentar, dass die Theorie vom Auge als Kamera mit fest eingestelltem Fokus heute nicht von objektiven wissenschaftlichen Tatsachen geleitet wird, sondern von Berechnung.

Die Wissenschaft gründet auf objektiven Tatsachen. Wir sollten so klug sein zuzugeben, dass die Kepler'schen Erkenntnisse über ihren ursprünglichen Zweck hinaus einer Erweiterung bedürfen. Kepler hat eine einwandfreie Analyse bezüglich der Brechkraft angestellt. Er beabsichtigte nicht, die Menschheit glauben zu machen, dass jedes Auge wie eine Kamera mit fest eingestelltem Fokus funktioniere, und dass jeder Brechwert ungleich null auf einen Sehfehler schließen lasse.

Wir behaupten aber nun hiermit, dass das Auge mit einer Kamera mit Autofokus vergleichbar ist und dass aus diesem Grund die Augen ihre Brennweite messbar verändern müssen, wenn ihr visuelles Umfeld sich – kontrollierbar – verändert.

Das bedeutet, dass das Auge aufgrund seiner Natur sowohl negative als auch positive Brechwerte aufzeigen kann und deswegen nicht fehlerhaft sein muss. Tatsächlich hängt der gemessene Brechwert Ihrer Augen – angegeben in Dioptrien – direkt vom Akkommodationsgrad ab.

Es ist offensichtlich, dass jemand, der stundenlang im Nahbereich arbeitet, einen negativen Brechwert anzeigt (also kurzsichtig wird): Das ist völlig normal für ein System mit automatischem Fokus.

Die Theorie von Donders und Helmholtz und die damit einhergehenden Vermutungen sind nie nach objektiven Kriterien geprüft worden, worauf bereits der Augenarzt Dr. William H. Bates hingewiesen hatte. Das bedeutet, dass die Vorstellung vom Auge als Kamera mit fest eingestelltem Fokus im besten Falle irreführend ist. Im schlimmsten Fall hingegen macht sie uns blind für eine Methode, mit der möglicherweise durch den verstärkten Einsatz von Pluslinsen der Entwicklung von Kurzsichtigkeit vorgebeugt werden könnte.

Diogenes hat auf der ganzen Welt einen ehrlichen Menschen gesucht – wir suchen weiter nach den Antworten, die in diesem Zusammenhang wichtig sind. Zu diesem Zweck stellen wir wissenschaftliche Fragen, die zum Nachdenken anregen und Grenzen überschreiten. Wie man sieht, ist unsere Betrachtungsweise der Akkommodation und des wahren langfristigen Verhaltens des Auges entschieden anders als die allgemein bekannte. Wer sich an eine bessere Kenntnis unseres Sehsystems annähert, dem wird es besser gelingen, den negativen Entwicklungen der Brechkraft vorzubeugen, die wir Kurzsichtigkeit nennen. Davon bin ich überzeugt.

Otis Brown
Autor des Buches *How to avoid Nearsightedness* (auf Deutsch: Wie man Kurzsichtigkeit vermeidet; weitere Angaben siehe Bibliografie)

Einleitung

Zu diesem Buch

Lieber Leser, das Buch, das Sie jetzt in Ihren Händen halten, entstand durch meine Begeisterung für alles rund um das Thema Auge: wie es rein physiologisch gesehen funktioniert und wie man Sehschwächen heilen kann. Es ist entstanden aus meiner eigenen Erfahrung heraus und aus meiner theoretischen Beschäftigung mit dem Thema. Ich habe zahlreiche Veröffentlichungen zum Thema gelesen, habe aber kein Diplom, keine Fachausbildung im Bereich Augenheilkunde, mit denen ich dem hier Gesagten Autorität verleihen könnte.

Wenn Sie nur nach detaillierten akademischen Belegen suchen, die die Anwendung der in diesem Text erklärten Methoden belegen, dann ist dieses Buch nichts für Sie. Wenn Sie aber an der Erfahrung von jemandem interessiert sind, der selbst unter der Enttäuschung gelitten hat, die Welt nicht in all ihrer klaren Schönheit sehen zu können, dann nehmen Sie sich bitte die Zeit, dieses Buch zu lesen. Es könnte Ihnen in Bezug auf Ihre Sehschwäche die Augen öffnen.

Ich habe ein gutes Jahrzehnt meines Lebens damit verbracht, nach verschiedenen Methoden zur Heilung meiner Kurzsichtigkeit zu suchen und damit zu experimentieren. Ich habe immer daran geglaubt – auch wenn ich zwischendurch immer mal verzagte und mutlose Momente hatte –, dass ich mit der Zeit mein Sehen in die Ferne verbessern könnte.

Ich wurde auf meinem Weg ständig von den Zweifeln begleitet, die die offizielle „Wissenschaft" in mir gesät hatte. Die behauptete, dass man nichts daran ändern könne, außer sich ein mit Linsen versehenes Plastikteil ins Gesicht zu setzen und es als Teil des eigenen Körpers zu akzeptieren. Meiner Meinung nach ist der Gedanke, Brechungsfehler wie derzeit üblich durch Einsatz „korrigierender" Linsen behandeln zu wollen, gänzlich überholt und völlig uneffektiv. Dies gilt vor allem angesichts der zahlreich vorhandenen wissenschaftlichen Daten, nach denen das Auge seiner visuellen Umgebung folgt. Das bedeutet konkret, dass es sowohl durch seine Umgebung geschädigt werden kann (Stichwort überakkommodativer Stress durch äußere Faktoren) als auch, dass es durch bestimmte Maßgaben trainiert und geheilt werden kann.

Der Vorgang des Sehens ist ein komplexes interaktives System. Dieses System erfordert eine präzise Koordination der Muskeln um den Augapfel und insbesondere des Ziliarmuskels. Der „offizielle Standpunkt" beruht auf dem Konzept, dass der Ziliarmuskel als alleiniger Muskel für den Akkommodationsvorgang verantwortlich sei. Meiner Meinung nach sind auch andere Faktoren beteiligt. Das Auge wird von vielen Dingen beeinflusst, einschließlich der äußeren Augenmuskeln, aber genauso von Emotionen.

Kurzsichtigkeit beginnt häufig in uns selbst als eine schlechte Angewohnheit. Dies wird in meinem Buch verständlich und übrigens auch von der Bioenergetik bestätigt.

Wir müssen begreifen, dass es *wirklich* möglich ist, die eigene Fokussierfähigkeit zu stärken. Dadurch können wir vielleicht sogar unser perfektes Sehvermögen wiedererlangen – auf jeden Fall aber verbessern –, das im Laufe der Jahre durch den unüberlegten Gebrauch von starken Minusgläsern beim Nahsehen verloren ging. Das geschieht durch klare und einfache physiologische Prinzipien. Sie müssen nur richtig umgesetzt werden. Das wichtigste ist das SAID-Prinzip *(Specific Adaptation to Imposed Demand).* Dieses

Prinzip und vor allem seine Anwendung in Bezug auf die Augen stelle ich in meinem Buch ausführlich dar.

Ohne Brille seh ich besser ist die „Essenz" meiner Studien und Forschungen zur Beseitigung meiner eigenen Kurzsichtigkeit. Die Methoden und die dargestellten Prinzipien können auch zur Heilung anderer funktioneller Sehfehler genutzt werden.

Darüber hinaus möchte ich aber auch Fachleute auf die Thematik der natürlichen Heilung von Brechungsfehlern aufmerksam machen. Mein Ansatz geht nämlich über die wissenschaftliche Auffassung zur Augengesundheit hinaus. Die zweifelhafte Annahme, dass sich das Auge durch Training nicht verändern könne, wurde zu einem wissenschaftlichen Dogma, das kaum jemand anzuzweifeln wagte. Der intellektuelle Widerstand gegen neue Ideen hat in gewisser Hinsicht damit zu tun, dass dieses neue Konzept bereits etablierten Autoritäten und ihren Interessen schaden könnte, sei es intellektuell oder rein materiell. Im Grunde ist es aber immer eine Art Trägheit und Bequemlichkeit, die dazu führt, dass man Aussagen, die als „bewiesen" gelten, nicht in Frage stellt. Diese Glaubenssätze und Meinungen werden von einigen „Experten" als unabänderlich und ewig gültig betrachtet. Eine Wissenschaft auf „eingefahrene" Theorien zu beschränken, schließt die Forschung in die engen Grenzen des bereits Bekannten ein. Albert Einstein sagte einmal: „Imagination is more important than knowledge." „Fantasie (oder besser: Vorstellungskraft) ist wichtiger als Wissen, denn Wissen ist begrenzt." Diese Aussage warnt uns davor, mit unserem Geist in den Grenzen des akzeptierten Dogmas zu verharren. Sie ruft dazu auf, unsere Kenntnisse auf der Grundlage der eigenen Intuition zu erweitern. Eine Wissenschaft, die sich weiterentwickeln möchte, muss offen bleiben für neuartige Ideen. Sie gedeiht gerade dort, wo experimentiert und Neues ans Licht gebracht wird. Viele Theorien sind zunächst als Hypothesen entstanden, die erst später durch praktische Experimente belegt werden konnten.

Die Pflicht der Medizin ist es, der Gesundheit des Menschen zu dienen. Daher ist sie verpflichtet, neue Arbeits- und Heilmethoden in Betracht zu ziehen.

Ich habe immer an die Möglichkeit geglaubt, dass wir selbst unseren Körper heilen und uns als Individuen selbst verändern können: denn es handelt sich wirklich um eine Veränderung, insofern als, wenn wir unser körperliches Sehvermögen heilen, wir auch unsere innere Sichtweise kurieren: unsere Fähigkeit, den Mitmenschen in seiner Gesamtheit und Einzigartigkeit als Individuum in einem Wachstums- und Entwicklungsprozess zu sehen. Wir alle suchen nach Mitteln und Wegen, uns selbst auf vielen Ebenen zu heilen, ob wir dessen gewahr sind oder nicht.

Jede und jeder muss selbst Verantwortung für die eigene Gesundheit übernehmen und aktiv dazu beitragen, auch vorbeugend. In Hinblick auf die Gesundheit der Augen könnte jeder von uns präventiv sehr viel für sich selbst tun. Zum Beispiel: noch bevor sich ein Brechungsfehler entwickelt, überakkommodativen Stress verhindern, der durch zu häufiges Sehen im Nahbereich ausgelöst wird.

Ich hoffe, dass mein Buch dazu beitragen wird, Ihnen die Augen für die wahren Möglichkeiten der Prävention zu öffnen. Kurzsichtigkeit gilt immer noch als „unheilbar". Man bietet Ihnen lediglich an, eine Minuslinse zur Linderung zu nutzen. Das ist aber keine Heilung, sondern entspricht nur einer „Gehhilfe" wie etwa einer Krücke.

Ich glaube, dass sich derzeit auf diesem Gebiet eine große Veränderung anbahnt – mit dem Ziel, Ihre Augen von der Kurzsichtigkeit zu befreien. Dieses neue Verständnis entsteht durch eine umfassendere Bewertung der *tatsächlich vorhandenen* experimentellen Daten, die das wahre Verhalten Ihrer Augen zeigt. Sie sollten angesichts der Ergebnisse dieser neuen wissenschaftlichen Wahrheiten offen für neue Wege sein.

Power Vision System® ist nicht *die* Methode, sondern *eine* Methode der Augentherapie, wenn Sie nach einer *gültigen*, *wirksamen* und vor allem *dauerhaften* Alternative zum Brilletragen suchen. Ich bin bereit, Sie dabei zu unterstützen – wenn Sie dazu bereit sind.

Dieses Buch möchte Ihnen zeigen, wie Sie auf natürliche Weise Ihr Sehvermögen Schritt für Schritt verbessern können, eventuell bis hin zu einer vollständigen Aufhebung der Kurzsichtigkeit, wie ich es selbst erlebt habe.

Lieber Leser, wenn Sie auch nur einen kleinen Hoffnungsschimmer für Ihre Augen in sich tragen und die Hinweise in diesem Buch mit Geduld und Ausdauer befolgen, können Sie einen neuen Weg des Sehens finden, der nur darauf wartet, ans Licht treten zu dürfen. Der Sie von diesem Nebel befreit, der Sie derzeit noch umhüllt.

Vertrauen Sie auf Ihren eigenen Weg der Genesung und Transformation.

Wie dieses Buch aufgebaut ist

Ohne Brille seh ich besser ist mit dem Ziel geschrieben worden, einen möglichen Weg der Heilung funktioneller Fehler in der Brechkraft aufzuzeigen. Es richtet sich hauptsächlich an diejenigen, die an Kurz- oder Weitsichtigkeit leiden, da die Heilungsmethode praktisch dieselbe ist und sich nur in ihrer Anwendung minimal unterscheidet.

Sämtliche Aspekte, die die Akkommodation der Augen beeinflussen, wurden berücksichtigt: Einwirkungen von außen auf physiologische Zustände, Veränderung der Brechkraft mit Übungsbrillen, Arbeit an der Muskulatur der Augen, psychologische Aspekte der Kurzsichtigkeit, Techniken zur Wiederherstellung des inneren Gleichgewichts. Bei der Erklärung dieser Vorgänge war es nicht immer möglich, Wiederholungen zu vermeiden oder bei einer einfachen Ausdrucksweise ohne spezifische Fachterminologie zu bleiben.

Damit das Buch trotzdem ein praktisches Handbuch bleibt, das all diejenigen benutzen können, die – nach Einwilligung und unter Beobachtung eines Augenarztes oder Optometristen – die vorgestellten Prinzipien anwenden wollen, wird auf „Die Praxis", den zweiten Teil des Buches, verwiesen: Dort wird klar und ausführlich beschrieben, wie man die Techniken einsetzt, mit denen der jeweilige funktionelle Brechungsfehler reduziert oder sogar beseitigt werden kann.

Besonders anschaulich wird meine Methode in Teil V, in dem Leser der italienischen Ausgabe zu Wort kommen. Deshalb möchte ich Ihnen die Lektüre dieses Kapitels besonders ans Herz legen. In den Fragen der Leser und meinen Antworten darauf wird die ganze Methode noch einmal aus den unterschiedlichsten Blickwinkeln beleuchtet und so letzte Unklarheiten beseitigt.

Wer daran interessiert ist, das „Wie" und das „Warum" der vorgestellten Techniken und der damit verknüpften wissenschaftlichen Argumentationen zu vertiefen, findet vor allem im ersten Teil des Buches ausführliche Erläuterungen hierzu. Dieser Teil richtet sich eher an das Fachpublikum. Dem interessierten Leser außerhalb dieses Publikums mag in diesem Zusammenhang der Hinweis auf das Glossar im Anhang dienlich sein. Ich hege die Hoffnung, dass der fachlich versierte Leser, dass Wissenschaftler und Lehrkräfte des Fachbereichs die in diesem Buch enthaltenen Informationen nutzen und in ihr Wirken einbeziehen werden.

Mein Buch hat also zwei Zielgruppen: Auf der einen Seite den interessierten Leser, der die Technik anwenden möchte, auf der anderen Seite das Fachpublikum, dem mit einer komplexeren Darstellung der Technik und der physiologischen Vorgänge die Möglichkeit einer weiteren Vertiefung dieses Themas gegeben wird.

Teil I

Die Theorie

Physiologische Grundlagen von *Power Vision System®*

Kapitel 1

Akkommodationsreize

Wie *Power Vision System*® wirkt

Das Augentraining *Power Vision System*® zielt konkret darauf ab, auf die Reize einzuwirken, die die Akkommodation beeinflussen. Unter Akkommodation versteht man die natürliche Fähigkeit der Augen, sich auf ein Objekt scharf einzustellen.

Akkommodation bei Unschärfe – Progressives Defokussieren

Normalerweise bekommt ein kurzsichtiges Auge Minuslinsen verordnet. Mein visuelles Training funktioniert gerade umgekehrt. Als Trainingsreiz konfrontiert man das Auge bei Kurzsichtigkeit mit Pluslinsen und bei Weitsichtigkeit mit Minuslinsen. Durch einen sinnvollen Einsatz passen sich die Augen allmählich diesem Trainingsreiz an. Im Endeffekt kann das einen Rückgang der Kurz- bzw. Weitsichtigkeit mit sich bringen. Als Grundlage für eine Erklärung dieser Anpassung kann das SAID-Prinzip der spezifischen Anpassung an einen gegebenen Reiz – *Specific Adaption to Imposed Demand* – dienen. (Siehe hierzu Beginn des Abschnitts „Warum verschlechtern Brillen das Sehvermögen? – Negative Anwendung des SAID-Prinzips" in Kapitel 5.)

Konvergenz der Sehachsen

Während sich die Augen auf ein Objekt ausrichten, variiert die Konvergenz der Sehachsen. Sie können nicht parallel zueinander bleiben, damit das Bild des entsprechenden Objekts sich auf der sogenannten *Fovea (centralis,* auch Netzhaut- oder Sehgrube) beider Augen formen kann. Die Netzhautgrube ist der Ort des schärfsten Sehens, jener winzige Teil der Netzhaut (Retina), auf den das Bild fallen muss, um eine optimale Fokussierung zu gewährleisten. Je weiter sich der Brennpunkt von diesem Punkt entfernt – etwa im Falle eines Defektes der muskulären Koordination und daher der Konvergenz –, desto unschärfer wird die Abbildung.

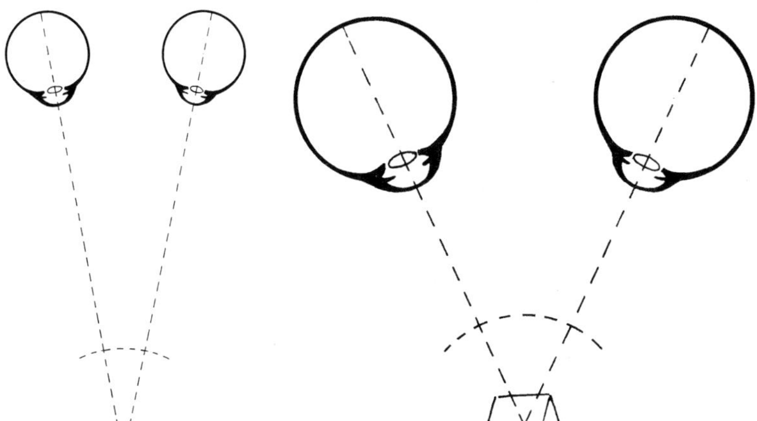

Abb. 1: Die Konvergenz der Achsen verändert sich in Abhängigkeit von der Entfernung zum betrachteten Objekt.

Beim Training der äußeren Augenmuskeln wird deren maximales Bewegungsspektrum ausgenutzt: Mittels Übungen zur peripheren Fixation, wobei ein Punkt unter Beibehaltung des binokularen, also beidäugigen, Sehens fixiert wird, soll erreicht werden, dass sich der

Grad der Konvergenz verbessert. Dieser ist im Falle der Kurzsichtigkeit oft mit mehr oder weniger stark ausgeprägtem Schielen verbunden, wie es bei mir der Fall war.

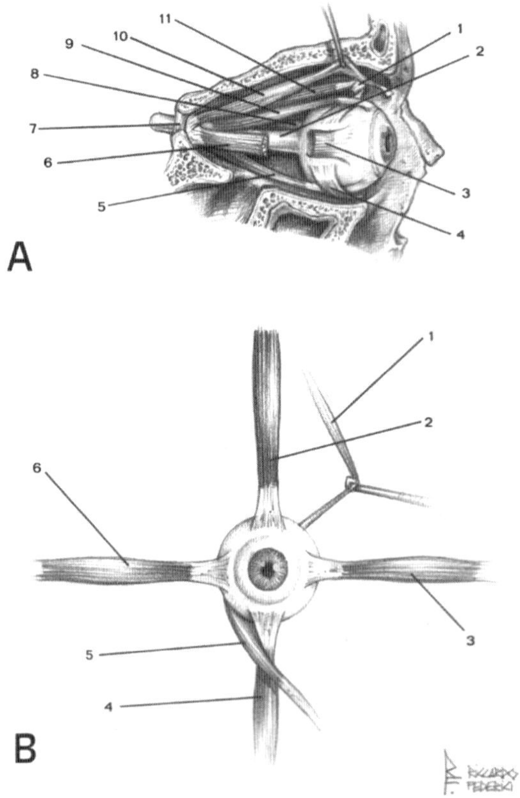

Abb. 2

A 1) Trochlea (Schlinge zur Sehnenbefestigung des Muskels B1) 2) Sehnerv 3) Äußerer gerader Augenmuskel 4) Unterer schräger Augenmuskel 5) Unterer gerader Augenmuskel 6) Äußerer gerader Augenmuskel 7) Sehnenring (Ansatz äußerer Augenmuskel) 8) Innerer gerader Augenmuskel 9) Oberer gerader Augenmuskel 10) Lidhebermuskel 11) Oberer schräger Augenmuskel

B 1) Oberer schräger Augenmuskel 2) Oberer gerader Augenmuskel 3) Innerer gerader Augenmuskel 4) Unterer gerader Augenmuskel 5) Unterer schräger Augenmuskel 6) Äußerer gerader Augenmuskel

Anmerkung: Mit dem Training der peripheren Fixation wird nicht die Verbesserung des peripheren, indirekten Sehens außerhalb eines bestimmten Winkelbereichs beabsichtigt, sondern die Verbesserung der zentralen binokularen Fixierung eines Objektes, das sich am äußersten Rand des Gesichtsfeldes befindet. Dieses Konzept hat daher nichts zu tun mit dem peripheren Sehen.

Die Akkommodation: Wie das Auge scharf stellt

Im Ruhezustand stellt das normalsichtige Auge, in der Medizin emmetrop genannt, auf Unendlich beziehungsweise auf große Entfernungen scharf. Um nun im Nahbereich scharf zu stellen, muss das Auge auf die geringe Distanz zum betrachteten Objekt reagieren und „Akkommodationsarbeit" leisten.

Der Prozess der Akkommodation besteht in der Fähigkeit der Linse, die Brechkraft (Refraktion) zu variieren und so das betrachtete Objekt im Nahbereich korrekt zu fokussieren. Diese Eigenschaft, das Fokussieren je nach Bedarf zu ändern, ist ein Automatismus, der nicht willkürlich funktioniert – wenn auch durch das Training nach *Power Vision System®* die Fähigkeit erlangt wird, den Prozess dank Biofeedback oder dem Trainingsreiz durch spezielle Übungslinsen bewusst zu beeinflussen.

Das Programm *Power Vision System® (*abgekürzt *PVS)* möchte nun durch eine allmähliche Gewöhnung an die „Desakkommodation", also die Entspannung der Akkommodation, bei Kurzsichtigen erreichen, dass wieder normal und automatisch fokussiert werden kann.

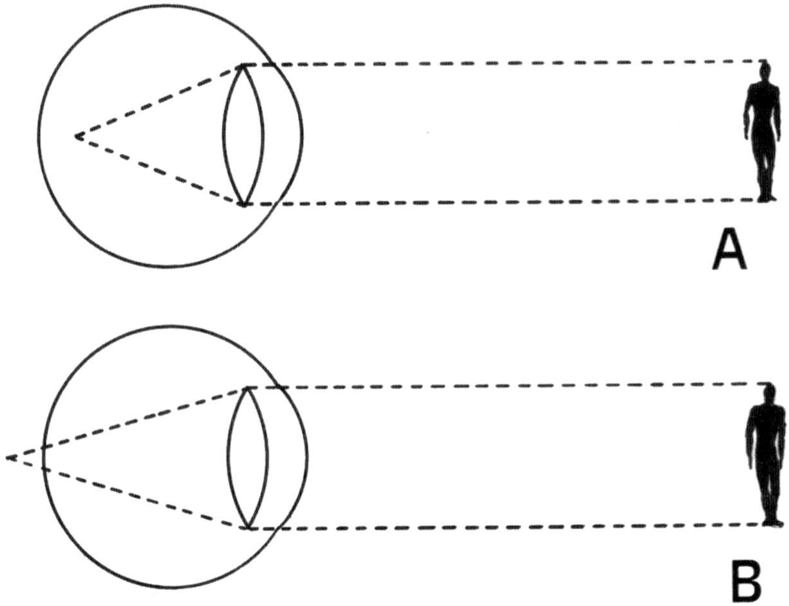

Abb. 3: Für korrektes Scharfstellen müssen die Bilder direkt auf die sensibelste Stelle der Netzhaut, die Netzhautgrube, fallen. Verschiebt sich der Brennpunkt, führt dies zu einer fehlerhaften Scharfstellung.
A – Kurzsichtiges Auge: das Bild fällt vor die Netzhaut und wird unscharf wahrgenommen.
B – Weitsichtiges Auge: das Bild fällt hinter die Netzhaut und wird unscharf wahrgenommen.

Die Linse variiert die Stärke ihrer Krümmung mittels stärkerer oder geringerer Kontraktion des Ziliarmuskels. Das ist ein unwillkürlich wirkender, glatter Muskel, der im Unterschied zu den äußeren, schrägen Augenmuskeln nicht bewusst aktiviert werden kann.

Der Akkommodationsprozess setzt automatisch ein, wenn der Blick sich bei entsprechend kurzer Entfernung auf ein Objekt oder einen Punkt richtet. Dieser Mechanismus erklärt sich durch das zeitgleiche Zusammenwirken von vier Reaktionen:

1. *Akkommodation:* Die Linse verändert ihre Krümmung und lenkt so das Bild auf die Oberfläche der Netzhaut.
2. *Konvergenz:* Die Sehachsen laufen aufeinander zu mit dem Ziel, die Bilder nicht auf irgendeinen Punkt der Netzhaut zu lenken, sondern auf die sensibelste Stelle, die Netzhautgrube beider Augen. Merke: Ein Ungleichgewicht zwischen Konvergenz und Symmetrie der Augenmuskeln verhindert den präzisen Ablauf des Mechanismus. Aus diesem Grund sieht mein Augentraining Übungen zur aktiven Dehnung der Augenmuskeln vor. Diese Übungen tragen enorm zur Erhöhung der Funktionalität und Fokussierfähigkeit der Sehorgane bei.
3. *Miosis:* Die Miosis besteht in der Verengung der Pupille und dient dazu, die Tiefe des Blickfelds und damit die Fokussierfähigkeit zu verbessern.
4. *Anspannung und Entspannung der äußeren Augenmuskeln:* Wenn auch dieser letzte Faktor noch nicht offiziell anerkannt ist, so liegt doch eine Tatsache auf der Hand: Der Spannungszustand der Muskeln rund um das Auge kann dessen Form verändern und auf diese Weise den Punkt beeinflussen, auf den das Bild fällt, das scharf gestellt werden soll.

Funktionelle Sehfehler hängen mit einem Zustand der Hyperkontraktion der Augenmuskeln zusammen. Durch diese Überspannung verharren die Augenmuskeln in einer unangebrachten Stellung und verformen so den Augapfel dauerhaft.
Die Folge: Das Auge ist weniger beweglich und elastisch und kann daher seine Fähigkeiten nicht voll nutzen. Das Trainieren der äußeren Augenmuskeln nach der Methode *PVS* ist eine effiziente Lösung zur Reduzierung oder Beseitigung solcher Störungen.

Zentrale Fixation – Netzhautgrube

Damit ein Bild vor dem Auge perfekt und so scharf wie möglich erscheint, muss das Bild in die Sehgrube (*Fovea centralis)* auf der Netzhaut fallen, in das Zentrum des Gelben Flecks (*Macula lutea*). An dieser Stelle werden Bilder *entschieden* besser „interpretiert" als an anderen. Die Stellen der Netzhaut (Retina), die sich außerhalb der sensiblen Zone der Netzhautgrube befinden, sind andersartig strukturiert und auch die Organisation der Fotorezeptoren unterscheidet sich: Es wird ungenauer und damit spürbar schlechter scharf gestellt als auf der Netzhautgrube. Je größer die Distanz von der Grube ist, umso stärker ausgeprägt ist die Unschärfe.

Jegliches Abweichen der Sehachsen (auch leichtes Schielen) und eventuell existierende Probleme, die die Koordination der Augen beeinträchtigen, führen zu *nicht* optimalem Fokussieren, weil das Ungleichgewicht zwischen den äußeren Muskeln eines oder beider Augen zu einer fehlerhaften und ungenauen Scharfstellung führt. Die Abbildung fällt nicht genau auf die Sehgrube in der Netzhautmitte, sondern auf eine Stelle ungenauerer Wahrnehmung rechts oder links daneben.

Mit dem Training *Power Vision System®* kann durch Wiederherstellung der perfekten Koordination und Konvergenz der Augen effektiv auf dieses Ungleichgewicht eingewirkt werden.

Augenbewegungen

Damit das Auge ununterbrochen seine Aufgabe der visuellen Wahrnehmung erfüllen kann, führt es kontinuierlich sehr schnelle, sogenannte sakkadische Bewegungen aus. Sämtliche Teilbereiche des Gesichtsfeldes werden zu einem einzigen Bild „zusammengesetzt" und scharf gestellt. Diese Fähigkeit wird vom „dynamischen Vermögen" der Augen, das heißt vom Funktionieren der äußeren Augenmuskeln beeinflusst. Kräftige und zur gleichen Zeit flexible Muskeln sind die beste Voraussetzung für gutes Sehen. Die Augen eines

Patienten mit einem funktionellen Sehfehler wie zum Beispiel der Kurzsichtigkeit sind in ihrer Beweglichkeit stark eingeschränkt und oft durch einen „starren" Blick gekennzeichnet.

Dank *PVS* kann schrittweise und auf natürlichem Wege die Beweglichkeit des Auges wieder hergestellt werden, die für ein korrektes Fokussieren unbedingt erforderlich ist.

Binokularität und Monokularität

Die Sehschärfe bei binokularem Sehen (mit beiden Augen) ist um fünf bis zehn Prozent höher als bei monokularem Sehen (mit einem Auge). Es ist äußerst wichtig, diesen Faktor im Zusammenhang mit dem Stress der „Überanpassung", dem überakkommodativen Stress, zu berücksichtigen, welcher eine der häufigsten Ursachen der Entwicklung und Verschlimmerung von Kurzsichtigkeit darstellt. Es geschieht häufig beim Augenarzt, dass einem Patienten Sehhilfen verordnet werden, mit denen die Schärfe bei monokularem Lesen der Buchstaben auf der Sehtesttafel 22/20 beträgt (anstatt 20/20 bei binokularem Sehen, was als „normales Sehvermögen" betrachtet wird, und was sicherlich weniger überakkommodativen Stress hervorriefe).

Dieses Phänomen kann man bereits beim Aufsetzen der neu erworbenen Brille ausprobieren: Beim Betrachten von Gegenständen aus der Nähe, wie zum Beispiel die Hand oder den Fußboden, erscheinen diese leicht verzerrt. Fragt man den Optiker (zumindest viele der gegenwärtig tätigen) nach einer Erklärung, erhält man zur Antwort, dass es sich um ein völlig normales Phänomen handle, und dass die Augen sich an die neuen Gläser „gewöhnen" müssten. Das ist in der Tat wahr! Die Augen müssen sich tatsächlich anpassen (siehe SAID-Prinzip) und erzeugen so eine leichte Kurzsichtigkeit, um die Überkorrektur der neuen Gläser auszugleichen. Dadurch ergibt sich aber eine Verschlimmerung der ursprünglich festgestellten Kurzsichtigkeit!

Wie Kurzsichtigkeit zustande kommt

Wenn man die Entwicklung von Kurzsichtigkeit (Myopie) einmal nachvollzogen und ihre *Ursachen* ergründet hat, kann man in den Prozess eingreifen. Sei es als vorbeugende Maßnahme, wenn die Sehschwäche noch vorübergehend ist und es sich daher um eine Pseudokurzsichtigkeit handelt, sei es als behandelnde Maßnahme, wenn sie bereits gefestigt ist.

Drei Hauptmechanismen wird die Entstehung der Kurzsichtigkeit zugeschrieben:

1. Veränderungen des Druckes im Augeninnern
2. Dehnung der Netzhaut
3. Defokus, das heißt Fokussieren vor oder hinter der Netzhaut

In diesem Buch wird der zuletzt genannte Mechanismus, der Defokus, behandelt, welcher den Ausgangspunkt für mein Trainingsprogramm *PVS* darstellt. Ich werde ausführlich darlegen, was Defokus bedeutet, wie er sich auswirkt, gestützt von vielen wissenschaftlichen Abhandlungen, und wie mit seiner Hilfe das fehlsichtige Auge wieder gesunden kann (siehe Abschnitt „Defokus und Änderung der Brechkraft" in Kapitel 3).

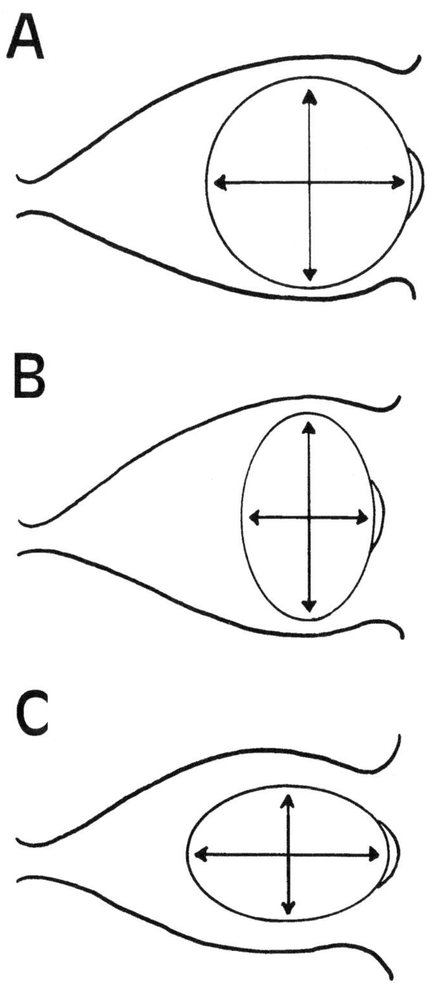

Abb. 4

A – Gesundes Auge: kugelförmig

B – Weitsichtiges Auge: die ungenügende Flexibilität und Kraft der äußeren Augenmuskeln deformieren den Augapfel, sodass das Auge nicht mehr fehlerfrei scharf stellen kann.

C – Kurzsichtiges Auge: Befinden sich die äußeren Augenmuskeln in einer dauerhaft erhöhten Anspannung, verformen sie ebenfalls den Augapfel, was wiederum eine fehlerhafte Scharfstellung zur Folge hat.

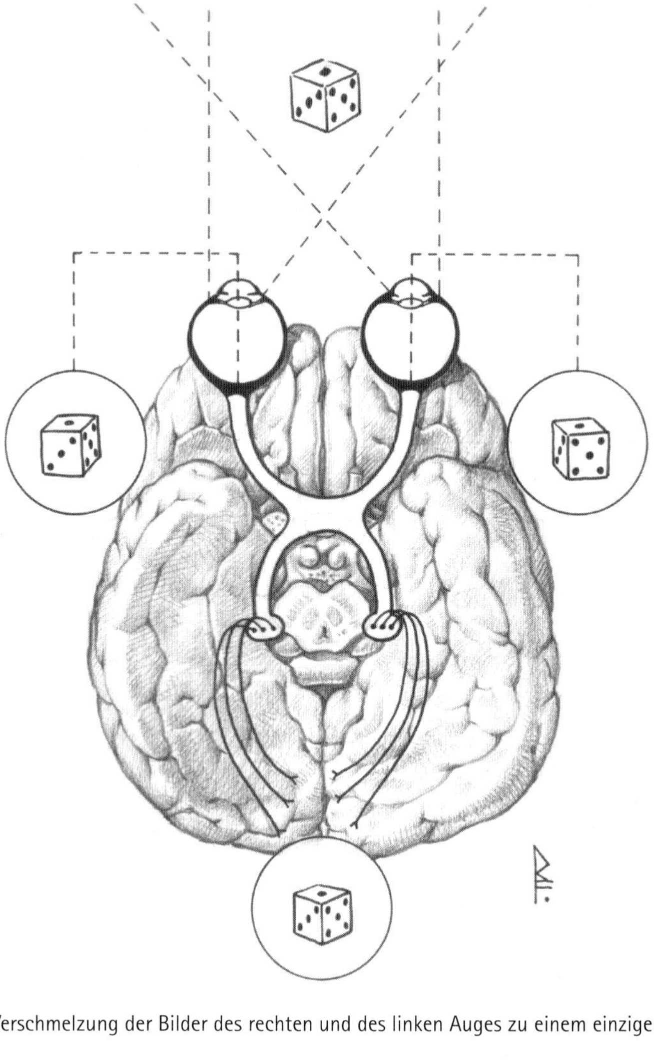

Abb. 5: Verschmelzung der Bilder des rechten und des linken Auges zu einem einzigen Bild

Es gibt immer wieder Situationen, die das Auge durch ständiges Arbeiten in der Nähe, zum Beispiel bei der Vorbereitung auf eine Prüfung, dauerhaft zu einer Scharfstellung auf kurze Distanz zwingen. Eine solche stetige Überanstrengung, eventuell gepaart mit Stress des *sympathischen* Nervensystems, mündet in einen Zustand, der in der wissenschaftlichen Literatur als „Akkommodationsspasmus" oder „Akkommodationskrampf" bezeichnet wird. In diesem Zustand reagieren die Augenmuskeln stärker auf den Akkommodationsreiz als allgemein für normal befunden (Definition vgl. Suchoff und Petito 1986).

Dieser durch Akkommodationsstress provozierte Krampf ist eine Art der Anpassung, die vorübergehend einen weitsichtigen Defokus hervorruft, das heißt es wird hinter der Netzhaut fokussiert. Der Betroffene nimmt dabei weit entfernte Gegenstände unscharf wahr, wenn sein Blick von einem Gegenstand in unmittelbarer Nähe auf einen anderen in der Ferne rückt.

Diese unscharfe Wahrnehmung von weiter entfernten Objekten als Folge des Defokus ist in zahlreichen Studien beobachtet und gemessen worden: es gab Veränderungen der Dioptrienstärke von circa 0,2 Dioptrien (Ehrlich 1987, Rosenfield et al. 1992) bis gut 1,0 Dioptrie (Ong und Ciuffreda 1995, 1997).

Die höhere Anspannung der Augenmuskeln schafft die Voraussetzungen für die sogenannte Pseudokurzsichtigkeit, die so bezeichnet wird, weil sie nur vorübergehend besteht. Sie wird durch die momentane Unfähigkeit, die Akkommodation vollständig zu entspannen, hervorgerufen. Wenn sie normalerweise auch von vorübergehender Natur ist, so kann sie sich doch zu einer dauerhaften Kurzsichtigkeit entwickeln (Curtin 1985).

Young (1981) beschreibt die Entwicklung der Kurzsichtigkeit als einen Prozess in zwei Phasen: Die erste Phase ist durch eine Veränderung des Akkommodationstonus gekennzeichnet, durch die der Ziliarmuskel kontinuierlich angespannt ist (Akkommodationskrampf). Der Ziliarmuskel, der nicht willkürlich aktiviert oder entspannt werden kann, ist für die Krümmung der Linse zuständig. In der zweiten Phase führt diese Stresssituation zu einer Verlängerung des Augapfels. Mit dieser Theorie sind allerdings Zadnik et al. (1994, 1995) nicht einverstanden.

In jedem Fall scheint der aufrechterhaltene weitsichtige Defokus, bei dem hinter der Netzhaut fokussiert wird, der Vorläufer der Achsenverlängerung des Augapfels zu sein. Diese These, nach der der Defokus als Hauptauslöser der Achsenverlängerung und damit der Entwicklung von Kurzsichtigkeit gilt, vertreten zahlreiche Autoren, unter anderem Suchoff und Petito (1986) sowie Curtin (1985). Der Behauptung liegt die Annahme zugrunde, dass die Netzhaut ihre Position verändert, um optimal scharf zu stellen und der Augapfel somit auf Dauer verformt wird. Es ist wahrscheinlich, dass die Augapfelverlängerung auch von der äußeren Augenmuskulatur beeinflusst wird, wie von William Bates vermutet. Interessant sind diesbezüglich die Studien an Tieren zur Beobachtung der Auswirkungen des Defokus auf die Brechkraft.

Shaeffel et al. (1988) und Irving et al. (1991, 1992) haben gezeigt, dass der Gebrauch von Plus- und Minuslinsen, um jeweils eine vorübergehende Kurz- oder Weitsichtigkeit herzustellen (kurz- oder weitsichtiges Defokussieren), den Augapfel verformt. Die Augen, denen Pluslinsen vorgesetzt wurden, verringerten folglich die Achsenlänge des Augapfels (und wurden so weitsichtig), kompensierten also den von den Linsen absichtlich hergestellten Sehfehler. Genau darauf stützt sich *Power Vision System®* mit dem Ziel, den funktionellen Brechungsfehler zu vermindern oder gar aufzuheben. Auf ähnliche Weise zeigte sich bei den Augen, die mit Minuslinsen behandelt wurden, eine zunehmende Tiefe des Glaskörpers und damit eine strukturelle Veränderung des Auges, das heißt sie führten zu einer Fehlstellung der Sehachsen in Richtung Kurzsichtigkeit.

Wenn die Stimulanz mit den Linsen im richtigen Moment beendet wird, verhindert man die Entwicklung einer Weitsichtigkeit aus der Kurzsichtigkeit heraus. Damit wird der These der Akkommodationsbilanz Rechnung getragen, welche besagt: Die Brechkraft der Augen resultiert aus dem Verhältnis zwischen Nah-Reizen und solchen Reizen, die die Akkommodation entspannen (siehe Abschnitt „Akkommodationsbilanz" in Kapitel 3).

Fazit:
Stress, der durch eine andauernde Überanpassung, also Überakkommodation hervorgerufen wird, erzeugt einen vorübergehenden Defokus (Pseudokurzsichtigkeit), der sich mit der Zeit verstärken und zu einer Kurzsichtigkeit entwickeln kann. Etwas ganz anderes bewirkt der Defokus, der nicht durch eine übermäßige Akkommodation entsteht, sondern durch vorübergehendes „Vernebeln" absichtlich hergestellt wird. Er schafft die Voraussetzungen für eine Veränderung der Brechkraft bis hin zur Kompensierung des ursprünglichen Sehfehlers.

Kurzsichtigkeit: Erbfehler oder durch Umweltfaktoren erworben?

Wer eine neue, unkonventionelle Augentherapie entwickeln und praktisch umsetzen möchte, muss diese Frage zunächst gründlich klären. Derzeit geht die Meinung darüber auseinander: Einerseits geht man davon aus, dass Kurzsichtigkeit erblich bedingt ist und andererseits, dass sie von Umwelt- beziehungsweise äußeren Faktoren abhängt und dadurch erworben wird, dass die Betroffenen ihr Sehorgan nicht richtig gebrauchen. Unter „falschem Gebrauch" versteht man ihre „Nutzung" unter Bedingungen, die eine *Verschlechterung* des Zustands bewirken und Refraktionsfehler hervorrufen, besonders Kurz- und Weitsichtigkeit. Eine solche gewohnheitsmäßige Belastung der Augen ist das genaue Gegenteil dessen, was ich in den „Regeln zur Vorbeugung von Sehfehlern" (siehe Anhang) empfehle.

Die Tatsache, dass die Mehrzahl der von einem Refraktionsfehler Betroffenen die jeweilige Sehschwäche in jungen Jahren nicht aufwies, spricht für die Abhängigkeit von Umweltfaktoren. Zusätzlich sprechen rein wissenschaftliche Erkenntnisse für die Haltbarkeit dieser Annahme.

In einer mit Affen durchgeführten Studie wurde gezeigt, wie es möglich ist, willkürlich und absichtlich einen Sehfehler hervorzurufen: Laboraffen wurde eine Art Haube aufgesetzt, um ihr Sichtfeld einzugrenzen. Es war ihnen dadurch nur möglich, Objekte in einer Entfernung unter 50 cm zu betrachten. Das Resultat: Nach drei Monaten wurde bei 75 Prozent der Affen Kurzsichtigkeit festgestellt (Young 1971). Außerdem wurde gezeigt, dass Affen in Gefangenschaft, die einem visuell eingegrenzten Umfeld wie etwa einem Labor ausgesetzt waren, eine höhere Kurzsichtigkeit entwickelten als Affen in freier Wildbahn mit weit reichender Sicht (Young 1965).

Eine der überzeugendsten Studien über die umweltbedingte Entwicklung von Kurzsichtigkeit wurde in Alaska anhand der Untersuchung einer großen Anzahl von Inuit durchgeführt. Diese Studie (Young et al. 1969) ging von der These aus, dass innerhalb der älteren Menschengruppe dieser Bevölkerung, die fast nie Arbeiten im Nahbereich verrichteten, praktisch keine Kurzsichtigkeit existierte.

Die Studie berücksichtigte 508 Freiwillige im Alter zwischen 6 und 88 Jahren. Die älteste Generation (über 50 Jahre) wies nahezu gar keinen Fall der Kurzsichtigkeit auf. In der zweiten Generation (26 bis 50 Jahre) wurde unter den Jüngeren ein vermehrtes Auftreten von Kurzsichtigkeit festgestellt: Weniger als 5 Prozent der 41- bis 50-Jährigen waren betroffen, dafür 23 Prozent der 31- bis 40-Jährigen und 43 Prozent der 26- bis 30-Jährigen. Das Ergebnis der Untersuchung bei den Inuit zwischen 21 und 25 Jahren war verblüffend: Der Prozentsatz der von Kurzsichtigkeit Betroffenen betrug 88 Prozent!

Die eindeutige Erklärung dieses Resultats liegt in der Tatsache, dass die jüngeren Generationen schrittweise einem Prozess der „Zivilisierung" und Urbanisierung ausgesetzt waren, der sie mit Kurzsichtigkeit verursachenden Umweltfaktoren konfrontierte. Letztere sind vor allem in Arbeiten und Studien zu sehen, die fortwährendes Sehen im Nahbereich verlangen und für die Augen somit überakkommodativen Stress bedeuten.

Wer sich das Überwiegen des Umweltfaktors bei der Entstehung von Kurzsichtigkeit bewusst macht, kann einem natürlichen Heilungsprozess mittels Sehtraining zuversichtlicher entgegensehen. Wer seine Augen gezielt trainiert, kann funktionelle Fehler des Sehorgans überwinden und sich von dem Irrglauben befreien, dass die einzige Lösung darin bestünde, *sein ganzes Leben lang* teure Brillen und Kontaktlinsen zu kaufen oder sich „einfachen" und schnell wirkenden chirurgischen Eingriffen zu unterziehen.

Kapitel 2

Training der äußeren Augenmuskeln

Symmetrie, Konvergenz und Koordination der äußeren Augenmuskeln

Das von mir entwickelte *Power Vision System*® gründet auf dem Training der Augenmuskeln und beabsichtigt, Kraft- und Flexibilitätsdefizite und damit Defizite der Koordination dieser kleinen Muskeln auszugleichen. Da sie die Hauptverantwortlichen eines korrekt ablaufenden Akkommodationsprozesses sind, ist der erste Schritt zur Lösung des Problems getan, wenn man gegen diese Mängel vorgeht.

Wie für jedes Muskeltraining – man kennt es vom Sporttraining – ist es notwendig, die eigenen Defizite zu benennen (zum Beispiel spezifische Kraft, Beweglichkeit der Gelenke, motorische Koordination, Belastbarkeit), um ein *spezifisches* Programm zu erstellen, anhand dessen die athletischen Bewegungsabläufe der Disziplin trainiert werden, die es auszuüben gilt. Das Augentraining verläuft ähnlich, weshalb sich der Vergleich mit dem Sport gut eignet.

In unserem Fall, der eine allmähliche Verringerung der Kurzsichtigkeit zum Ziel hat, soll hauptsächlich darauf geachtet werden, durch spezielle Übungen die Kondition unserer Augen zu optimieren und auf der Grundlage dieser konditionellen Qualitäten den „athletischen Beitrag" für ein fehlerfreies Fokussieren zu erlernen.

Power-Vision-Test

Sie stehen vor einem Spiegel, in einer Distanz von circa einem Meter. Den genauen Abstand bestimmen Sie selbst, je nachdem wo Sie am schärfsten sehen. Einen Anhaltspunkt für die Bestimmung des richtigen Abstandes gibt Ihnen die Stelle, an der Sie Ihre Pupillen noch gut sehen können. Wenn Sie stark kurzsichtig sind, werden Sie recht dicht vor dem Spiegel stehen. Sie müssen erkennen können, ob Ihre Augen symmetrisch stehen und ein Bild erzeugen.

1. *Position*
   Fixieren Sie *ununterbrochen* einen Punkt – wie zum Beispiel die Stelle zwischen den Augen oder die Nasenspitze –, senken Sie währenddessen das Kinn und wenden Sie den Blick nicht von dem zuvor gewählten Punkt ab. Gehen Sie dabei mit dem Blick und den Pupillen so weit wie möglich, ohne den Punkt aus den Augen zu verlieren.
2. *Position*
   Fixieren Sie *ununterbrochen* einen Punkt – wie zum Beispiel die Stelle zwischen den Augen oder die Nasenspitze – und heben Sie das Kinn bis zur persönlichen Grenze. In diesen Extrempositionen werden Sie bemerken, dass Sie entweder leicht zu schielen beginnen oder dass es möglicherweise schwierig für Sie wird, nicht ins Schielen zu geraten.
3. *Position*
   Während Sie den Punkt *fixieren*, drehen Sie Ihren Kopf nach *rechts* bis zu der Stelle, an der Sie noch *beide* Augen sehen können, ohne dass die Nase eine Pupille verdeckt.
4. *Position*
   Während Sie den Punkt *fixieren*, drehen Sie Ihren Kopf nach *links* bis zu der Stelle, an der Sie noch *beide* Augen sehen können, ohne dass die Nase eine Pupille verdeckt.

Wiederholen Sie die gleiche Übung in den verbleibenden vier Richtungen des Gesichtsfeldes:

5. *Position*
   Während Sie den Punkt *fixieren,* senken Sie den Blick *so weit wie möglich* nach unten rechts.
6. *Position*
   Während Sie den Punkt *fixieren,* senken Sie den Blick *so weit wie möglich* nach unten links.
7. *Position*
   Während Sie den Punkt *fixieren,* heben Sie den Blick *so weit wie möglich* nach oben rechts.
8. *Position*
   Während Sie den Punkt *fixieren,* heben Sie den Blick *so weit wie möglich* nach oben links.

In diesen *extremen* Positionen wird Ihnen auffallen, dass es schwierig ist, nicht zu schielen, und dass Sie folglich Doppelbilder wahrnehmen. Dieses Phänomen wird in bestimmten Positionen deutlicher als in anderen anzutreffen sein. Es deutet auf einen Mangel an Flexibilität hin. Fällt es schwer, den Blick in diesen extremen Positionen in unveränderter Intensität aufrechtzuerhalten – und das tut es in der Regel –, lässt dies auf ein Kraftdefizit der die Augen bewegenden Muskulatur und demnach auf ein Koordinationsproblem schließen.

Schwache Muskeln, die muskuläre Asymmetrien aufweisen, und die nicht in *sämtlichen* Bereichen des Gesichtsfeldes exakt zusammenarbeiten, führen zu einem unpräzisen Akkommodationsprozess und schränken somit die Funktionalität der Augen ein. Unter diesen Bedingungen des Ungleichgewichts und der muskulären Asymmetrie ist es schwierig, wenn nicht unmöglich, einen Gegenstand punktgenau zu fixieren und seine Abbildung auf die Netzhautgrube fallen zu lassen, die beim Scharfstellen der sensibelste Punkt auf der Netzhaut ist.

Mit *Power Vision System®* können Sie *schrittweise* und *effektiv* die „athletischen" Fähigkeiten der Augen verbessern. Und Sie werden *sichtbare* und *dauerhafte* Erfolge verzeichnen. Derartige Ergebnisse werden Schritt für Schritt durch die Wiederherstellung der Symmetrie der äußeren Augenmuskeln erreicht, was kraftaufbauend und flexibilitätsfördernd wirkt. Bei dieser Trainingsmethode wird besonders großer Wert auf das physiologische SAID-Prinzip der spezifischen Anpassung an einen spezifischen Reiz gelegt. Bei diesem werden den Augen Brillengläser vorgesetzt, die nicht korrigierend, sondern die Sehschwäche verstärkend wirken, das heißt Pluslinsen für Kurzsichtige und Minuslinsen für Weitsichtige. Weiterer Bestandteil des Trainingsprogramms ist die CRB-Augenbewegung *(Contraction/Relaxation/Blinking)*. Mit diesem spezifischen Bewegungsablauf, dem Kontrahieren der Augen und dem darauffolgenden Entspannen mit Blinzeln, wird der Akkommodationsprozess muskulär angeregt.

Muskuläre Rehabilitation

In der ersten Phase der Wiederherstellung der gesunden Augenfunktionen wenden wir unsere Aufmerksamkeit dem Training der Augenmuskeln zu, das, ich will es erneut betonen, dazu beiträgt, die Augenbewegungsmuskeln zu kräftigen und so schrittweise deren Eigenschaften bezüglich Kraft, Flexibilität und Koordination zu verbessern.

Zunächst möchte ich das Funktionieren der Muskulatur erklären: Bei den äußeren Augenmuskeln handelt es sich um gestreifte Muskeln, die willkürlich arbeiten. Das heißt, wir können sie bewusst anspannen. Gestreifte Muskeln arbeiten immer als Paar zusammen, das aus einem Agonisten und einem Antagonisten besteht. Der Agonist ist der Muskel, der sich zusammenzieht, also aktiv etwas tut, während sein Gegenspieler, der Antagonist, ihm Widerstand bietet. Der Antagonist streckt sich in die Länge, während der Agonist sich zusammenzieht.

Ob ein Muskel als Agonist oder als Antagonist tätig ist, hängt von der Bewegung ab. Wenn wir zum Beispiel den Arm beugen, agiert der Bizeps als Agonist und der Trizeps als Antagonist. Wenn wir den Arm strecken, ist es genau umgekehrt.

Aufgrund des neuromuskulären Reflexes entspannt sich der Antagonist automatisch, sobald sich sein Gegenspieler zusammenzieht. Dieser Reflex hilft dem Muskel, sich zu verlängern und die Bewegung besser auszuführen. Für die Augenmuskulatur bedeutet das: das aktiv-statische Dehnen hilft dem Antagonisten nicht nur beim Entspannen, sondern unterstützt gleichzeitig den als Agonisten tätigen Muskel darin, Kraft aufzubauen.

Der äußere Muskelapparat der Augen erlangt dank aufmerksamer und konsequenter Arbeit seine optimalen Fähigkeiten wieder und kann so seine Aufgabe des „punktgenauen Anvisierens" von Objekten (Erhöhung der Fähigkeit der „zentralen Fixation") und der „Vibration" (Optimierung der sakkadischen Augenbewegungen) wieder bestmöglich erfüllen. Die „Formbarkeit" der schrägen Muskeln, das heißt ihre Fähigkeit, sich der Länge nach anzupassen, sich also je nach regelmäßig eingenommenen Positionen der Augen zu verlängern, wird in einer mit Affen durchgeführten Studie deutlich (Scott 1994): Die Studie stellte sich die Aufgabe zu bestimmen, ob und wie stark der Muskelapparat der äußeren Augenmuskeln dreier Affen Fähigkeiten der „Anpassung" und damit der „Formbarkeit" aufwies, wenn ihre Länge durch wechselnde Augenpositionen variierte. Diese Untersuchung resultierte darin, dass die äußeren Augenmuskeln der Affen, während sie durch eine Naht in einem Zustand der Streckung gehalten wurden, sich um 18, 25 und 33 Prozent verlängerten. Durch *PVS* werden die äußeren Augenmuskeln gestreckt, indem sie sich mithilfe eines gezielten Trainings der Augendehnung bis zu den äußersten Grenzen des Gesichtsfeldes in Flexibilität üben.

Zwei grundlegende Faktoren

1) Kraftzuwachs: Intensität der Kontraktionen

Zunächst möchten wir bei den Augenmuskeln einen Kraftzuwachs erreichen. Da es sich hier um quergestreifte Muskeln handelt, unterliegt der Kraftaufbau denselben Gesetzen wie bei jedem anderen beliebigen quergestreiften Körpermuskel, wie zum Beispiel dem Wadenmuskel oder dem Trizeps usw.

Kraft wird - zum Beispiel beim Heben einer Last - vom jeweiligen Arbeitsvermögen in einer festgelegten Zeitspanne bestimmt. Während allgemein bekannte Kraftübungen, wie beim Bodybuilding, dynamische (exzentrische und konzentrische) Kontraktionen abverlangen, bei denen der trainierte Muskel seine Länge variiert und die angehobene Last - zum Beispiel eine Scheibenhantel - sichtbar ist, ist die Kontraktion im Falle eines Kraftzuwachses der äußeren Außenmuskeln durch Isometrie charakterisiert. Das bedeutet: der Widerstand bleibt praktisch unverändert und erfolgt ohne sichtbare Last und Bewegung - es leuchtet ein, dass es unmöglich ist, ein Gewicht an den Augenmuskel zu hängen. In diesem Fall kommt der Widerstand vom Gegenspielermuskel, vom Antagonisten.

Beispiel: Zieht man eine der im Folgenden beschriebenen Muskelbewegungen in Betracht, wie etwa das Fixieren eines Punktes am äußersten linken Rand des Gesichtsfeldes, werden auf horizontaler Ebene die geraden linken Muskeln als Agonisten einen Kraftzuwachs und die geraden rechten Muskeln als Antagonisten einen Zuwachs an Flexibilität erfahren. Bei der entgegengesetzten Bewegung, bei der ein Punkt am äußersten rechten Rand des Gesichtsfeldes fixiert wird, ergibt sich das Gegenteil: Die geraden rechten Muskeln erfahren einen Zuwachs an Kraft, die geraden linken Muskeln an Flexibilität, da sie nun die Antagonisten sind. Sie trainieren in dieser Stellung ihre Fähigkeit, sich zu verlängern. Trainiert man auf diese Weise jeden Bereich des Gesichtsfeldes und konzentriert man sich auf die Bereiche mit dem auffälligsten Ungleichgewicht – zum Beispiel bei größerer Achsenverschiebung des einen Auges im Vergleich zum anderen –, verbessern sich nach und nach die Leistungen des Auges dank dieser rein muskulären „Rehabilitierungsarbeit".

Es ist sehr wichtig, die Übungen wirklich intensiv auszuführen, um einen wirksamen Trainingsreiz zu gewährleisten und die erwünschten Anpassungen des Muskelgewebes zu erzielen.

Schwach trainierende Reize, wie äußerst leichte Muskelkontraktionen, führen zu geringen, fast gegen null gehenden Resultaten. Eine angemessene Dosis intensiver Kontraktionen hingegen optimiert die Wirksamkeit des Reizes und lässt eine Super- oder Überkompensation folgen. Zur Veranschaulichung dieses Vorgangs genügt es, sich das Schaubild der Superkompensation in einem physiologischen Sporttest genau anzusehen, wobei Superkompensation als Verbesserung der funktionellen Leistungen eines Organs oder organischen Systems verstanden wird und normalerweise dazu dient, Leistungserhöhungen im Sport zu unterstreichen. Die erste Phase der Muskelarbeit ist oft dadurch charakterisiert, dass die Muskelleistung vorübergehend abnimmt. In unserem Fall – der Fixation an den äußersten Grenzen des Gesichtsfeldes – bedeutet das, dass schlechter scharf gestellt wird. Nach einer gewissen Zeit der Erholung superkompensiert der Muskel, da er sich an die Trainingslast der Übung gewöhnt hat. Daher steigen Kraft, Flexibilität und Belastbarkeit der Muskeln an. Das Ergebnis, hier auf die äußeren Augenmuskeln bezogen: Die Muskeln werden kräftiger, flexibler und arbeiten besser zusammen. Dies wiederum ist – wie mehrfach festgestellt wurde – ausschlaggebend für die Qualität der sakkadischen Bewegungen und die Fähigkeit der zentralen Fixation, beides unerlässlich für eine einwandfreie Sehschärfe.

Berechnung der Intensität des Augentrainings

Wie ist nun die Intensität der Last bei den isometrischen Augenübungen zu berechnen? Woher können wir wissen, wie wir an den äußersten Grenzen des Gesichtsfeldes fixieren sollen, wenn Variationen und Dosierung nicht „sichtbar" festgelegt werden können? Hier kann eben nicht wie bei den klassischen Übungen im Kraftsport eindeutig und sichtbar das Gewicht einer Scheibenhantel verändert werden. Man kann sich vielmehr ganz allgemein vor Augen halten, wie der isometrische Kraftzuwachs bei jedem beliebigen quergestreiften Muskel des menschlichen Körpers gemessen wird: wichtig ist das Verhältnis zwischen Kontraktionszeit und Bewegungsumfang. (Der Umfang des Hebelarms kann nicht berücksichtigt werden, da die Länge der Gliedmaße keine Rolle spielt, wie es im Gegenteil beim Training anderer Körpermuskeln der Fall wäre.)

!

> Vorsicht: Diese Art der Arbeit darf nicht von Menschen ausgeführt werden, die von Sehstörungen organischer Art betroffen sind (grauer oder grüner Star, Netzhautablösung und andere), um eine Verschlimmerung des Zustands zu vermeiden, die sich aufgrund der Intensität des Trainings eines organisch geschädigten Körperteils ergeben könnte.

Optimale Intensität

!

Um einen wirklich effektiven Reiz auszuüben, fixieren wir so lange einen Punkt am äußersten Rand des Gesichtsfeldes, bis ein Gefühl leichter Ermüdung der Muskeln zu spüren ist. Auf diese Weise ist eine angemessene Intensität der Anspannung gewährleistet. Die Intensität der Kontraktion sollte jedoch von einem Augenarzt oder Optometristen, der mit dem hier vorgestellten Ansatz vertraut ist, bewertet werden.

Es wird stets empfohlen, die Einschätzung eines Spezialisten einzuholen.

2) Erhöhung der Trainingslast – Graduelle Steigerung der Intensität

Damit die Intensität des Reizes, der durch die Dehnungsübungen der Augen und das Training mit den Übungslinsen (siehe dazu unten) herbeigeführt wird, wirksam bleibt und die Augen sich ihm anpassen können, ist es besonders wichtig, dass dieser Reiz regelmäßig an die aktuelle Sehschärfe des Betroffenen angepasst wird. (Genauere Erläuterungen zur Durchführung der einzelnen Übungen siehe Teil II „Die Praxis", besonders Kapitel 7.)

- Bei den Dehnungsübungen für die Augen kann die Trainingslast variiert werden, indem man versucht, den Umfang der Rotationsbewegungen zu vergrößern, deren Anzahl zu erhöhen und die Zeit, in der man in jeder einzelnen Position am äußersten Rand des Gesichtsfeldes ausharrt, zu verlängern. In diesem Fall nimmt die Geschwindigkeit der Bewegungen zugunsten der Intensität der Kontraktionen ab.
- Bei den Übungen mit den Übungslinsen (Pluslinsen für Kurzsichtige) ist der Leseabstand zur Linse schrittweise zu erhöhen: Wenn es gelingt, im Abstand von 50 cm mit Pluslinsen der Stärke +1 Dioptrie zu lesen, wird die Stärke auf +1,5 bis +2 Dioptrien erhöht, mit denen man einen Leseabstand einnimmt, bei dem sich eine leichte Unschärfe ergibt. Diese Unschärfe wird im Anschluss durch die CRB-Bewegung zu beheben versucht.
- Bei schwacher Kurzsichtigkeit und Tragen der Linsen in geschlossenen Räumen, wie etwa zu Hause oder im Büro, ist die durch die Übungslinsen hergestellte Unschärfe leicht zu erhöhen, sobald sich der Betroffene an sie gewöhnt hat. Er kann beispielsweise von *Pluslinsen* der Stärke +0,5 auf solche der Stärke +1 Dioptrie wechseln. Das Tragen dieser Linsen zu Hause oder am Arbeitsplatz eignet sich nur für diejenigen, die sehr leicht kurz- beziehungsweise beinahe normalsichtig sind. Es muss *stets* unter Berücksichtigung der Sicherheitsvorschriften gehandelt werden: Wer im Kontrollturm eines Flughafens arbeitet, Flugpilot, Rallyefahrer

oder Busfahrer ist oder andere Berufe ausübt, bei denen der gesunde Menschenverstand es einem vorschreibt, hundertprozentig scharf zu sehen, wird darauf verzichten, sich zu therapeutischen Zwecken der Kurzsichtigkeit zu unterziehen und sich stattdessen einer Sehhilfe bedienen, die den Sehfehler *vollständig* korrigiert.

- Im Falle mittelstarker und starker Kurzsichtigkeit besteht keine Notwendigkeit, Pluslinsen zu Übungszwecken zu Hause oder am Arbeitsplatz zu benutzen. Es wird im Gegenteil ausdrücklich davon abgeraten! Es genügt vielmehr, eine Sehhilfe zu tragen, die die Sehschwäche nicht vollständig korrigiert.

  Auch hier gelten die oben genannten Vorsichtsmaßnahmen hinsichtlich der Sicherheit und der persönlichen und allgemeinen Unversehrtheit.

  Ohne Zweifel trägt jeder die volle Verantwortung für seine Handlungen, und kein Augenarzt, Optometrist oder Spezialist kann zur Verantwortung gezogen werden für etwaige Aussagen.
- Die Trainingslast muss regelmäßig angehoben werden, denn sonst käme der Übende nicht über die Grenzen der Anpassung hinaus, die die Augen durch die gegebenen Reize wie Rotation und Übungslinsen erreicht haben.

Verhältnis zwischen Fokussieren und Weite des Gesichtsfeldes

Es ist interessant festzustellen, dass die Augen sich erfolgreich an die ihnen gestellten Aufgaben anpassen und ihre Fokussierfähigkeit verbessern. Hier treffen wir ebenfalls das SAID-Prinzip der spezifischen Anpassung an einen gegebenen Reiz an: Die verschiedenen physiologischen Systeme, und im Besonderen das visuelle System, passen sich an die von ihrer Umwelt gegebenen Bedingungen an. Wie bereits diskutiert und wissenschaftlich belegt worden ist (vgl. oben Abschnitt „Kurzsichtigkeit: Erbfehler oder durch Umweltfaktoren erworben?"), handelt es sich nicht um einen Zufall, dass eine unmittelbare Verbindung besteht zwischen der Entwicklung von Kurzsichtigkeit und den Aufgaben, die den Augen im Nahbereich abverlangt werden (Stichwort: überakkommodativer Stress).

Die Wandelbarkeit des Augenapparates bezüglich seiner Brechkraft wurde auch bei Tieren entdeckt. Es konnte gezeigt werden, dass unterschiedliche Bereiche des Gesichtsfeldes unterschiedliche Grade der Brechkraft aufweisen können. Konkret bedeutet das in bestimmten Bereichen Normalsichtigkeit und in anderen Bereichen beim selben Tier Kurzsichtigkeit.

Mit Tauben durchgeführte Untersuchungen ergaben unterschiedliche Brechungsfähigkeiten je nach Bereich des Gesichtsfeldes (Catania 1964, Millodot und Blough 1971, Nye 1973). Eine Studie ergab, dass das Taubenauge über eine perfekte Sehleistung verfügte, wenn die Brechkraft mit dem Auge längs zur Achse (frontale Ebene) gemessen wurde, während das Auge immer mehr zur Kurzsichtigkeit tendierte, je weiter die Pupillenachse sich an das untere Gesichtsfeld annäherte (Fitzke et al. 1985). Im oberen Bereich des Gesichtsfelds wurde mittels Retinoskopie hingegen Normalsichtigkeit festgestellt. Dieser interessante Unterschied lässt auf die Anpassung des Sehorgans zugunsten der Bedürfnisse dieses Tiers schließen, das zu seiner Ernährung und damit zu seinem Überleben Objekte im Nahbereich scharf sehen muss. Darüber hinaus hilft die perfekte Sehschärfe im oberen Gesichtsfeld dabei, Raubtiere rechtzeitig zu erkennen und zu meiden.

Bei anderen Tieren, etwa bei Greifvögeln, ist eine derartige Anpassung nicht beobachtet worden. Bei Adlern zum Beispiel wurde im unteren Bereich des Gesichtsfeldes keine Kurzsichtigkeit entdeckt. Sie haben nur kurze Zeit Kontakt zum Boden und erfahren damit weniger überakkommodativen Stress. Im Flug dagegen müssen sie genau in diesem Bereich lange Distanzen überblicken können.

Man beachte, dass diese Variabilität der Brechkraft *nicht* artgebunden ist, sondern sich je nach visuellem Umfeld des Tiers verändern kann (vgl. zu diesem Thema Untersuchungen von Küken bei Miles und Wallman 1990). Im Folgenden wird besprochen, wie die Vorteile dieser Erkenntnisse auf den Menschen übertragen werden können.

Warum der Gebrauch korrigierender Sehhilfen die perfekte Sehschärfe behindert

Wie oben dargelegt, wird auf Fehler der Brechkraft beim Menschen mit dem im Grunde verhängnisvollen gewohnheitsmäßigen Tragen von Brillen reagiert. Über den überakkommodativen Stress hinaus (siehe dazu Kapitel 4 „Überakkommodativer Stress und Kurzsichtigkeit") bewirken die Brillengläser eine Verengung des normalen Gesichtsfeldes: Beim Tragen einer Brille reicht das Gesichtsfeld der Augen nur schwer über die Grenzen der Brillenfassung hinaus.

Diese Begrenzung des Gesichtsfeldes führt mit der Zeit zu einer Anpassung der äußeren Augenmuskeln an die vom Brillengestell vorgegebene Eingrenzung. Im Zuge dieser Anpassung nehmen die elastischen Fähigkeiten der äußeren Augenmuskeln ab. Das Ergebnis dieses „Käfigs", in den das Gesichtsfeld hineingezwungen wird, sind daher angespannte und unbewegliche Augen, die zur Entwicklung von Kurzsichtigkeit tendieren. Es sei daran erinnert – um mit William Bates zu sprechen –, dass ein steifer und starrer Blick sowie auch muskuläre Anspannung die Hauptgründe für eine mangelhafte Sehschärfe sind. Will man sich das Phänomen physiologisch vor Augen führen, genügt es sich vorzustellen, wie ein beliebiger quergestreifter Muskel des Körpers wie zum Beispiel der Bizeps schrittweise an Flexibilität und Koordination verliert, sobald sein normaler Bewegungsradius dauerhaft eingeschränkt wird. Bei den äußeren Augenmuskeln, bei denen es sich ja auch um quergestreifte Muskeln handelt, steht der Grad ihrer Flexibilität unmittelbar in Verbindung mit den koordinativen Fähigkeiten. Je unflexibler sie sind, umso weniger gut können sie die sakkadischen Bewegungen ausführen. Ohne diese schnellen Augenbewegungen ist aber ein reibungsloses Scharfstellen nicht möglich.

Um der Begrenzung des Gesichtsfeldes durch das regelmäßige Tragen einer Brille entgegenzuwirken, trainiert *PVS* die Augenmuskeln mittels Rotationsbewegungen der Augen, mit all ihren möglichen Variationen. Das geschieht bei maximalem Bewegungsradius und ermöglicht den Muskeln so, die notwendige Kraft, Flexibilität und Koordination wiederzuerlangen, die für optimale sakkadische Bewegungen und damit für eine scharfe Sehleistung unerlässlich sind.

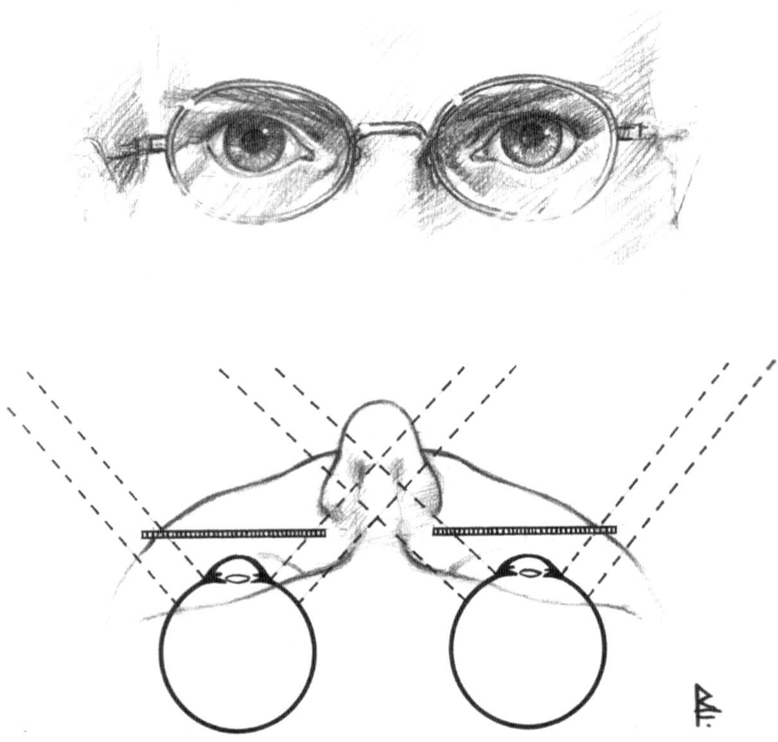

Abb. 6: Durch das Brillengestell sind die Augen in ihrer Bewegung eingeschränkt, wodurch die äußere Augenmuskulatur weniger umfassend arbeitet.

Kapitel 3

Defokus – Unschärfe als Trainingsreiz

Mit Defokus bezeichne ich in diesem Buch den absichtlich oder unabsichtlich hergestellten Zustand des Unscharf-Sehens. Die ins Auge fallenden Lichtstrahlen werden nicht auf der Netzhaut fokussiert, sondern bereits vor oder aber erst hinter der Netzhaut gebündelt, wie bei der Kurz- (vor der Netzhaut) und der Weitsichtigkeit (hinter der Netzhaut). Auf der Netzhaut entsteht so ein unscharfes Bild, da nicht richtig fokussiert wird. Diesen Zustand, Defokus genannt, setze ich bewusst als Trainingsreiz ein, wie ich in diesem Kapitel ausführlich erläutern werde.

Das Auge besitzt die natürliche Fähigkeit, seine Brechkraft zu verändern, indem es sich gegebenen Umweltreizen anpasst. Dadurch ist es möglich, seine Sehkraft zu verbessern – bis hin zum Wiedererlangen einer scharfen Sehleistung. Um einen derartigen Prozess zu ermöglichen, genügt es manchmal schon, sich aus der Abhängigkeit der eigenen Brillengläser zu befreien: Oft darf ein Kurzsichtiger, der für eine gewisse Zeit seine Brille nicht trägt, die Erfahrung machen, dass er als Folge der beabsichtigten „Vernebelung", sprich des gegebenen Defokussier-Reizes, schärfer sieht. Die Nichtbenutzung der Sehhilfe befreit die kurzsichtigen Augen vom weitsichtigen Defokus, der durch die traditionellen optischen Hilfsmittel entstanden ist. So haben die Augen die Möglichkeit, ihre alte Kraft wiederzuerlangen.

Verstärkt wird dieser Effekt durch das Tragen von Übungsgläsern, die die Unschärfe noch vergrößern. Damit diese Methode gelingen kann, muss der durch die Übungsgläser künstlich hervorgerufene Defokus, also das Unscharf-Sehen, zunächst dem jeweiligen Auge angemessen gewählt werden und dann allmählich vergrößert werden. Die Augen passen sich schrittweise der Herausforderung an. Der Reiz, der die Augen zum stärkeren Fokussieren stimuliert, besteht bei Kurzsichtigen in einer Verstärkung der Kurzsichtigkeit und bei Weitsichtigen in einer Verstärkung der Weitsichtigkeit.

Sehtraining bei Tieren

Das aktive Wiedererlangen der Normalsichtigkeit wurde zunächst in Experimenten mit Tieren nachgewiesen. Dabei erholten sich die Tiere von bewusst hergestellten Refraktionszuständen. Ihre Augen kompensierten einen mit Übungslinsen provozierten Defokus. Der erste Nachweis aktiver Gesundung infolge einer bewusst herbeigeführten Kurzsichtigkeit wurde an Küken erbracht (Wallman und Adams 1987, Norton 1990, McBrien und Norton 1992).

An Affen durchgeführte Studien zeigten, dass auch diese, der menschlichen am nächsten kommende Spezies sich von einem Brechungsfehler erholt. Das geschieht durch Vorsetzen spezieller Linsen (Smith et al. 1994).

Die an Küken und Affen durchgeführten Studien zeigen eine Anpassung der Sehorgane als Kompensation von Brechungsfehlern, die sich durch das Tragen von Übungslinsen ergibt. Die Achsen des Augapfels vergrößern sich, und der Brechungsfehler geht allmählich zurück, im speziellen Fall die Weitsichtigkeit.

Am Ende des Experiments entwickelten die Augen als extremes Resultat einer derartig provozierten Anpassung Kurzsichtigkeit. Dies zeigt ganz deutlich, dass der Refraktionszustand der Augen unter Berücksichtigung der Ausgangsbedingungen bewusst gesteuert und verändert werden kann: Ein an Kurzsichtigkeit leidender Mensch, der bestimmten Reizen unterworfen wird – nämlich einem fortschreitenden Defokus durch Plusgläser –, hat demnach die Möglichkeit, einen Zustand perfekter Sehkraft wiederzuerlangen. Das gilt genauso umgekehrt: Ein an Weitsichtigkeit leidender Mensch, dessen Weitsichtigkeit durch Minusgläser verstärkt wird, kann mit der Zeit sein Problem verringern und sich an die Normalsichtigkeit annähern.

> Es ist mir wichtig zu betonen, dass – abgesehen von der Beweiskraft wissenschaftlicher Erkenntnisse – meine persönliche Erfahrung auf der Überwindung von Kurzsichtigkeit beruht. Über zehn Jahre lang war ich von dieser (und nur von dieser) Refraktionsanomalie betroffen und kann somit ausschließlich bezüglich der Kurzsichtigkeit die Wirksamkeit der Methode garantieren.

Das Wiedererlangen der Normalsichtigkeit als Ausdruck des SAID-Prinzips der spezifischen Anpassung an einen gegebenen Reiz scheint in beide Richtungen zu wirken: es kann sowohl kompensatorische Reaktionen auf das Tragen von Pluslinsen als auch von Minuslinsen betreffen.

Angesichts der eben zitierten wissenschaftlichen Untersuchungen und meiner persönlichen Erfahrung existieren mehr als stichhaltige wissenschaftliche Argumente, die für die Fähigkeit der Augen sprechen, Brechungsfehler mit der Zeit zu verringern und eventuell sogar vollständig zu beheben.

Defokus und Änderung der Brechkraft

> „Die Theorie des Defokus deutet darauf hin, dass nach einer gewissen Zeit [des Defokussierens] die Position der Netzhaut verändert wird, damit die Netzhaut in der Brennebene liegt."
>
> Grosvenor und Goss 1999 [Übersetzung M. K.]

- Die Erkenntnisse der Untersuchungen, die an Tieren durchgeführt wurden, lassen vermuten, dass die Entwicklung und Veränderung der Refraktion und damit die Brechkraft des Betroffenen vom Brennpunkt des Bilds auf der Netzhaut abhängt.
- Die Verschiebung des Bilds auf der Netzhaut, welche durch das Vorsetzen von Minuslinsen erreicht wird, beschleunigt die Verlängerung des Glaskörpers und das Fortschreiten von Kurzsichtigkeit. Demgegenüber verlangsamt ein wiederholt gegebener Defokussier-Reiz mit Pluslinsen die Achsenverlängerung der Augen bis hin zur Entwicklung von Weitsichtigkeit (Shaeffel et al. 1988, 1991; Irving et al. 1991 – siehe Grosvenor und Goss 1999, S. 54).

Experimente zum Defokus an Primaten

Ein Experiment mit jungen Rhesusaffen zeigte, dass es möglich ist, die Refraktionsentwicklung mit bewusst eingesetztem Defokus zu verändern (Hung et al. 1995). Die Affen sind von ihrer genetischen Anlage her weitsichtig, denn sie müssen Raubtiere auf lange Sicht hin ausmachen können. Im Verlauf des Experiments wurden den Tieren leichte Helme aufgesetzt, denen Linsen zur Beeinflussung der Brechkraft vorgesetzt wurden. Die linke von den Affen getragene Linse betrug 0 Dioptrie, die rechte Linse schwankte zwischen +6, +3, 0, -3 und -6 Dioptrien. Die Helme wurden während der gesamten Dauer des Experiments getragen (72 bis 113 Tage), das Alter der Affen betrug 21 bis 32 Tage. Am Ende des Experiments wurde die Veränderung der Brechkraft gemessen (mittels Retinoskopie) und mit den anfänglich gemessenen Werten (je nach Affe zwischen +2 und +8 Dioptrien) verglichen. Das Experiment ergab, dass die Mehrzahl der mit Minuslinsen behandelten Affen – die, wie gesagt, zuvor allesamt weitsichtig waren –, verlängerte Achsen und eine veränderte Brechkraft in Richtung Kurzsichtigkeit aufwiesen.

Im Gegensatz dazu *ist bei den Affen, die mit Pluslinsen behandelt wurden, eine geringere Verlängerung der Achsen und eine Veränderung der Brechkraft in Richtung Weitsichtigkeit festgestellt worden.*

In Anlehnung an die Theorie der akkommodativen Bilanz (vgl. unten Abschnitt „Akkommodationsbilanz") wird die Auffassung vertreten, dass bei rechtzeitiger Beendigung der Behandlung – der Zeitpunkt ist jeweils von der Brechkraft des einzelnen Subjekts abhängig – Normalsichtigkeit erreicht würde, ohne Weitsichtigkeit zu entwickeln. Letztere würde sich eigentlich als Konsequenz des anhaltenden Defokus ergeben, der durch die Pluslinsen provoziert wird. Folglich ist es offensichtlich, wie die Qualität der Brechkraft vom Grad des Defokus abhängt, und wie man bewusst zur Veränderung der Refraktionsfähigkeiten des Einzelnen und damit zum Rückgang des funktionellen Refraktionsfehlers beitragen kann.

All dies ist mit *Power Vision System®* möglich. Das System gründet sich auf die offensichtliche und wissenschaftlich erwiesene Verbindung zwischen der Entwicklung von Kurzsichtigkeit und der Anstrengung der Augen im Nahbereich, darüber hinaus auf die Fähigkeit der Augen, auf gegebene Reize zu reagieren.

Zahlreiche Studien, die an Tieren und Menschen durchgeführt wurden, zeigen deutlich, wie das visuelle System, die Fokussierfähigkeit eingeschlossen, durch Umweltreize beeinflussbar ist.

Das enge Verhältnis zwischen der Entwicklung von Kurzsichtigkeit und den von der Umwelt vorgegebenen Bedingungen ist offensichtlich. Eine solche Bedingung kann etwa das Arbeiten in einem räumlich stark begrenzten Umfeld sein, wo das Auge ausschließlich im Nahbereich fokussiert und so den Akkommodationsprozess verstärkt. Dank diesem erwiesenen Zusammenhang zwischen den Veränderungen der Brechkraft und gegebenen Umweltreizen können die *Ursachen* des Problems angegangen, mit anderen Worten der Defokus beeinflusst werden. Diese Erkenntnis erlaubt es nun nicht nur, der Entwicklung von Fehlsichtigkeit vorzubeugen, sondern auch, bewusst auf eine bestehende funktionelle Sehstörung wie Kurz- oder Weitsichtigkeit einzuwirken und ihren Rückgang mittels künstlicher Manipulation des gewohnten Sehbereichs durch Vorsetzen geeigneter Übungsgläser zu fördern.

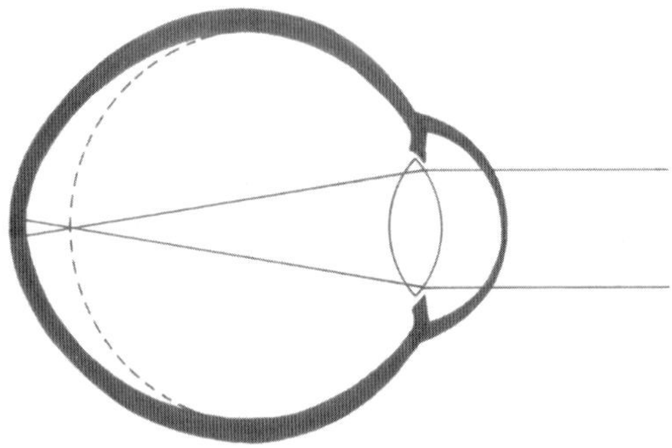

Abb. 7: Kurzsichtiges Auge

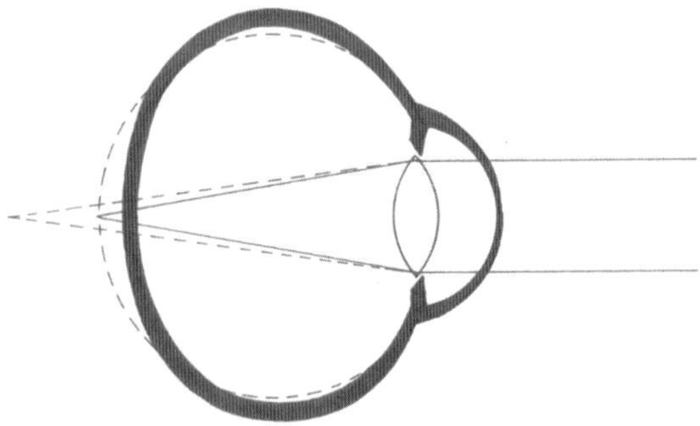

Abb. 8: Weitsichtiges Auge

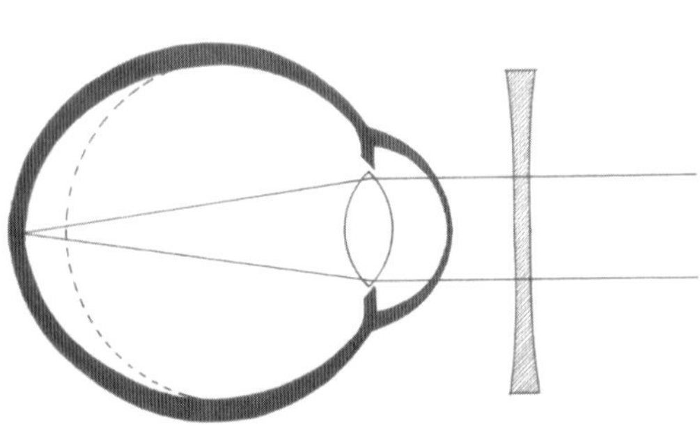

Abb. 9: Optische Korrektur des kurzsichtigen Auges mit konkaver Linse (–)

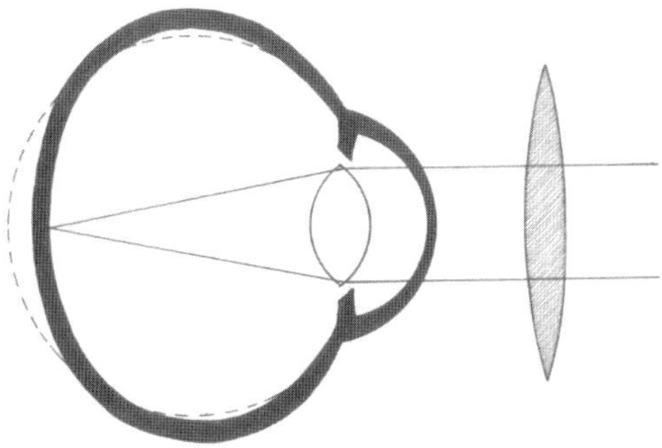

Abb. 10: Optische Korrektur des weitsichtigen Auges mit konvexer Linse (+)

Kurzsichtiger Defokus: Wissenschaftliche Definition

Wenn der gegebene Akkommodationsreiz den individuellen Akkommodationserfolg um circa 1–2 Dioptrien übersteigt, erhöht sich die Unterakkommodation und folglich wird die Abbildung des betrachteten Objekts defokussiert. Ist dieser Punkt überwunden, sinkt die Akkommodationsreaktion schrittweise und verschiebt sich in Richtung der Akkommodationsruhelage (Ong und Ciuffreda 1997).

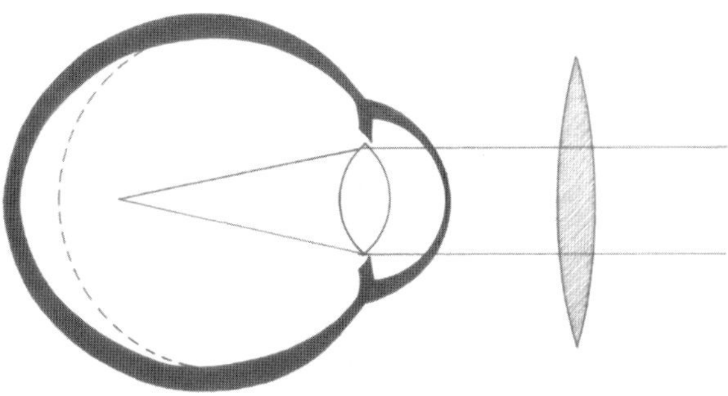

Abb. 11: Kurzsichtiger Defokus, hervorgerufen durch eine Konvexlinse (+) auf kurzsichtigem Auge

Weitsichtiger Defokus: Wissenschaftliche Definition

Wird der dioptrische Reiz schrittweise über Unendlich hinaus geführt (nur mit optischen Systemen möglich), so steigt die Akkommodationsreaktion schrittweise an und verschiebt sich in Richtung der Akkommodationsruhelage (Ong und Ciuffreda 1997).

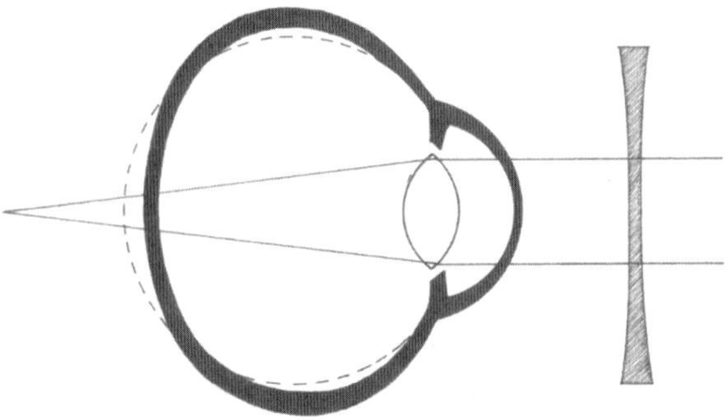

Abb. 12: Weitsichtiger Defokus, hervorgerufen durch eine Konkavlinse (–) auf weitsichtigem Auge

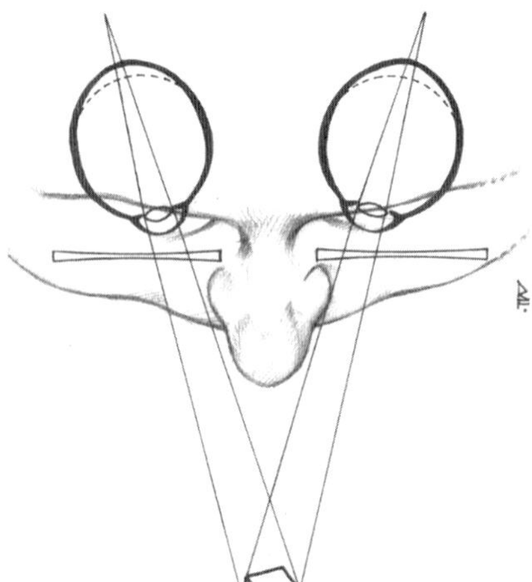

Abb. 13: Weitsichtiger Defokus, mit Minuslinsen hergestellt und verstärkt durch Sehen im Nahbereich. Auch die Konvergenz wirkt als zusätzlicher Reiz in Richtung Kurzsichtigkeit.

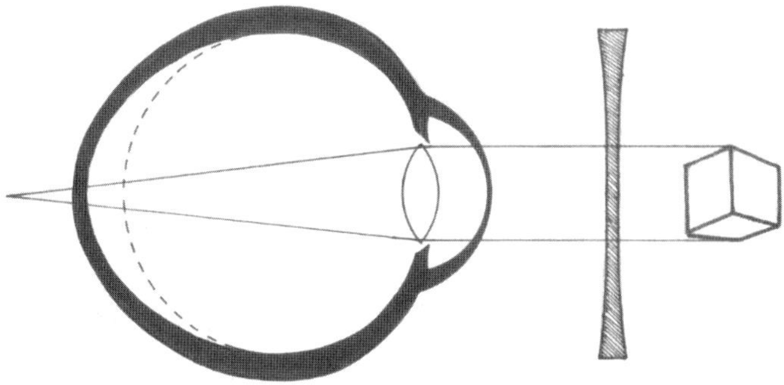

Abb. 14: Weitsichtiger Defokus auf kurzsichtigem Auge

Fazit:

- Der Defokus ist kurzsichtig, wenn durch das Vorsetzen von Pluslinsen der Punkt größter Scharfstellung eines Objekts vor die Netzhaut fällt.
- Der Defokus ist weitsichtig, wenn durch das Vorsetzen von Minuslinsen der Punkt größter Scharfstellung eines Objekts hinter die Netzhaut fällt.

Trifft ein kurzsichtiger Defokus auf ein weitsichtiges Auge, trägt er zu einer weiteren Verkürzung des Augapfels bei und verschlimmert somit noch die bereits bestehende Weitsichtigkeit. Dem kurzsichtigen Auge verhilft er gleichermaßen zu einem kürzeren Augapfel. In diesem Fall ist dies aber von Vorteil, denn der zu lange (kurzsichtige) Augapfel bekommt so seine natürliche Gestalt zurück.

Trifft ein weitsichtiger Defokus auf ein kurzsichtiges Auge, trägt er zu einer weiteren Verlängerung des Augapfels bei und verschlimmert somit noch die bereits bestehende Kurzsichtigkeit. Dem weitsichtigen Auge verhilft er gleichermaßen zu einem längeren Augapfel. In diesem Fall ist dies aber von Vorteil, denn der zu kurze (weitsichtige) Augapfel bekommt so seine natürliche Gestalt zurück.

Die Defokussier-Reize werden in meiner Augentherapie durch das Tragen von Übungsgläsern hergestellt. Hier werden sowohl Anpassung als auch Rückgang des Brechungsfehlers durch einen geeigneten Defokus provoziert.

Ein Defokus ergibt sich auch unter normalen Bedingungen, wenn zunächst ein weit entferntes Objekt und dann plötzlich ein Objekt im Nahbereich fixiert wird: Vorübergehend – kurz bevor die Akkommodation einsetzt – liegt der Brennpunkt hinter der Netzhaut.

Ist die Akkommodationsreaktion geringer als der Übungsreiz, bleibt ein gewisser Grad des weitsichtigen Defokus erhalten (Wildsoet 1998). Diese Reizgebung führt mit der Zeit zu einer Anpassung der Brechkraft und damit der Fähigkeit, scharf zu stellen. Auf diese Weise wird der ursprüngliche Brechungsfehler reduziert oder behoben. Das Defokussieren – bei mir als Kurzsichtigem geht es um den kurzsichtigen Defokus – hat mit der Zeit zu einem Rückgang meiner Kurzsichtigkeit (2 Dioptrien pro Auge) geführt. Defokussieren wirkt sich auf die Akkommodationsbilanz aus und liefert daher das Motiv für eine funktionelle Anpassung des Fokussiersystems.

Bei einer unangebrachten und völlig falschen Ausnutzung des Defokus, wie sie gegenwärtig durch die verordneten optischen Korrekturen erfolgt (weitsichtiger Defokus bei Kurzsichtigkeit mittels Minuslinsen, kurzsichtiger Defokus bei Weitsichtigkeit mittels Pluslinsen), festigt und verschlechtert sich der Sehfehler tendenziell, da die natürlichen Brechungsfähigkeiten des Auges „verwöhnt" werden. Medina und Fariza (1987, 1993) argumentieren, dass die traditionelle Korrektur der Kurzsichtigkeit mit Minuslinsen den ursprünglichen Fehler, der die Entwicklung der Kurzsichtigkeit provoziert hat (weitsichtiger Defokus), verstärkt und seine Entwicklung und Verschlechterung beschleunigt.

Sinnvoller wäre es, mittels angemessener Reizgabe die Anpassung des Auges anzuregen, so wie es in *Ohne Brille seh ich besser* beschrieben ist. Der Laie stelle sich zum besseren Verständnis ein Laufband vor, das einen Menschen transportiert: Ohne den Einsatz der Beine wird er, vom einen an das andere Ende der Strecke transportiert, schwerlich seine Fähigkeiten der Fortbewegung anregen. Mit einer Last zu gehen oder zu laufen, die nach und nach an Gewicht zunimmt, wird im Gegenteil die physiologischen Möglichkeiten des Einzelnen, sich schneller fortzubewegen, fördern.

Hindernisse können stärken und genauso können *gut gemeinte Hilfestellungen schwächen*, wenn sich der Körper einem unangemessenen Reiz anpasst, wie etwa einer korrigierenden Sehhilfe. Dieses Prinzip gilt für den Großteil der physiologischen Systeme. Ein geeigneter optischer Reiz hingegen folgt dem SAID-Prinzip und führt zu einer Anpassung des Fokussiersystems. Dass das Vorsetzen von Übungslinsen eine derartige Wirkung erzielen kann, wurde in wissenschaftlichen Arbeiten nachgewiesen (Smith III. 1998).

Ein Defokus, der durch Arbeiten im Nahbereich entstanden ist und eventuell durch das Tragen von Minuslinsen verschlimmert wurde (weitsichtiges Defokussieren), führt schließlich zu einer Verlängerung des Augapfels (siehe Smith III. und Hung 1995; Raviola und Wiesel 1985; Wallman 1993).

Akkommodationsbilanz

Die Brechkraft der Augen wird, wie gesagt, von äußeren Faktoren (Nähe zum beobachteten Objekt) und von emotionalen Faktoren beeinflusst. Der seelische Zustand kann auf den Wunsch, ein Objekt wahrzunehmen oder nicht, Einfluss nehmen. So kann etwa ein strenger Blick im Laufe der Zeit dazu führen, dass das Gegenüber die Brechkraft des Auges auf eine „bequeme" Unschärfe einstellt. Das Auge ist ein lebendiges und pulsierendes Organ, dessen Brechkraft das Ergebnis, die Bilanz all der Reize ist, denen das Auge regelmäßig ausgesetzt ist. Die Fähigkeit des Auges zu fokussieren wird durch das bestimmt, was ich Akkommodationsbilanz nenne. Darunter verstehe ich den Gesamtwert aller physischen und mentalen Reize, die auf die Augen ausgeübt werden. Physische Reize sind etwa überakkommodativer Stress aufgrund von Arbeit im Nahbereich, Entspannung der Akkommodation beim Sehen in die Ferne, Beleuchtung und Lichtverhältnisse, Bewegungsradius der Augenmuskeln. Unter mentalen Reizen verstehe ich in diesem Fall die Reaktionen des Sehorgans auf die Umwelt.

Es ist von grundlegender Wichtigkeit, diesen Ansatz zu begreifen, um funktionelle Brechungsfehler zu behandeln. Besteht ein Gleichgewicht zwischen der Menge der Reize in Richtung Kurzsichtigkeit und der in Richtung Weitsichtigkeit, bleibt der Refraktionszustand erhalten.

Wenn aber kurzsichtige oder weitsichtige Reize überwiegen, ergeben sich mit der Zeit Veränderungen der Brechkraft in Richtung Kurz- beziehungsweise Weitsichtigkeit. Dieses Phänomen ist nichts anderes als eine Reaktion auf die Anpassung des Sehorgans an die gegebenen Reize, das heißt es handelt sich um einen spezifischen Ausdruck des SAID-Prinzips.

Folgende Faktoren sind grundlegend, wenn man eine Veränderung der Brechkraft anstrebt:

- Herstellung eines geeigneten Reizes: in Richtung Kurz- oder Weitsichtigkeit, je nach vorhandenem funktionellem Fehler (mit anderen Worten kurz- oder weitsichtiger Defokus).
- Herstellung einer geeigneten Reizintensität (zu schwache oder zu starke Reize führen zu keiner Anpassung).
- Dauer der Reizgebung: Die Augen müssen so lange defokussieren, bis sich vorübergehend Änderungen der Brechkraft ergeben. Mit der Zeit führt diese Reizgebung zu einer ausgeglicheneren Akkommodationsbilanz, wodurch sich die Brechkraft verbessert. Ein Kurzsichtiger zum Beispiel, der regelmäßig mit dem kurzsichtigen Defokus gearbeitet hat, verbessert seine Akkommodationsbilanz, und seine Sehkraft wird sich allmählich an die eines Normalsichtigen annähern.

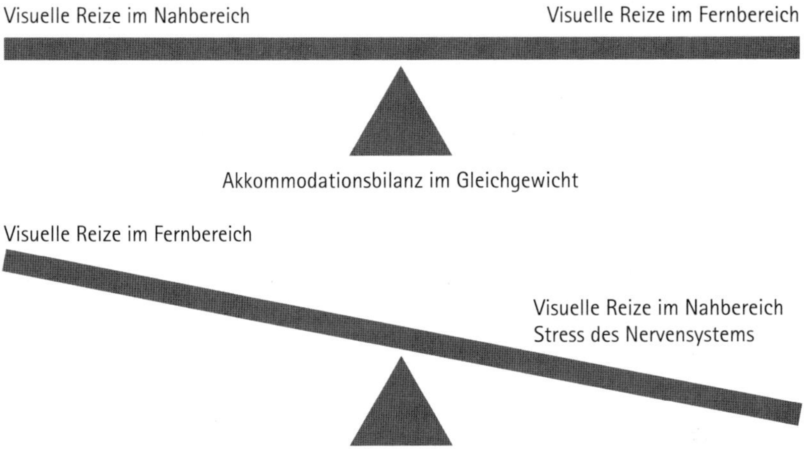

Abb. 15
Durch das Überwiegen von Reizen im Nahbereich erfährt die Akkommodationsbilanz ein Ungleichgewicht und es entsteht Kurzsichtigkeit.

Wer sich gegen die Theorie der Akkommodationsbilanz ausspricht, leugnet die Fähigkeit sämtlicher Organe und physiologischer Systeme, sich Reizen anzupassen und sich aufgrund derer zu verändern. Gegner der Theorie stellen das physiologische SAID-Prinzip der spezifischen Anpassung an einen gegebenen Reiz in Frage. Das Herz passt sich den Reizen an, die durch aerobes Training gegeben werden, die Haut reagiert auf Lichtstrahlen und auf Temperatur, die Muskeln gewöhnen sich an die ihnen zugemutete Last – die Beispiele könnten in Anbetracht der möglichen Reize, die ein lebender Organismus aufnehmen kann, ins Hundertfache gehen. Warum sollten also die Augen und deren Brechkraft eine Ausnahme machen? Die Brechkraft eines Menschen variiert im Verhältnis zu den unwillkürlich wirkenden Umweltreizen und den gewollt provozierten Reizen, die auf einem gezielten und spezifischen Augentraining beruhen. Bei sachgemäßem Gebrauch von Übungsgläsern (Plusgläser bei Kurzsichtigkeit, Minusgläser bei Weitsichtigkeit), ist es möglich, das Gesichtsfeld eines Menschen und folglich die Reize zu beeinflussen, die auf das visuelle System wirken. Das Ergebnis ist eine allmähliche Anpassung der Brechkraft beziehungsweise der Fokussierfähigkeit.

Prävention und Heilung von Kurzsichtigkeit mit Pluslinsen

Wie ausführlich in Fachliteratur und wissenschaftlichen Experimenten zur Entwicklung von Refraktionsfehlern belegt, ergibt sich die Brechkraft eines Menschen aus der Menge und der Art der jeweils gegebenen Reize (siehe Akkommodationsbilanz). Das Auge und seine Brechkraft werden folglich beeinflusst von unwillkürlichen Reizen – wie dem überakkommodativen Stress, der durch häufiges Arbeiten im Nahbereich hervorgerufen wird – oder von gewollt hergestellten Reizen mit dem Ziel, eine Anpassung oder die Kompensation des hergestellten Defokus zu erreichen. Man vergleiche hierzu die an Tieren durchgeführten Experimente (Hung et al. 1995, Shaeffel et al. 1988, Siegwart und Norton 1993, McFadden und Wallman 1995). In den angeführten Studien wurden Linsen benutzt, um spezifische Anpassungen der Brechkraft bei den behandelten Versuchstieren zu provozieren: Durch Vorsetzen von Minuslinsen wurden Anpassungen erreicht, die die Entwicklung einer Kurzsichtigkeit förderten: Der weitsichtige Defokus ging mit einer Achsenverlängerung des Augapfels einher. Das ist auch das traurige Resultat des gegenwärtigen und irrtümlichen Gebrauchs optischer „Korrekturen".

Man kann es nicht oft genug wiederholen: Kurzsichtigkeit, die mit Minuslinsen korrigiert wird, führt zur Verstärkung und zum Fortschreiten des ursprünglichen Sehfehlers, da der überakkommodative Stress erhöht und der Defokus in Richtung Weitsichtigkeit gelenkt wird, wodurch es allmählich zu einer Achsenverlängerung des Augapfels kommt (siehe Medina und Fariza 1993). Im Gegenteil provoziert das Vorsetzen von Pluslinsen die Entwicklung eines kurzsichtigen

Defokus, der zur Kompensierung des ursprünglichen Brechungsfehlers anregt, mit anderen Worten eine vorübergehende Kurzsichtigkeit wird absichtlich hergestellt, die letztendlich zum Wiedererlangen der optimalen Brechkraft führt (siehe Smith III. 1998).

Die eben dargelegte Theorie bringt das SAID-Prinzip direkt zum Ausdruck: Spezifische Reize führen zu spezifischen Anpassungen, in diesem Fall zu einer Kompensation des ursprünglichen Fehlers oder zu einer Verschlimmerung des Fehlers, wenn falsch defokussiert wird. Letzteres tritt ein, wenn zum „Korrigieren" der Kurzsichtigkeit Minuslinsen verwendet werden und die Sehschwäche vollständig korrigiert wird.

Wie man Kurzsichtigkeit mit Pluslinsen vorbeugt

Zahlreiche Klinikärzte, unter ihnen Birnbaum (vgl. Birnbaum 1998), sind davon überzeugt, dass das Fortschreiten einer Kurzsichtigkeit verhindert werden kann, indem Pluslinsen getragen werden, noch bevor die Kurzsichtigkeit offenkundig ist. Das vorbeugende Vorsetzen von Pluslinsen hat das Ziel, den Sehbereich des Patienten zu verändern und so die Reize, welche überakkommodativen Stress produzieren, abzuschwächen oder völlig zu beseitigen. Dass überakkommodativer Stress eine der Hauptursachen für das Entstehen und die Entwicklung von Kurzsichtigkeit ist, wurde bereits ausführlich besprochen.

Für die meisten wissenschaftlichen Studien zum vorbeugenden Tragen von Pluslinsen und zur verlangsamten Entwicklung der Kurzsichtigkeit wurden bifokale Gläser verwendet, deren unterer Teil für den Nahbereich positiv und deren oberer Teil für die Fernsicht optisch normal korrigiert wurde: Der „Plusbereich" sollte überakkommodativem Stress entgegenwirken, der normal korrigierte Bereich eine optimale Brechkraft des Patienten garantieren. Roberts und Banfort (1967) sind zu dem Schluss gekommen, dass der Refraktionsfehler sich mit bifokalen Gläsern im Vergleich zu einer traditionellen Behandlung mit monofokalen Gläsern, bei der das ganze Glas die beginnende Sehschwäche voll korrigiert, deutlich langsamer verschlechtert (0,31 Dioptrien pro Jahr im Vergleich zu 0,41 Dioptrien pro Jahr bei traditioneller Korrektur).

Die größten Erfolge beim Vorbeugen von Kurzsichtigkeit mit bifokalen Gläsern konnten Oakley und Young (1975) verzeichnen, die im unteren Bereich des Brillenglases Korrekturen von +1,50 bis +2,00 Dioptrien benutzten und im oberen Bereich für die Fernsicht mit Unterkorrekturen von 0,50 Dioptrien in Relation zur Vollkorrektur arbeiteten.

Oakley und Young haben bezüglich der Verschlechterung des Sehfehlers einen Durchschnittswert von -0,02 Dioptrien pro Jahr bei 226 Trägern bifokaler Gläser errechnet, gegen -0,53 Dioptrien pro Jahr bei 215 Trägern konventioneller monofokaler Gläser. Dieses Ergebnis bezieht sich auf Träger weißer Hautfarbe. In der gleichen Studie, die an einer Gruppe von Indianern durchgeführt wurde, war eine Verschlechterung des Zustands um -0,10 Dioptrien bei 43 Trägern bifokaler Gläser und um -0,38 Dioptrien bei 83 Trägern monofokaler Gläser festzustellen.

Der Erfolg der Studie bestätigt die Wirksamkeit einer solchen Behandlung mit bifokalen Gläsern und legt besonderen Wert auf die Tatsache, dass die obere Grenze der unteren Brillenhälfte sich über der Mittelachse der Brille befindet: So wird vermieden, im Nahbereich über den unteren Bereich des Glases hinweg zu blicken und sich auf kurze Entfernungen an die Schärfe für den Fernbereich zu gewöhnen.

Wie man Kurzsichtigkeit mit Pluslinsen heilt

Power Vision System® beschäftigt sich nicht nur damit, Kurzsichtigkeit vorzubeugen, sondern auch und ganz besonders mit der Heilung und dem allmählichen Rückgang der Kurzsichtigkeit: Auch hierzu wird durch das Tragen von Plusgläsern ein kurzsichtiger Defokus hergestellt. Damit habe ich meine persönlichen Erfahrungen gesammelt.

Zahlreiche wissenschaftliche Untersuchungen belegen die Auswirkungen des Defokus auf die Brechkraft (siehe hierzu oben Abschnitt „Defokus und Änderung der Brechkraft"). Jedes Organ passt sich an gegebene spezifische Reize an, und auch die Augen und ihre Brechkraft stellen keine Ausnahme dar. Der progressive kurzsichtige Defokus, hergestellt mittels Tragen von Pluslinsen, führt zum Rückgang und zur allmählichen Kompensation des ursprünglichen Sehfehlers. Ein Sprichwort lautet: „Wer rastet, der rostet", mit anderen Worten: jede Aktivierung wirkt sich positiv auf das Organ aus. Dabei ist es wichtig zu beachten, dass man die Anpassungsfähigkeiten des Organs auch nicht überstrapazieren darf, was Intensität und Dauer der Reizgabe angeht. Andernfalls verfehlt die Methode ihre Wirkung.

Akkommodation bei Unschärfe

Das Prinzip:

> „Ein unscharfes Bild auf der Netzhaut regt einen Akkommodationsprozess an, durch den der gegebene Trainingsreiz eine *Optimierung* der Scharfstellung in Richtung eines deutlichen Bildes ermöglichen soll. Die Netzhaut signalisiert einen ‚Scharfstellungsfehler', und die Wahrnehmung dieses Fehlers ist der *Reiz*, die Nerventätigkeit zu verändern, die die Linse reguliert: Ist der Scharfstellungsfehler beseitigt, wirkt auch der gegebene Trainingsreiz nicht mehr als solcher." Paliaga 1995 [Übersetzung M. K.; Hervorhebungen durch den Autor]

Erhöht man die Reizgabe schrittweise, führt der Akkommodationsreiz zu einer natürlichen Anpassung des visuellen Systems und damit der Fokussierfähigkeit. Dies führt zum Rückgang funktioneller Sehfehler wie Kurz- oder Weitsichtigkeit. Damit man wieder hundertprozentig sehen oder die vom Optiker verordnete Dioptrienstärke deutlich verringern kann, muss man den Reiz, wie gesagt, wiederholen und schrittweise erhöhen. Fortschritte ergeben sich, wenn die Fokussierentfernung und/oder die Stärke der Übungsbrille erhöht werden; bei Weitsichtigkeit wird die Entfernung verringert. Als Übungsbrille nimmt man das Gegenteil dessen, was konventionell verschrieben wird: als Trainingsreiz setzt man Plusgläser bei Kurzsichtigkeit und Minusgläser bei Weitsichtigkeit ein. Dieser Reiz wirkt genau gegenteilig zur optischen Korrektur mit „korrigierenden" Gläsern (Minusgläser bei Kurzsichtigkeit, Plusgläser bei Weitsichtigkeit).

Wie die richtigen Gläser funktionelle Probleme der Sehschärfe lösen

Es mag seltsam klingen, doch ausgerechnet Brillen, die doch an der verschlechterten Sehschärfe schuld sind, sind in der Lage, funktionelle Brechungsfehler zu beheben. Dies gilt natürlich nur, wenn sie richtig eingesetzt werden.

Das SAID-Prinzip der spezifischen Anpassung an einen gegebenen Reiz gilt hierbei stets, sowohl um eine Verschlechterung der Sehschärfe zu provozieren als auch, um die Fokussierfähigkeit zu verbessern und im besten Fall sogar die volle Sehschärfe wiederzuerlangen. Detaillierte Informationen zum Defokus können der 1971 von Young durchgeführten Studie entnommen werden (siehe Abschnitt „Kurzsichtigkeit: Erbfehler oder durch Umweltfaktoren erworben?" in Kapitel 1).

Wie das SAID-Prinzip praktisch angewendet wird

Ein Kurzsichtiger, der das Lesen eines Textes mit *Plusgläsern* bei größtmöglicher Entfernung übt (so, dass die Buchstaben *leicht* unscharf wahrgenommen werden), oder ein Weitsichtiger, der das Lesen eines Textes mit *Minusgläsern* bei kürzest möglicher Entfernung übt (so, dass die Buchstaben *leicht* unscharf wahrgenommen werden), erzeugt eine Trainingslast auf das Fokussiersystem: So können die äußeren Augenmuskeln und der Ziliarmuskel trainiert werden, indem man sie immer höheren Lasten aussetzt. In diesem Fall besteht die Last aus der Fokussierentfernung, also der Entfernung der Augen von den Buchstaben des Textes, und der Stärke der *Übungsgläser.* Haben sich die Augen an die entsprechende Last angepasst (an das Verhältnis zwischen der Dioptrienstärke der Brille und dem Leseabstand), *muss die Last erhöht werden, da der Reiz andernfalls seine Wirksamkeit verliert.*

Dieser Vorgang, durch den ein solcher Trainingsreiz hergestellt wird, der verbessertes Fokussieren und den Rückgang des funktionellen Brechungsfehlers mit sich bringt, wird *„Vernebeln"* (*fogging*) oder *„Akkommodation bei Unschärfe"* genannt. Man setzt das Auge absichtlich Bedingungen leichter Unschärfe aus, damit es zu besserem Fokussieren angeregt wird. Sehr wichtig ist hierbei die Dosierung des Trainingsreizes.

Eine leichte Unschärfe beim Sehen verändert Schritt für Schritt und ganz automatisch die Brechkraft der Augen mit dem Ziel, genau auf der Netzhaut oder zumindest so nahe wie möglich an der Netzhaut zu fokussieren. Das bedeutet für einen Kurzsichtigen, der normalerweise vor der Netzhaut fokussiert, mithilfe von Plusgläsern die Brennebene so weit wie möglich an die Netzhaut anzunähern. Für einen Weitsichtigen, der hinter der Netzhaut fokussiert, gilt genau das gleiche Prinzip, nur dass er sich Minusgläsern bedient und bei kürzest möglicher Entfernung zu fokussieren versucht.

Warum die richtige Dosierung des Trainingsreizes so wichtig ist

Die Trainingslast bzw. der Trainingsreiz muss trainieren, und trainieren heißt weder überlasten noch zu wenig belasten (da dann keine Anpassung stattfinden kann). Die größte Wirkung wird erzielt, wenn die „Vernebelung" auf ein Minimum reduziert ist, das heißt, wenn der zu fokussierende Text leicht unscharf ist. Eine zu starke Unschärfe kann ins Gegenteil umschlagen und eine Zunahme der positiven

Akkommodation bei Kurzsichtigen und den umgekehrten Prozess bei Weitsichtigen hervorrufen; so würden Kurz- oder Weitsichtigkeit verschlimmert. Dies kann mit der Tatsache begründet werden, dass das Auge in Anbetracht eines zu starken Reizes die Aufgabe der Scharfstellung als „unmöglich" einstuft und gar nicht erst versucht, zu fokussieren.

Akkommodative Stressverringerung und Aufrechterhaltung einer gewissen Trainingslast (Unschärfe) – ein Erfahrungsbericht

Als sich meine Sehschärfe allmählich wieder festigte und meine Augen fast wieder normal sehen konnten, wurde es für mich immer schwieriger, Fortschritte zu erreichen. Und das, obwohl ich mich immer an die Dehnübungen für die Augen und das Training mit den Plusgläsern hielt. Auf dieser Stufe des Heilungsprozesses wurde bei mir eine Kurzsichtigkeit von –0,5 Dioptrien an beiden Augen diagnostiziert. Ich hatte es geschafft, bei Kunstlicht mit Plusgläsern von +4 Dioptrien und bei Sonnenlicht mit Gläsern der Stärke +6 Dioptrien zu lesen. Trotzdem zeigten sich nur schleichend Fortschritte, so als ob die „Restposten" meiner Kurzsichtigkeit mich nicht verlassen wollten.

Da machte ich wiederholt eine interessante Beobachtung: Manchmal kam ich abends spät nach Hause und am nächsten Morgen schien ich klarer zu sehen, obwohl ich früh aufstand, um zur Arbeit zu gehen. Zunächst konnte ich mir dieses Phänomen nicht erklären, da das Nervensystem sich bei wenig Schlaf doch auch weniger regenerieren kann. Das Nervensystem ist größtenteils für das korrekte Funktionieren des Sehens und im Allgemeinen für sämtliche Funktionen des autonomen Nervensystems verantwortlich, da es die Homöostase und damit das innere Wohlbefinden des Organismus im

Gleichgewicht hält. Geistige und körperliche Müdigkeit verschlechtern demnach die Fokussierfähigkeit der Augen, doch in diesem Fall schien es gerade umgekehrt zu sein, eine Ausnahme von der Regel sozusagen.

Anfangs dachte ich, meine Beobachtung beruhe auf einem Zufall, und mein Schlaf sei vielleicht tiefer und regenerierender, obwohl ich weniger schlief. Nach aufmerksamen und wiederholten Beobachtungen stellte ich jedoch fest, dass dem nicht so war: Es musste einen anderen Grund dafür geben, dass ich nach einer langen Nacht außer Haus am nächsten Morgen schärfer sah. Doch welchen? Die Antwort kam mir, als ich, um weitere Fortschritte zu machen, während des Trainings begann, schwache Plusgläser nicht nur beim Lesen zu tragen, sondern überhaupt in geschlossenen Räumen, wie zu Hause, am Arbeitsplatz. Ich will noch einmal betonen, dass ich als Kurzsichtiger Plusgläser benötigte, um die nötige Unschärfe herzustellen: Sie sollten mein Auge dazu veranlassen, die Sehschärfe zu verbessern und überakkommodativen Stress im Nahbereich zu vermeiden.

Als ich diese neue Art der Therapie begonnen hatte, stellte ich fest, dass meine Augen einen weiteren Antrieb hatten, ihre Sehschärfe zu verbessern; tatsächlich sah ich auch nach einem Abend in den eigenen vier Wänden – also ohne auszugehen – am darauffolgenden Morgen besser.

Mir wurde endlich klar, warum es dazu kam: Der überakkommodative Stress, der durch Arbeiten im Nahbereich provoziert wird, ist in unserer Gesellschaft, in der auf engem Raum gelebt und gearbeitet wird und wo der Blick fast nie in die Weite schweifen kann, stark angestiegen. An den Lebensbedingungen muss man also ansetzen, wenn man das Entstehen und die Heilung von Kurzsichtigkeit nachvollziehen möchte. Mit diesem Wissen können die nötigen Maßnahmen ergriffen werden, um den Akkommodationsstress im Nahbereich, charakteristisch für „geschlossene Räume", zu reduzieren oder völlig zu vermeiden. Ein sehr kurzsichtiger Mensch wird es als angenehm empfinden, in geschlossenen und vertrauten Räumen wie den eigenen vier Wänden *keine* Brille oder – im Falle einer wirklich schweren Kurzsichtigkeit empfehlenswert – eine unterkorrigierende Brille zu tragen. Bei leichter Kurzsichtigkeit wird einfaches Weglassen der Brille nicht ausreichen, den negativen Zustand der Akkommodation zu reduzieren. Daher wird es nötig sein, Übungsgläser (Plusgläser) vorzusetzen, die eine leichte Unschärfe herstellen. Als meine Kurzsichtigkeit auf −0,5 Dioptrien gesunken war, trug ich Plusgläser mit einer Dioptrienstärke von 1 am Arbeitsplatz und von 2, wenn ich mich zu Hause aufhielt (und wo ich mich am sichersten fühlte). Diese Zahlen sind natürlich rein beispielhaft und sehr persönlich. Gegenwärtig gibt es keine präzisen Arbeitsprotokolle, die belegen, welche Dioptrienstärke in welchem Umfeld bezüglich des jeweiligen Grads der Kurzsichtigkeit zu wählen ist. Jeder Einzelne muss, unter Zuhilfenahme des gesunden Menschenverstandes, diese leichte Unschärfe in geschlossenen Räumen selbst schaffen, um die Augen nicht durch eine zu hohe Arbeitsbelastung im Nahbereich zu überlasten. Der Reiz (der Grad der Unschärfe) darf niemals zu hoch sein und nicht die Anpassungsgrenze überschreiten, bis zu der die Sehschärfe verbessert wird. Sind die Plusgläser zu stark und die Augen daher einem zu großen kurzsichtigen Defokus ausgesetzt, werden diese wahrscheinlich gar nicht erst versuchen zu fokussieren, da sie die Aufgabe von vornherein als „unlösbar" identifizieren werden.

Mir war klar geworden, dass meine Augen keinen überakkommodativen Stress auf begrenztem Raum erlitten, wenn ich abends ausging, ganz im Gegensatz dazu, wenn ich zu Hause blieb. Um diesem Problem entgegenzuwirken, begann ich, zu Hause und am Arbeitsplatz eine Übungsbrille zu tragen.

> Beachten Sie bitte: Plusgläser dürfen nur getragen werden, wenn das Umfeld und die Arbeit aus Sicherheitsgründen und Gründen des gesunden Menschenverstandes oder gar per Gesetz keine optische Vollkorrektur verlangen. Dieser Hinweis gilt ebenso für das Tragen einer unterkorrigierenden Brille bei stark Kurzsichtigen und beim kurzsichtigen Defokus im Allgemeinen.

!

Bedeutung der zunehmenden Unschärfe beim Fokussieren

Damit die Fokussierfähigkeit sich verbessern kann, muss der progressive Defokus als grundlegender Faktor berücksichtigt werden. Einfacher ausgedrückt heißt das: man muss beim Üben allmählich den Unschärfereiz erhöhen. Wer darauf nicht achtet, wird seine Brechkraft nicht fortlaufend verbessern können und feststellen müssen, dass der Heilungsprozess stagniert. Daher bedarf es allmählich immer stärkerer Plusgläser, sobald sich die Sehorgane an das Verhältnis des Leseabstands zur Übungsbrille angepasst haben. Bei Weitsichtigkeit gilt derselbe Ansatz, nur dass hier immer stärkere Minusgläser vorgesetzt werden (und der Leseabstand verkürzt wird). Ich spreche aus eigener Erfahrung: Mehr als ein Jahr lang stagnierte meine Brechkraft bei einer Kurzsichtigkeit von –0,50 Dioptrien an beiden Augen. Wenn ich auch viel mit den Plusgläsern übte, schienen meine Augen nicht mehr darauf zu reagieren.

Erst allmählich kam ich dahinter, was ich falsch machte: Ich las mit der Brille, doch während des Lesens regulierte ich das Verhältnis zwischen Leseabstand und Dioptrienstärke (zu der Zeit +4 Dioptrien) so, dass ich den Text problemlos lesen konnte. Ich hielt so eine *grundlegende* Bedingung nicht ein und konnte demnach nur sehr viel langsamer Verbesserungen erzielen. Ich hätte also vielmehr das Verhältnis der Dioptrienstärke der Gläser zum Leseabstand vergrößern und mich auf das Fokussieren aus der Unschärfe heraus konzentrieren sollen, das mittels CRB-Bewegungen gelingt.

Kurz gesagt: Damit schnell Fortschritte gemacht werden können, muss der Text beim Lesen mit der Übungsbrille immer leicht unscharf wahrgenommen werden. Mithilfe der CRB-Bewegungen wird er schließlich scharf gestellt. Im wiederholten Scharfstellen eines Textes liegt das Geheimnis dieses Systems der Anpassung, durch das der ursprüngliche funktionelle Refraktionsfehler rückgängig gemacht wird. Bei jedem Fokussiertraining sollte man sich demnach fragen: „Aus welcher Distanz schaffe ich es heute zu lesen?" Auf diese Weise ist die allmähliche Erhöhung der Unschärfe, die Anpassung der Augen an den Reiz und somit die Verbesserung der Sehkraft gesichert.

Zusammenhang zwischen Entfernung und Akkommodation

Einer der Akkommodationsreize ist die Nähe zum betrachteten Objekt: Wenn die Aufmerksamkeit auf ein Objekt im Nahbereich fällt und gleichzeitig die Sehachsen konvergieren, wird die Akkommodation aktiviert, die im Nahbereich zum Scharfstellen benötigt wird. Es besteht folglich ein enger Zusammenhang zwischen den drei Elementen Entfernung zum betrachteten Objekt, Konvergenz der Sehachsen und Aktivierung der Akkommodation. Unter normalen Bedingungen, das heißt, wenn es nicht zu optischen Veränderungen durch das Tragen einer Brille kommt, akkommodiert das Auge jedes Mal, wenn die Sehachsen zueinander laufen (Konvergenz).

Dies ist ein normaler physiologischer Mechanismus, bei dem es eine Ausnahme gibt: wenn ein Kurzsichtiger mithilfe eines kurzsichtigen Defokus mit einem Text auf kurze Distanz, also innerhalb der eigenen Armlänge, übt. Den kurzsichtigen Defokus stellt er mit Pluslinsen künstlich her. Plusgläser regen das Fokussieren an, welches durch die CRB-Bewegung erleichtert wird. In diesem besonderen Fall, der unter natürlichen Bedingungen nicht eintritt, agiert das Auge, während die Sehachsen konvergieren, unter widersinnigen Bedingungen. Unter normalen Bedingungen stellt sich das Auge, sobald die Sehachsen zueinander laufen, mithilfe der Akkommodation auf die kurze Distanz ein. In diesem Fall aber, wenn zu therapeutischen Zwecken mit Übungsbrillen defokussiert wird, versucht man, die Akkommodation trotz Konvergenz der Achsen möglichst gering zu halten.

Dieses Phänomen, das ich als paradox bezeichnen möchte, weil es eine physiologische Ausnahme darstellt (und gewollt zu Therapiezwecken eingesetzt wird), träte nicht ein, wenn auf große Entfernungen defokussiert würde: Blickt man beispielsweise auf eine Landschaft oder ein Schild, das auf große Distanz zu erkennen ist, konvergieren die Sehachsen nicht und somit ergibt sich auch kein Akkommodationsreiz.

Aus praktischen Gründen ist das Fokussiertraining von größerem Nutzen, wenn im Nahbereich mit einer dem Sehfehler angemessenen Übungsbrille gearbeitet wird (Plusgläser für Kurzsichtige, Minusgläser für Weitsichtige). Um ohne Übungslinsen eine leicht unscharfe Sicht zu erreichen, müsste man wiederholt den Abstand zum betrachteten Objekt verändern, was sich als sehr viel umständlicher herausstellt.

Um diesen wechselnden Zustand der Schärfe und Unschärfe auszugleichen, der sich paradoxerweise bei konvergierenden Achsen ergibt, ist es notwendig, kurze Pausen während einer Fokussierphase zu machen. Entspannen Sie die Augen und schauen Sie in die Weite, kreisen Sie zwei- bis dreimal im und gegen den Uhrzeigersinn. Auf diese Weise können sich die Sehachsen parallel zueinander einstellen und das Training kann seine positive Wirkung auf die Fokussierfähigkeit vollständig entfalten.

Teil II

Die Praxis

Muskeltraining und allmähliche Defokussierung

Kapitel 4

Überakkommodativer Stress und Kurzsichtigkeit

Beim Normalsichtigen richtet sich das Auge mit seinem Fokus auf die Unendlichkeit aus. Dies bedeutet, dass er in mittleren und weiten Entfernungen klar sehen kann, ohne dass seine Augen etwas Besonderes tun müssen. Dies ist der physiologische Normalzustand des gesunden Auges.

Das Auge erlebt nur dann einen Akkommodationsreiz, wenn es ein sich näherndes Objekt oder einen Punkt in der Nähe betrachtet und darauf scharf stellt. Diese Tatsache ist sehr wichtig, da das Auge durch die Akkommodation in gewissem Sinn in eine Art kurzsichtigen Zustand gerät. Während es sich im Ruhezustand, wie gesagt, automatisch auf die Unendlichkeit richtet. Daher gilt der Akkommodationsprozess als aktiver Prozess, und demgegenüber die „Desakkommodation" – das Nachlassen und Entspannen der Akkommodation – als passiver Prozess.

Nur wenn man sich dies vor Augen führt – die Akkommodation als aktiver Reiz, der zu einem Verlassen des natürlichen Ruhezustands führt, in dem die Augenmuskulatur vollständig entspannt ist und der Fokus in der Unendlichkeit liegt – kann man verstehen, dass Stress durch längere Naharbeit die Entwicklung eines akkommodativen Übertonus verursacht. Eine längere Anstrengung durch Naharbeit, und damit akkommodativer Stress, beeinträchtigt die Fähigkeit des Auges, wieder in seinen physiologischen Zustand der Ruhe zurückzukehren. So entsteht Kurzsichtigkeit.

Deshalb möchte ich behaupten, dass Kurzsichtigkeit am häufigsten durch übermäßigen überakkommodativen Stress entsteht. Später wird dieser Stress durch das Tragen von Minuslinsen verfestigt (siehe unten Abschnitt „Wie Sie kurzsichtig wurden"). Der Wechsel in den kurzsichtigen Zustand durch den Stress bei Naharbeit beziehungsweise den akkommodativen Übertonus lässt sich selbst bei Normalsichtigen leicht feststellen: Es reicht aus, sie einem wirksamen, längeren akkommodativen Stress auszusetzen, indem man sie *lange* auf ein nahes Objekt schauen lässt. Trotz individueller Unterschiede wird das Ergebnis eine vorübergehende Kurzsichtigkeit sein.

Probieren Sie es aus:
Halten Sie einen Zeigefinger so nah vor Ihr Gesicht, dass Sie leicht schielen müssen, um ihn mit beiden Augen scharf zu sehen. Lassen Sie nicht nach, sondern behalten sie ihn eine ganze Weile im Blick (nicht verschwimmen lassen). Dann richten Sie Ihren Fokus auf einen Gegenstand hinter dem Finger in der Entfernung. Ideal lässt sich dies vor einem Fenster sitzend, in einem großen Raum oder im Freien durchführen. Was stellen Sie fest? Der Gegenstand in der Ferne ist im ersten Moment nur verschwommen wahrzunehmen.

Der überakkommodative Zustand verschlechtert sich zunehmend, wenn die Augen dann auch noch verstärkt konvergieren, das heißt die Sehachsen zu sehr aufeinander zulaufen. Konvergenz ist nämlich ein weiterer Reiz für die Akkommodation. Ich würde mich nicht wundern, wenn wissenschaftlich nachgewiesen würde, dass bei Kurzsichtigen die Augen stärker konvergieren.

In diesen Fällen wäre die richtige Lösung, die Akkommodation allmählich und zeitweise zu lösen, indem man auf entferntere Objekte oder noch besser in die Unendlichkeit schaut.

Wo dies nicht möglich ist, sollte der überakkommodative Stress möglichst häufig begrenzt werden, indem man einen Zustand leichter Unschärfe schafft, entweder durch Pluslinsen oder – bei stark Kurzsichtigen, die ohne Brille nicht auskommen können – durch unterkorrigierende Gläser.

Wie Sie kurzsichtig wurden

Der Einsatz korrigierender Linsen vergrößert und verfestigt allmählich den überakkommodativen Stress in Zeiten großer geistiger und körperlicher Anspannung.

Wenn Sie eine Phase von anhaltendem überakkommodativen Stress hinter sich haben, zum Beispiel durch das Lernen auf eine Prüfung, wo intensive Naharbeit unumgänglich ist, können Sie mit großer Wahrscheinlichkeit einige Schwierigkeiten beim Fokussieren bei sich feststellen. Gingen Sie jetzt schnellstens zu einem Optiker, würde man bei Ihnen eine leichte Kurzsichtigkeit diagnostizieren und Ihnen eine „Freizeit"- oder „Teilzeit"-Minuslinse verschreiben. Mit dieser soll der Sehfehler, der eigentlich noch keiner ist, „korrigiert" werden.

Wenn Sie diese Brille tragen, wird Ihre Kurzsichtigkeit von diesem Moment an immer ausgeprägter werden. Sie müssen die Stärke der Gläser von Zeit zu Zeit erhöhen, weil sich Ihre Augen an die immer stärkeren Gläser anpassen. Dies ergibt sich aus dem bereits erwähnten SAID-Prinzip, nach dem sich Körper und Organe an gegebene Stimuli anpassen.

Der ganze Vorgang wird durch die verbreitete Unkenntnis auf dem Gebiet der „visuellen Prävention" verschlimmert.

Einfache Verhaltensregeln könnten die Entwicklung einer Kurzsichtigkeit von Anfang an verhindern. Beispielsweise ist es *extrem* schädlich, beim Lesen das Buch nahe vor die Augen zu halten, wenn man konkave Kontaktlinsen trägt. Diese Situation führt zu einer *starken* Überakkommodation. Dadurch führen Kontaktlinsen tatsächlich zu einer Sehverschlechterung. Ein Kurzsichtiger, der seine Brille schlau nutzt, nimmt sie zum Lesen und bei Naharbeit ab, was unmöglich ist, wenn man Kontaktlinsen trägt.

Wie kehrt man den Prozess um?
Wie entspannt man Akkommodation?

Eine der Grundlagen von *Power Vision System®* ist die Entspannung der Akkommodation und das *allmähliche* „Herunterfahren" der übermäßigen Anspannung, des akkommodativen Übertonus. Das lässt sich erzielen, indem man einen leicht kurzsichtigen Zustand erzeugt, beispielsweise durch das Tragen von Pluslinsen beim Lesen – ein Phänomen, das als „Vernebelung" bezeichnet wird. Diese Methode wird im größten Teil der wissenschaftlichen optometrischen Literatur beschrieben.

Diese nützliche Prävention sollte durch Dehnung der Augenmuskeln und Training der maximalen Beweglichkeit unterstützt werden, um eine korrekte Konvergenz und ein punktgenaues Fixieren wiederherzustellen, damit das Bild genau auf die Netzhautgrube fällt.

Stabilisierung eines klaren Sehvermögens – Freude und Frustration

Die Stabilisierung Ihres Sehvermögens ist ein Prozess, der nur schrittweise voranschreitet. Beim Augentraining werden Sie immer wieder kurze Momente erleben, in denen Sie plötzlich absolut scharf sehen. Das nenne ich das Aufblitzen einer klaren Sicht. Je häufiger Sie dieses Aufblitzen erleben und je länger es anhält, um so mehr nähern Sie sich Ihrem Ziel: eine schärfere Sicht ohne Brechungsfehler zu erreichen. Diesen Zustand gilt es allerdings zu stabilisieren, damit er auf Dauer anhält.

Auf diesem Weg könnten Sie vielleicht Enttäuschungen erleben, da es nichts Schlimmeres gibt, als das gewünschte Ergebnis zu erzielen und dieses dann wieder dahinschwinden zu sehen. Dies ist jedoch normal. Rom wurde auch nicht an einem Tag erbaut und die wahre Wiederherstellung des Sehvermögens erfordert Zeit und Geduld.

Das Aufblitzen einer klaren Sicht wird Ihr Vertrauen stärken und Sie stärker motivieren, aber die Stabilisierung benötigt Zeit. Daher sollten Sie Ihr eigenes Sehvermögen mithilfe einer Sehtafel prüfen. Denken Sie daran: mit 20/40 dürfen Sie Auto fahren. Wenn Sie diesen Wert erreicht haben, können Sie Ihr Training fortsetzen, um den Visus auf 20/20 (perfektes Sehvermögen nach dem Snellen-Index) zu verbessern. Eine gewisse Ausdauer ist allerdings erforderlich. Sollte Ihr Sehvermögen wieder zurückgehen, dann nehmen Sie die Routine wieder auf, mithilfe von Pluslinsen die Schrift verschwimmen zu lassen.

Ich muss Sie darauf hinweisen, dass dieses Aufblitzen einer klaren Sicht zu Anfang nur sehr kurz ist; ein Blinzeln genügt, um es wieder verschwinden zu lassen. Jedoch wird die immer stärkere Kraft und Flexibilität Ihrer Augenmuskeln eine klare Sicht immer länger aufblitzen lassen.

Kapitel 5

Beseitigen Sie die Ursache des Brechungsfehlers – nicht seine Symptome!

Minuslinsen, konkave Kontaktlinsen und refraktive Chirurgie

Man kann Probleme vorübergehend lösen, indem man die *Ursachen* außen vor lässt, oder aber man kann sie endgültig lösen, indem man die Ursachen selbst angeht.

Das offensichtlichste Beispiel für eine vorübergehende Lösung und „Behandlung" der Kurzsichtigkeit ist das Tragen von Minuslinsen. Diese zeigen eine sofortige Wirkung und überzeugen die meisten Menschen, dass sie die „richtige" Antwort sein müssen.

Die sorglose Anwendung dieser Methode berücksichtigt nicht, dass eine unbedachte Anwendung die Kurzsichtigkeit verschlimmern kann. Dies passiert besonders leicht, wenn ein Kurzsichtiger beim Lesen und Arbeiten im (Nah-)Bereich, in dem er normalerweise *ohne* Sehhilfe scharf sieht, seine Minuslinsen nicht absetzt.

Die Lösung des Sehproblems per Minuslinsen ist eine rein mechanische und nur *vorübergehend*, da sie *nicht* auf die Ursache wirkt, die die Kurzsichtigkeit zunächst einmal bedingt. Die Ursache liegt in den geschwächten, überspannten Augenmuskeln aufgrund der vielen Naharbeit.

Die refraktive Chirurgie wirkt im Grunde ähnlich wie Minuslinsen und konkave Kontaktlinsen. Hierbei wird mechanisch die Hornhaut verändert, um sofort eine Scharfstellung auf der Netzhaut (Retina) zu erzeugen.

Der Punkt dabei ist: um welchen Preis? Da die Fokussierung des menschlichen Auges oft mit der Funktionsweise einer Kamera mit Autofokus verglichen wird, möchte ich das Konzept an diesem Beispiel verdeutlichen: Es ist, als ob wir die Form und Krümmung der Objektivlinse *verändern* wollten, anstatt den defekten Fokussiermechanismus der Kamera reparieren zu lassen.

Das einzige (große) Problem dabei ist, dass wir das Objektiv einer Kamera leicht ausbauen und auswechseln können, dies mit der Hornhaut und Linse des menschlichen Auges zurzeit aber *nicht* möglich ist.

Ich möchte möglichst nicht in spezielle Fälle der refraktiven Mikrochirurgie einsteigen, obwohl dies bis zu einem gewissen Grad notwendig sein könnte.

Ich würde mich freuen, wenn sich der Gedanke verbreiten würde, dass es vor der Anwendung drastischer und vor allem *irreversibler* Lösungen besser wäre, alle weniger in den Körper eingreifenden und billigeren Lösungen auszuprobieren. Das Training Ihres Sehvermögens kostet *kein* Geld, aber Engagement und Ausdauer – Eigenschaften, die heutzutage *selten* sind.

Ich wünsche jedem ein ausgezeichnetes Sehvermögen, und zwar auf Dauer, auch denjenigen, die kein Geld für ein derartiges „Liften" ihrer Augen haben.

In unserer Gesellschaft, die alles haben will und das sofort, *will* auch ein Patient, der zum Augenarzt geht, *jetzt* sofort besser sehen, ohne jede Anstrengung.

Während der Zeit meines Leidenswegs auf der Suche nach dem perfekten Sehvermögen habe ich unendlich viele Frustrationen überwinden müssen, um endlich eine Lösung für das Problem meiner (früheren) Kurzsichtigkeit zu finden. Wenn ich anders gestrickt wäre, hätte ich mir mit Vergnügen ein schickes Brillengestell gekauft und es mir für den Rest meines Lebens auf die Nase geklemmt. Das wäre sicherlich eine leichte und *äußerst* schnelle Lösung meines Problems gewesen.

Aufblitzen eines klaren Sehvermögens

Wenn Sie Ihr Training kontinuierlich fortsetzen, werden Sie an einem bestimmten Punkt gelegentlich plötzlich und vollkommen unerwartet perfekt scharf sehen – wie in einem kurzen Blitz. Dieser wird dadurch verursacht, dass Ihre Augen, wenn auch nur vorübergehend, wieder korrekt zu arbeiten beginnen. Dieses Aufblitzen einer extrem klaren Sicht wird Sie motivieren. Wenn Sie Ihre Übungen beharrlich fortsetzen, werden Sie immer häufiger dieses Aufblitzen erleben und schließlich das lang ersehnte klare Sehen erreichen, wenn sich Ihr Sehvermögen *stabilisiert*.

Das Fokussiervermögen verbessert sich oft plötzlich: Es ist, als ob die zunehmende Stärke, Flexibilität und Muskelkoordination Ihres Sehvermögens einen „kritischen Punkt" erreichen würden, der sich plötzlich zeigt.

Sie können dieses Phänomen schneller erzielen, wenn Sie ein sehr intensives Trainingsprogramm wählen, da dann Quantität und Intensität der Übungen einen wirksameren Trainingsreiz mit sich bringen. Es ist auch hilfreich, wenn Sie sich jeden „Schritt" zur Verbesserung ihres Sehvermögens bildlich vorstellen. Sie müssen sich dessen vollkommen bewusst sein, dass Sie besser sehen können, Tag und Nacht. Stellen Sie sich vor, Sie würden ein Puzzle zusammensetzen, bei dem Sie das Bild erst eindeutig erkennen können, wenn Sie das letzte Teilchen einsetzen. (Dies ist ein Symbol für den letzten Reiz, durch den alle vorhergehenden sichtbar werden.) Dieses letzte Teilchen ist tatsächlich dasjenige, durch den die Trainingsreize diesen „kritischen Punkt" erreichen.

Es kann gut sein, dass diejenigen, die das Intensivprogramm von *PVS* wählen (siehe „Verschiedene Intensitätsstufen des Trainingsprogramms *Power Vision System®*" im Anhang), auch nach zwei bis drei Wochen korrekten Trainings zunächst noch keine Verbesserung ihres Sehvermögens bemerken, dann aber ganz plötzlich den Nutzen *sehen.*

Während der Zeit des „Stillstands" sammeln unsere Augen in Wirklichkeit alle positiven und nützlichen Reize, was garantiert mit der Zeit zu positiven *Ergebnissen* führen wird.

Dass dieses Phänomen mit Sicherheit auftritt, liegt an einem rein physiologischen Mechanismus: Ein ausreichend intensiver Reiz, der über einen gewissen Zeitraum wiederholt auf ein bestimmtes Organ ausgeübt wird, bringt immer eine Anpassung mit sich – nicht nur für die Funktion, sondern auch die Struktur des Organs.

Bis Sie die positiven Ergebnisse der „klaren Sicht" – besseres Fokussieren bis zum Aufblitzen eines extrem klaren Sehens – ernten können, müssen Sie deshalb unbedingt auf das System und seine physiologischen Mechanismen vertrauen und *beharrlich* weiterüben, so lange, bis Sie den nächsten Fortschritt verzeichnen können.

Bleiben Sie *zuversichtlich*, auch wenn Sie noch im Dunkeln herumtappen, bis Sie den „Ruck" der Verbesserung selbst sehen können. Nur so können Sie Ihre Motivation und Ihren Enthusiasmus für Ihr eigenes Ziel – eine klare Fernsicht – immer wieder erneuern.

Physiologische Unterakkommodation: Die Weisheit der Augen

Ein Akkommodationsreiz arbeitet sozusagen „sparsam"; dieser wichtige Mechanismus enthüllt die angeborene „Weisheit" Ihrer Augen und Ihres Körpers im Allgemeinen.

Ein solcher Mechanismus der physiologischen Unterakkommodation, den angelsächsische Autoren als „lag of accommodation" bezeichnen, funktioniert so, dass das Auge zum Scharfstellen aus dem

Erholungszustand heraus nur leicht akkommodiert. Gerade so viel, wie genügt, ein Bild von ausreichender Qualität auf der Netzhaut zu produzieren, um die wichtigsten Details des Objekts zu erkennen.

Das bedeutet, dass bei jeder Fokussierung auf ein nahes Objekt die in diesem Moment stattfindende Akkommodation geringer ist als diejenige, die unter Berücksichtigung der Entfernung des Objekts benötigt würde. Daher gibt es immer eine „physiologische Unterakkommodation" im Hinblick auf die Entfernung zu dem betrachteten Objekt.

Dieser Mechanismus scheint dadurch gerechtfertigt zu sein, dass unsere sparsamen Augen den Akkommodationsreiz weise nutzen: immer nur so stark, dass das beobachtete Objekt scharf gesehen werden kann, ohne einen übermäßigen Reiz auszulösen, der mit der Zeit zu einer Überakkommodation und damit einer Kurzsichtigkeit führen könnte.

Dieser *„Selbstschutzmechanismus"* wird durch Tragen von Minuslinsen auch bei kurzen Entfernungen *komplett aufgehoben*; daher ist davon abzuraten. Das ständige Tragen von Minuslinsen verursacht eine Überakkommodation. Kurzsichtigen wird aus diesem Grund geraten, ihre Minusgläser abzunehmen, wenn sie etwas aus der Nähe betrachten. Kontaktlinsen sind unter diesem Gesichtspunkt noch ungünstiger als Brillen, da es unmöglich ist, sie jedes Mal zu entfernen, wenn man sich auf ein nahe liegendes Objekt konzentriert – also innerhalb des Bereichs, in dem Kurzsichtige normalerweise gut sehen können.

Warum verschlechtern Brillen das Sehvermögen? Negative Anwendung des SAID-Prinzips

Nach dem SAID-Prinzip passt sich jedes Organ an den gegebenen Reiz an. Das heißt, dass jemand, der über einen bestimmten Zeitraum eine Substanz ständig konsumiert (beispielsweise ein Medikament), immer weniger auf sie reagiert. Das Gleiche geschieht bei einer physiologischen Anpassung, die durch „externe" Ursachen wie sportliches Training mit einer bestimmten Trainingsbelastung bewirkt wird. Der Körper passt sich dem Heben der Last optimal an, indem er seine Muskelmasse vergrößert.

Dieses SAID-Prinzip gilt gleichermaßen beim Tragen von Kontaktlinsen (minus/konkav bei Kursichtigen und plus/konvex bei Weitsichtigen). Beim Tragen von Kontaktlinsen „friert" ein Kurzsichtiger sein Fokussiersystem ein, seine Augen werden träge und gewöhnen sich an die konkaven Ersatzlinsen.

Es ist außerdem festzuhalten, dass nach Diagnose einer Kurzsichtigkeit der Betroffene von einem Optiker angepasste Kontaktlinsen erhält, durch die eine volle Korrektur (20/20 auf dem Snellen-Index) bei monokularem Sehen oder *sogar* ein Visus von 22/20 erreicht werden! Das bedeutet, dass sich der Betroffene bei binokularem Sehen (ohne dass ein Auge abgedeckt ist) und bei Entfernungen, die kürzer als normalerweise bei Augenuntersuchungen vorgeschrieben sind, *schließlich im Zustand der Überkorrektur befindet!* Mit der Zeit führt eine derartig starke Korrektur zu einer *negativen* Anpassung des Auges an diese Linse!

Es kann passieren, dass Sie beim Aufsetzen Ihrer neuen Brille mit der verordneten Dioptrienstärke ein starkes Missempfinden verspüren, besonders beim Sehen in der Nähe. Dass Sie beispielsweise den Fußboden leicht verformt wahrnehmen. Fragen Sie dann den Optiker nach einer Erklärung, erhalten Sie für gewöhnlich die Antwort: „Machen Sie sich keine Sorgen, Sie müssen sich an die neue Brille gewöhnen." *Diese Aussage ist absolut irreführend!*

Was sagt uns dieses Phänomen? Dadurch dass Sie sich in einem Zustand der Überkorrektur befinden, müssen sich Ihre Augen sogar an die zu starken Minuslinsen gewöhnen, die eine *Kurzsichtigkeit* erst verursachen! Dieser negative Zustand der Überakkommodation wird dann noch durch die falsche Nutzung der Brille verschärft: Sie entsteht, wenn der Kurzsichtige, der in der Nähe ja eigentlich gut sieht, beim Lesen oder anderer Naharbeit die Brille aufbehält, die das Auge tatsächlich beim Schauen in die Ferne gut unterstützen würde. Das Ergebnis ist dasselbe: Überkorrektur, die daher zu einer negativen Augenadaptation führt und folglich eine Kurzsichtigkeit „spontan" erzeugt.

Die normalerweise bei Kurzsichtigen beobachtete allmähliche Verschlechterung könnte bemerkenswert verlangsamt werden, wenn wir einfache Regeln einer „Sehhygiene" beachten würden beziehungsweise wenn wir – wo nötig – Pluslinsen tragen würden.

Wir können das bekannte SAID-Prinzip nämlich zu unserem *Vorteil* statt zu unserem Nachteil nutzen. Ein alter Sinnspruch lautet: „Wie oben, so unten." In unserem Fall bedeutet dies, dass sich Brechungsfehler genauso gut verbessern lassen, wie sie sich verschlechtern, indem wir *dasselbe* Prinzip umgekehrt anwenden.

Und wie? Indem wir die Pluslinsen bei Kurzsichtigkeit (statt der Minuslinsen) und die Minuslinsen bei Weitsichtigkeit (statt der Pluslinsen) einsetzen. Dies gilt jedoch ausschließlich für unsere Trainingssitzungen und nie für Situationen, denen der gesunde Menschenverstand und die Gesetzgebung eine volle Sehkorrektur abverlangen.

In diesem Fall ist die „Belastung", das heißt der Reiz, dem die Augen unterliegen, positiv und nicht negativ: die Akkommodation – das natürliche Fokussiersystem – wird angeregt und allmählich wieder aufgebaut, wobei der funktionelle Sehfehler, der bekanntermaßen durch den falschen Einsatz des Auges verursacht wurde, mit der Zeit auf natürliche Art beseitigt wird.

Kapitel 6

Das Geheimnis eines perfekten Sehvermögens

In der akzeptierten Wissenschaft gilt der Ziliarmuskel als allein verantwortlich für den Akkommodationsvorgang. Danach stellt das Auge nur dadurch scharf, dass es mithilfe des Ziliarmuskels die Linse krümmt. Der Ziliarmuskel ist ein *glatter* Muskel, der nicht der willkürlichen Kontraktion unterliegt, und kann daher nicht *willkürlich* oder *bewusst* trainiert werden.

Auf der anderen Seite gibt es die „zweite Meinung", die nicht offizielle Wissenschaft, die die äußere Augenmuskulatur für den Fokussiervorgang verantwortlich macht. Diese Ansicht vertreten beispielsweise der Augenarzt William H. Bates, Brian Severson und viele andere.

Danach führen geistiger, psychischer und körperlicher Stress sowie falsche Gewohnheiten – übermäßige Naharbeit – zu einer schlechteren Adaptation dieser kleinen Muskeln, mit der Folge einer Sehverschlechterung.

Die gleiche Negativanpassung kann beispielsweise auch beim Muskeltraining festgestellt werden: die Muskulatur von hauptsächlich sitzenden Menschen schwindet ohne Training; bei einem Tennisspieler, der immer nur einen Arm nutzt, kommt es zu einer stärkeren funktionellen Adaptation, einem stärkeren Muskelaufbau auf der bevorzugt genutzten Körperseite und damit einem größeren muskulären Ungleichgewicht zwischen seiner rechten und linken Körperhälfte.

Ich möchte damit verdeutlichen, dass die Möglichkeiten einer Veränderung der Muskelfunktion (und folglich Leistungsfähigkeit) *beträchtlich* sind und vom geschickten Einsatz des SAID-Prinzips abhängen. So wie wir eine negative Adaptation (funktionelle Verschlechterung) verursachen können, können wir gleichermaßen auch Verbesserungen bewirken.

Eine anfängliche leichte Nahsichtigkeit wird durch falsche Gewohnheiten verursacht: wir arbeiten zu viel in der unmittelbaren Nähe, ohne unseren Blick einmal, zur Erholung sozusagen, in die Ferne schweifen zu lassen, wir lesen mit viel zu geringem Abstand zum Text. Zusätzlich kann die gedankenlose Anwendung der Minuslinsen ein bereits geschwächtes Sehvermögen noch weiter verschlechtern. Einmal verschrieben und aufgesetzt, können selbst Minuslinsen gegen eine leichte Kurzsichtigkeit von beispielsweise -0,25 oder -0,50 Dioptrien den Betroffenen unvermeidlich dazu *verdonnern*, dass er mit der Zeit immer schlechter sieht. Das ergibt sich schon alleine aus dem SAID-Prinzip. Der unglückselige frisch Bebrillte muss zwangsläufig *für den Rest seines Lebens* „seine eigenen Augen mit visuellen Krücken laufen lassen" (seinen Minuslinsen).

Es wäre so, als ob wir mit Krücken laufen wollten oder müssten, selbst nachdem der Gips an unserem Bein längst abgenommen wurde. Wie viele unserer motorischen Funktionen würden wir beim Gehen verlieren?

Training der Augenmuskeln

Wenn Sie erkannt haben, dass das SAID-Prinzip die bisherige Sehverschlechterung in eine Sehverbesserung umkehren kann, müssen Sie die einzelnen Trainingssitzungen planen und dabei Ihre besonderen Bedürfnisse berücksichtigen.

Die zwei Phasen zur allmählichen Verbesserung Ihrer Akkommodationsfähigkeit:

Phase 1

In der ersten Phase des Augentrainings führen Sie die Übungen der aktiv-statischen Dehnung durch. Sie sind die Grundlage für das weitere Training (Phase 2).

Diese Übungen müssen Sie täglich möglichst häufig durchführen. Sie verbessern die Koordination Ihrer Augen, die sich wieder an ihren vollständigen Bewegungsspielraum gewöhnen müssen – den sie hatten, bevor sie durch Minuslinsen und Brillenrand in ihren Fähigkeiten des räumlichen und fixierenden Sehens hinter dem Rahmen eingesperrt wurden.

Diese Übungen werden einen zweifachen Trainingseffekt für Ihre Augen haben: als *aktives* Training, das die Kraft der Agonisten, also der kontrahierenden Muskeln, stärkt, und als *passives* Training, das zu einer vorteilhaften Dehnung der Antagonisten führt (den Gegenspielern der Agonisten).

Nach einem Augentraining mit diesen Dehnübungen werden Ihre Muskeln beweglicher sein und folglich zu einer besseren Fokussierfähigkeit beitragen. Denn wenn das Auge den anvisierten Gegenstand scharf erfassen möchte, muss es sich über unzählige Punkte auf dem Objekt bewegen. Dies ist dadurch bedingt, dass auf der Netzhaut im Moment immer nur ein einziger, extrem begrenzter Ausschnitt des Objektes scharf abgebildet wird. Dieses schnelle „Abtasten" können die Augen nur mithilfe der sakkadischen Bewegungen leisten.

Eine solche Verbesserung der Beweglichkeit und motorischen Koordination, wie sie auch im sportlichen Training erzielt wird, entsteht durch eine größere Muskelkraft und -flexibilität. Dies gilt für den Körper gleichermaßen wie für das Auge: unflexible Muskeln arbeiten nicht optimal. Für den Erhalt einer scharfen Sicht sollten die Augenmuskeln dies aber tun. Das können Sie mit den Übungen der aktiv-statischen Dehnung erreichen.

Phase 2

In der zweiten Phase meines Augentrainings üben Sie Ihre Augen im Fokussieren. Diese Trainingseinheit sollten Sie aber erst durchführen, nachdem Sie Ihre Augen bereits eine Zeit lang mit den Dehnungsübungen (erste Phase) vorbereitet haben.

Nutzen Sie Ihre Brille genau *entgegengesetzt* zu der Art, durch die Ihr Sehvermögen schlechter wird. Gewöhnlich werden Seh*hilfen* dazu eingesetzt, um das scharfe Sehen zu *erleichtern*.

Im System von *PVS* wird Ihre Brille hingegen dazu genutzt, beim Training eine Überbelastung der fokussierenden Muskeln zu erzeugen; tatsächlich ein leichtes „Schieben" des Auges in Richtung Kurzsichtigkeit durch Pluslinsen beziehungsweise in Richtung Weitsichtigkeit mittels Minuslinsen. Ihre Augenmuskulatur verspürt keine Erleichterung, sondern im Gegenteil eine Herausforderung. Damit wird sie dazu gebracht, eine Anpassung durchzuführen und somit die anfängliche Sehschwäche zu kompensieren.

Dieses Konzept steht tatsächlich dem Grundprinzip für die herkömmliche Anwendung von „Korrekturlinsen" entgegen.

Das Fokussiertraining findet unter Einsatz der CRB-Bewegungen statt. Dieses System beruht auf nachgewiesenen physiologischen und bioenergetischen Prinzipien, die in einem späteren Abschnitt beschrieben werden.

Sehr wichtig: Bei Kurzsichtigen funktioniert der Mechanismus der Akkommodation nicht mehr richtig, er ist verkümmert. Von daher braucht es eine gewisse Zeit, bis der Körper sein „Wissen wiederfindet", bevor der eigentlich natürliche und automatisch ablaufende Prozess wieder in Gang kommt.
Ihre ersten Versuche, das System der automatischen Akkommodation (verstärkt durch die CRB-Bewegung) zu praktizieren, mögen vielleicht vergeblich erscheinen. Dann dürfen Sie sich auf keinen Fall entmutigen lassen. Seien Sie *davon überzeugt*, dass sich diese unmerkliche Arbeit der Muskeln bei den Scharfstell-Versuchen auszahlen wird, auch wenn Sie noch keinen Erfolg bemerken. Haben Sie so lange Vertrauen, bis der Mechanismus Ihnen bewusst wird und bis Sie wissen, wie Sie ihn willkürlich herstellen können.
Haben Sie diesen Punkt erreicht, müssen Sie für weitere Fortschritte den Fokussierabstand stufenweise vergrößern (bei Kurzsichtigkeit) beziehungsweise verringern (bei Weitsichtigkeit).
Im Übrigen ist dieses Prinzip des progressiven Überlastungstrainings im Sport allgemein bekannt. In dieser unserer Anwendung auf die Augen könnten wir es als progressives Überlastungstraining des Fokussierens definieren.

Kapitel 7

Die Methode

Power Vision System® habe ich als Training entwickelt, das die Augen stärken soll. Hat sich das Auge durch die Übungen wieder so angepasst, dass es problemlos auf alle Entfernungen scharf stellen kann, ist das Ziel erreicht. Dies kann anhand von zwei Trainingseinheiten erreicht werden, die ich im Folgenden vorstellen möchte.

Die Verbesserung Ihrer Sehkraft setzt sich so lange fort, bis Sie wieder normalsichtig sind – sie hängt aber von Ihrer persönlichen Anstrengung bei der Umsetzung der Methode ab und davon, wie beharrlich Sie die Übungen durchführen.

Aktiv-statische Dehnung der Augenmuskulatur (1. Phase des Augentrainings)

1

Das kurzsichtige Auge ist weniger beweglich als das normalsichtige gesunde Auge. Ein flexibles Auge kann sich schnell und präzise zu verschiedenen Punkten des Gesichtsfeldes bewegen.

Die folgenden, als „aktiv-statisch" bezeichneten Dehnübungen bringen *bemerkenswerte*, ich möchte sogar sagen *drastische* Verbesserungen der Kraft, Flexibilität, Koordination und Konvergenz der Augenmuskeln, die für die Bewegung der Augen in Richtung der Objekte von Interesse verantwortlich sind.

Diese Übungen werden „aktiv-statisch" genannt, da jede Dehnung eines Augenmuskels auf der aktiven und willkürlichen Kontraktion seines Antagonisten beruht.

(Zur Vertiefung der aktiv-statischen Dehnung siehe mein Buch *Power-Flex*; vgl. Bibliografie im Anhang.)

Diese Übungen stellen die perfekte Symmetrie zwischen Agonisten und Antagonisten – also zwischen kontrahierenden und dehnenden Muskeln –, die das Auge umgeben, wieder her und halten sie in dynamischem Gleichgewicht. Dieses Gleichgewicht ist für präzises und scharfes Sehen erforderlich. Stark belastete und kontrahierte Augenmuskeln (wie bei Kurzsichtigen) werden durch die Durchführung derartiger aktiv-statischer Dehnungsübungen flexibler und kräftiger.

Eine durch solche Übungen verbesserte Koordination der Augenmuskeln führt zu einem besseren Fokussiervermögen. Das Bild fällt dann auf den Teil der Netzhaut, der als Netzhautgrube bezeichnet wird. Diese Grube ist der Punkt des schärfsten Sehens. Fällt das gesamte Bild auf andere Netzhautbereiche, wie das bei einer schwachen Koordination und Konvergenz der Fall ist, kann es nicht scharf gesehen werden.

Durchführung der Dehn- und Rotationsübungen im Einzelnen

Um die Augenmuskulatur zu dehnen, führen Sie große Kreisbewegungen durch. Dabei gibt es zwei Varianten: bei der ersten bleiben die Augen fest auf einen Punkt gerichtet, während der Kopf dreht, bei der zweiten steht der Kopf still und nur die Augen bewegen sich.

Erste Dehnungsvariante

Bei der ersten Dehnungsvariante dreht der Kopf, während die Augen stillstehen.

Rotationsbewegung des Kopfes bei gleichzeitiger Fixierung eines Punktes:
Fixieren Sie einen Punkt in mehr als drei Metern Abstand. Dann führen Sie mit Ihrem Kopf Kreise aus, blicken dabei aber ständig mit beiden Augen (binokular) auf den Fixpunkt, bis Sie die Grenzen Ihres Gesichtsfeldes erreichen.
Beim Sehen mit beiden Augen werden Sie in einigen Teilen des Gesichtsfeldes Verdopplungen wahrnehmen. Dies liegt an der unterschiedlichen Kraft und Flexibilität von Agonisten und Antagonisten der Augenmuskulatur, also des aktivierten Muskels und seines Gegenspielers.
Das Ziel dieser Kopfdrehungen ist es, ohne das beidäugige Sehen aufzugeben, die Grenzen des Gesichtsfelds allmählich weiter in Bereiche auszudehnen, die Ihnen vorher nicht möglich waren. Diese Übung stellt die Symmetrie der äußeren Augenmuskeln wieder her, was eine Grundvoraussetzung für gut funktionierende Augen ist.

Wichtig:

- Sie werden feststellen, dass in einigen Teilen des Gesichtsfelds Flexibilität und Kraft fehlen. Führen Sie die Übungen weiter durch und konzentrieren Sie sich auf die Bereiche, in denen mehr Training erforderlich ist.
- Haben Sie keine Angst, die Drehung zu erzwingen. Wie bei jeder Muskelarbeit ist es auch hier wichtig, die Augenmuskeln durch intensives Training zu stimulieren. Nur so kann eine physiologische Anpassung stattfinden. Dies ist entscheidend, wenn man Erfolg haben möchte in der Steigerung von Flexibilität und Kraft. Es ist ein grundlegender Faktor für die Wiederherstellung der normalen Sehfunktion.

Zweite Dehnungsvariante

Bei der zweiten Dehnungsvariante drehen die Augen, während der Kopf stillsteht.

Rotationsbewegung der Augen:
Bewegen Sie Ihre Augen im *Kreis*, als wollten Sie den Zeigern einer sehr großen Uhr folgen. Sie müssen Ihren Kopf *absolut ruhig* halten, ohne jede Drehung. Sie werden in einigen Teilen des Gesichtsfeldes aufgrund der geringen Flexibilität und Kraft der Muskeln etwas Widerstand feststellen. Sie müssen diese Übungen durchführen, bis Sie fühlen, dass sich diese „Knoten" lösen. Mit der Zeit und etwas Training werden Sie merken, dass Ihre Augen leichter „rollen".
Führen Sie die Kreisbewegungen mit geschlossenen und offenen Augen durch.

Wichtig:

- Sie werden feststellen, dass in einigen Teilen des Gesichtsfelds Flexibilität und Kraft fehlen. Führen Sie die Übungen weiter durch und konzentrieren Sie sich auf die Bereiche, in denen mehr Training erforderlich ist.
- Haben Sie keine Angst, die Kreisbewegung zu forcieren. Wie bei jeder Muskelarbeit ist es auch hier wichtig, die Augenmuskeln durch intensives Training zu stimulieren. Nur dann kann eine physiologische Anpassung stattfinden. Dies ist entscheidend, wenn man Erfolg haben möchte in der Steigerung von Flexibilität und Kraft. Es ist ein grundlegender Faktor für die Wiederherstellung der normalen Sehfunktion.
- Ihre Augen könnten sich zunächst starr anfühlen. Dies ist am wahrscheinlichsten in den ersten Tagen, in denen Sie die Übungen mit beträchtlicher Anstrengung durchführen. Dieses Phänomen

entsteht dadurch, dass eine recht *intensive* Muskelarbeit, unabhängig von ihrer Art, durch die Anstrengung die Funktionsfähigkeit des Muskels *vorübergehend* reduziert. Dies führt in der Folge aber zu einer *Anpassung* an die Trainingsbelastung, das heißt zu einer Leistungssteigerung, die in diesem Fall durch diese Kreisbewegungen entsteht.

Der wichtigste Faktor bei diesen Übungen ist, dass die Muskeln wirklich intensiv in Arbeit genommen werden. Steigern Sie die Intensität stufenweise. So stellen Sie einen kontinuierlichen Trainingreiz her und erzielen damit eine physiologische Anpassung. Ihre Augenmuskeln werden besser zusammenarbeiten können und sie werden belastbarer. Ihre Augen können besser scharf stellen, nachdem die natürliche Form des „normalen" Augapfels wiederhergestellt wurde.

Eine Variante der Übung „Rotationsbewegung der Augen":

1. Schließen Sie Ihre Augen fest (ohne dabei die Augen zusammenzukneifen).
2. Öffnen Sie Ihre Augen weit, ziehen Sie dabei auch die Augenbrauen kräftig nach oben. (Diese Übung ist Teil der CRB-Bewegung, siehe dazu weiter unten.)
3. Schauen Sie so weit wie möglich nach oben.
4. Schauen Sie so weit wie möglich nach unten.
5. Schauen Sie so weit wie möglich nach rechts.
6. Schauen Sie so weit wie möglich nach links.
7. Schauen Sie so weit wie möglich nach rechts oben.
8. Schauen Sie so weit wie möglich nach links unten.
9. Schauen Sie so weit wie möglich nach links oben.
10. Schauen Sie so weit wie möglich nach rechts unten.

Wenn Sie diese Übungen in einer bestimmten Reihenfolge (3, 7, 5, 10, 4, 8, 6, 9) kombinieren, entspricht dies wiederum der oben vorgestellten Übung „Rotationsbewegung der Augen".

Je intensiver und entschiedener Sie üben, um so eher werden Sie Ihr Sehvermögen wiedererlangen.

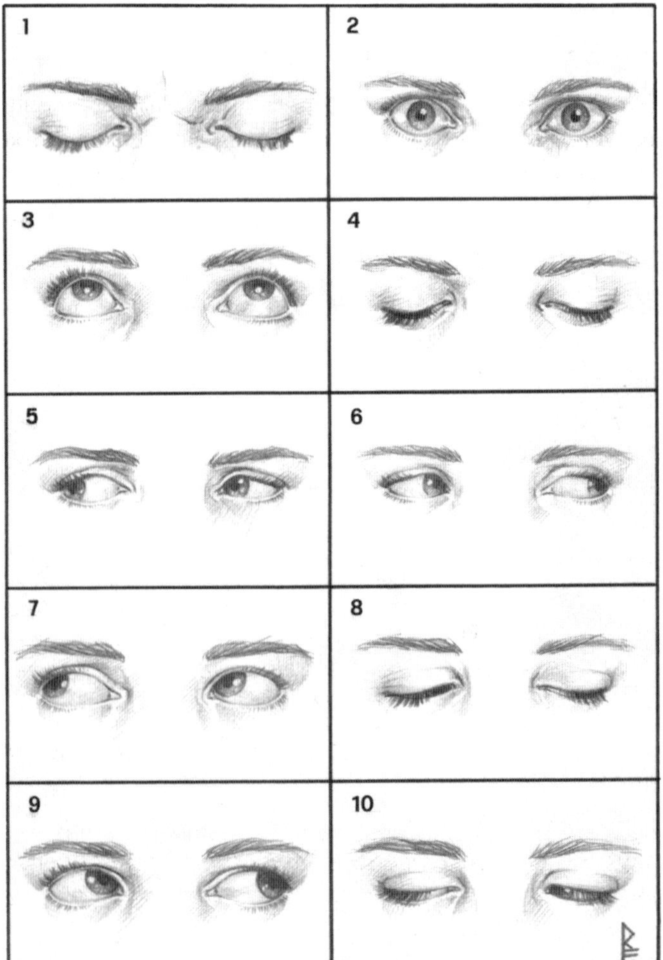

Abb. 16: Augendehnungsübungen

Fokussiertraining (2. Phase des Augentrainings)

Dieses Training können Sie abhängig vom Grad Ihrer Kurzsichtigkeit in drei Varianten durchführen.

Die erste Variante

Fokussiertraining ohne Übungsbrillen. Diese Variante können Sie wählen, wenn Sie die Schrift leicht verschwimmen lassen können, indem Sie den Text auf Armlänge von sich weghalten oder aber – bei Weitsichtigkeit – den Text relativ nah vor Ihre Augen halten.

Die zweite Variante

Für Kurzsichtige: Fokussiertraining mit der Zuhilfenahme von Pluslinsen (die Linsen, die Weitsichtige für ein scharfes Sehen im Nahbereich tragen).

Für Weitsichtige: Fokussiertraining durch Anwendung von Minuslinsen (die Linsen, die Kurzsichtige normalerweise für ein scharfes Sehen in der Ferne tragen).

Diese Variante sollten Sie bei leichter Kurzsichtigkeit praktizieren, wenn Sie in der Lage sind, einen Text, zum Beispiel in der Zeitung, zu lesen, indem Sie ihn im Abstand des ausgestreckten Arms halten. In diesem Fall müssen Sie mit der Zeit immer stärkere *Pluslinsen* benutzen, um eine leichte „Vernebelung" in einem vernünftigen Abstand zu erzeugen. Sonst müssten Sie in einer Distanz lesen, die über Ihre Armlänge hinausgeht.

Wenn Sie weitsichtig sind, ist genau das gegenteilige Vorgehen angezeigt: Sie müssen immer stärkere *Minuslinsen* anwenden, um ein leichtes „Vernebeln" zu erzeugen. Sonst müssten Sie sich den Text quasi direkt an die Nase heften.

Die dritte Variante

Fokussiertraining durch Aufsetzen von Plusgläsern vor die normalerweise getragene Brille. Durch das Aufsetzen von Pluslinsen vor Minuslinsen, die Sie normalerweise für die Fernsicht brauchen, soll die Dioptrienstärke „vermindert" werden und die Augen dadurch für das Fokussieren stimuliert werden. Diese Variante ist für Sie geeignet, wenn Sie stark kurzsichtig sind und deswegen nicht die beiden ersten Varianten durchführen können.

Die gegenteilige Anwendung gilt bei stark Weitsichtigen: Hier sind Minuslinsen vor den Pluslinsen aufzusetzen.

Die ersten Übungsschritte

Fokussiertraining bei Kurzsichtigkeit:

1. Wählen Sie einen gedruckten Text (ein Buch, eine Zeitung) und halten Sie ihn in der Entfernung, in der Sie die Buchstaben klar erkennen können.
2. Halten Sie den Text weiter weg, bis die Buchstaben „verschwimmen" und nur noch schwer lesbar sind.
3. Dann reißen Sie die Augen circa fünf Sekunden lang weit auf. Dabei ziehen Sie auch die Augenbrauen mit nach oben. (Siehe unten Abschnitt „Die CRB-Bewegung – Physiologische und bioenergetische Erklärung".)
4. Entspannen Sie Ihre Augen und blinzeln Sie leicht.
5. Wenn Sie diese Übung korrekt durchgeführt haben, sollten Sie den Text, der zuvor verschwommen war, jetzt klar erkennen können.
6. Wiederholen Sie immer alle Schritte während der gesamten Trainingssitzung. Nehmen Sie sich die Zeit, die Sie benötigen.

- Der Text muss ganz allmählich verschoben werden, damit die Schrift verschwimmt. Ohne diese leichte Unschärfe wäre der Reiz nicht stark genug, um eine positive Anpassung des Fokussiersystems zu erzeugen.
- Wenn Sie den Text nicht klar erkennen können, dann haben Sie ihn vielleicht zu weit verschoben – das visuelle System nimmt einen übermäßigen Reiz als etwas wahr, das unmöglich fokussiert werden kann und bemüht sich dann erst gar nicht.
- Zu Beginn des Fokussiertrainings nach dieser Anleitung fällt es Ihnen sicher schwer, Text und Buchstaben scharf zu sehen, da Ihre Augenmuskeln zu sehr angespannt sind und nicht kräftig und flexibel genug sind, damit das Fokussiersystem natürlich und physiologisch arbeite könnte.
- *PVS* und sein Trainingsprogramm geringer Intensität (siehe „Verschiedene Intensitätsstufen des Trainingsprogramms *Power Vision System®*" im Anhang) werden Ihnen helfen, das erforderliche Ausmaß an Stärke, Flexibilität und Koordination aufzubauen.
- Dieses Verfahren ist *auf jeden Fall* positiv und bietet ein nützliches Training für das Fokussiersystem, wenn Sie es immer und immer wieder üben: Öffnen Sie Ihre Augen fünf Sekunden lang *so weit wie möglich* und schauen Sie dabei auf den Text. Dann *entspannen* Sie Ihre Augen durch *vorsichtiges* Blinzeln.

Fokussiertraining bei Weitsichtigkeit:

1. Wählen Sie einen gedruckten Text (ein Buch, eine Zeitung) und halten Sie ihn in der Entfernung, in der Sie die Buchstaben klar erkennen können.
2. Ziehen Sie den Text langsam näher heran, bis die Buchstaben „verschwimmen" und nur noch schwer lesbar sind.

3. Dann reißen Sie die Augen circa fünf Sekunden lang weit auf. Dabei ziehen Sie auch die Augenbrauen mit nach oben. (Siehe unten Abschnitt „Die CRB-Bewegung – Physiologische und bioenergetische Erklärung".)
4. Entspannen Sie Ihre Augen und blinzeln Sie leicht.
5. Wenn Sie diese Übung korrekt durchgeführt haben, sollten Sie den Text, der zuvor verschwommen war, jetzt klar erkennen können.
6. Wiederholen Sie immer alle Schritte während der gesamten Trainingssitzung. Nehmen Sie sich die Zeit, die Sie benötigen.

Wichtig:
- Der Text muss ganz langsam näher heran gebracht werden, damit die Schrift verschwimmt. Ohne die leichte Unschärfe wäre der Reiz nicht stark genug, um eine positive Anpassung des Fokussiersystems zu erzeugen.
- Wenn Sie den Text nicht klar erkennen können, dann haben Sie ihn vielleicht zu nahe herangezogen – das visuelle System nimmt einen übermäßigen Reiz als etwas wahr, das unmöglich fokussiert werden kann und bemüht sich dann erst gar nicht.
- Zu Beginn des Fokussiertrainings nach dieser Anleitung ist es sicher schwer für Sie, Text und Buchstaben scharf zu sehen, da Ihre Augenmuskeln zu sehr angespannt sind und nicht kräftig und flexibel genug sind, damit das Fokussiersystem natürlich und physiologisch arbeite könnte.
- *PVS* und sein Trainingsprogramm geringer Intensität (siehe „Verschiedene Intensitätsstufen des Trainingsprogramms *Power Vision System®*" im Anhang) werden Ihnen helfen, das erforderliche Ausmaß an Stärke, Flexibilität und Koordination aufzubauen.
- Dieses Verfahren ist *auf jeden Fall* positiv und bietet ein nützliches Training für das Fokussiersystem, wenn Sie es immer und

immer wieder üben: Öffnen Sie Ihre Augen fünf Sekunden lang *so weit wie möglich* und halten Sie dabei den Text vor ihre Augen. Dann *entspannen* Sie Ihre Augen durch *vorsichtiges* Blinzeln.

Die CRB-Bewegung – Physiologische und bioenergetische Erklärung

CRB steht für Contraction/Relaxation/Blinking, also Kontraktion/ Entspannung/Blinzeln. Diese Bewegungsabfolge fördert die allmähliche Wiederherstellung der normalen Akkommodationsfähigkeit des Auges. Die Augen (einschließlich Augenbrauen) sind bei vorhandenem Reiz weit und kräftig zu öffnen und dann zu entspannen. Der vorhandene Reiz kann im Tragen einer Brille bestehen, die für eine leicht verschwommene Sicht sorgt oder dem Fixieren eines Objekts oder einer Sehtafel, die in einer solchen Entfernung angebracht sind, dass man sie nach der CRB-Bewegung gerade noch fokussieren kann.

Physiologische Erklärung

Ein kurzsichtiges Auge ist durch chronische Spannung überlastet. Meist nimmt ein Kurzsichtiger diese Spannung nicht wahr, da sie Teil seines Daseins und Sehens ist.

Möchte man einen Muskel bewusst entspannen, muss man zunächst die vorhandene Spannung spüren und mit einer weiteren Kontraktion verstärken. Anschließend gelingt das Loslassen der Spannung wesentlich besser, sodass der gesamte Körper davon profitiert. Die physiologische Grundlage der CRB-Bewegung (also der Abfolge Kontraktion, Entspannung und Blinzeln) liegt in der Muskelentspannung, die nach einer vorherigen Kontraktion der Augenmuskeln bewusst ausgelöst wird.

Bei der Kurzsichtigkeit sind hauptsächlich die schrägen Augenmuskeln chronisch angespannt. Die chronische Anspannung führt zu einer Überkontraktion des Auges und zu einer allmählich fortschreitenden Verlängerung des Augapfels. Bei vielen Kurzsichtigen, deren Augen oft „aufgerissen" und wenig beweglich wirken, und deren Sehen dadurch kaum mühelos und entspannt ist, lässt sich der Zustand einer chronischen Muskelanspannung deutlich erkennen.

Die CRB-Bewegungen sollen eine Entspannung erleichtern, und damit das Fokussieren während der Defokus-Übungen. Während der CRB-Bewegung erfolgt die Muskelkontraktion durch das weite Öffnen, das Aufreißen der Augen. Dann wird die Kontraktion aufgehoben, das Auge also entspannt, und die Entspannung durch Blinzeln verstärkt. Weil es sich in einem Zustand chronischer Anspannung befindet und meist weit geöffnet und blockiert ist, kann das kurzsichtige Auge kaum mehr natürlich blinzeln.

Die Progressive Muskelentspannung nach Jacobson bestätigt den Nutzen der CRB-Bewegungen. Bei diesem Training werden ebenfalls willkürlich verschiedene Körperteile angespannt und anschließend sofort und vollständig entspannt. Dadurch kommt es zu einem Zustand der progressiven allgemeinen Entspannung. Durch das Wahrnehmen, dann Verstärken der Muskelanspannung und die anschließende sofortige Entspannung – wodurch der Muskel vollständig entspannt – können Sie die Muskelkontraktion verändern und dadurch eine muskuläre und allgemeine Entspannung erzielen.

Der wirksamen CRB-Bewegung in Kombination mit einem angemessen Training für eine bestimmte Defokussierung muss eine Vorbereitung der Augenmuskeln vorangehen, und zwar durch die Übungen der aktiven Dehnung (Stärkung beziehungsweise Verlängerung) und Rotation in die äußeren Bereiche des Gesichtsfeldes.

Die Notwendigkeit eines vorhandenen Akkommodationsreizes

Um das Auge zu einer Anpassung zu stimulieren, die seine Muskeln trainiert, ist es erforderlich, zusammen mit der CRB-Bewegung einen Reiz darzubieten. Dieser beruht auf dem Phänomen der durch verschwommene Sicht erzeugten Akkommodation (siehe Abschnitt „Akkommodation bei Unschärfe" im Kapitel 3).

Nach dem Training mit dem CRB-System zusammen mit einem Fokussierreiz gewöhnt man sich daran, ein Feedback für die eigene Fokussierfähigkeit zu erhalten. Dabei wird man sich auch bewusst, dass man das Fokussieren in dem Moment bewusst steuert, was vorher nicht möglich war.

Mit der Zeit gewöhnt sich ein Kurzsichtiger an die „Desakkommodation", also an eine vollständige Entspannung der Akkommodation und an die Beseitigung der Überkontraktion und Überakkommodation, die seine Augen kennzeichneten. Dadurch kann er seine Fokussierfähigkeit noch weiter verstärken, im Idealfall bis zu dem Punkt, an dem er allmählich ein normales Sehvermögen erlangt.

Denken Sie daran: bei bestehender Kurzsichtigkeit eine klare, scharfe Sicht wiederzuerlangen, ist das Ziel meines Sehtrainings. Die Dauer dieses Verfahrens hängt von vielen Faktoren ab, darunter dem Grad der anfänglichen Kurzsichtigkeit, der Trainingszeit pro Tag und pro Woche, der Sorgfalt des Trainings, dem emotionalen Zustand des Betroffenen, der Ernährung und dem *Vertrauen* in das Übungssystem – dem wahren Motor des Heilungsprozesses.

Bioenergetische Erklärung

Nach der bioenergetischen Analyse ist die körperliche Panzerung („Körperpanzer") durch eine Muskelsteifigkeit aufgrund von emotionalem und mentalem Stress in einem oder mehreren Körperteilen gekennzeichnet. Besonders bei Menschen, die unter Sehfehlern leiden, gehören die Augen dazu. Eine derartig chronische Muskelverspannung führt zu einem starren Blick, zu einer verkrampften Stirn und starren Augenlidern, wodurch der normale physiologische Augapfel deformiert wird. Dies wiederum bewirkt, dass das betrachtete Objekt auf dem falschen Teil der Netzhaut abgebildet wird.

Nach Wilhelm Reich und Alexander Lowen kristallisiert sich das aus der Kindheit stammende Gefühl der Angst in einer solchen Blockierung eines Augensegments.

> „Ein Augensegment erlöst sich von der Angst, wenn jemand, der Angst hat, seine Augen weit öffnet, und dann seine Augenlider und Stirn wieder beweglich werden, um die Emotionen zu zeigen."
> Alexander Lowen 1983 [Übersetzung H. B.]

Genau dies geschieht mit der CRB-Bewegung, in der man das Auge zunächst an-, dann entspannt und danach mit den Augenlidern blinzelt.

Trainieren Sie Ihre Augen und vergessen Sie sie dann

Akkommodationsprozess und Sehvorgang funktionieren normalerweise natürlich, instinktiv und unbewusst. Ein Training mit entsprechenden Linsen ermöglicht es einem erfahrenen Anwender, willkürlich in diesen Akkommodationsprozess einzugreifen. Und dies trotz der Tatsache, dass dieser Prozess normalerweise automatisch, unabhängig von jeder Intervention, abläuft.

Die *PVS*-Übungen, sowohl das Muskeltraining (Dehn- und Rotationstraining) als auch die Fokussierübungen, sollen die vollständige Wiederherstellung der gesamten Funktionsfähigkeit der Augen ermöglichen.

Nachdem Sie diese Übungen durchgeführt haben, ist es wichtig, dass sich Ihre Augen wieder „frei" bewegen können und Sie nur daran denken, ein Objekt zu betrachten. Andernfalls würde der natürliche Sehvorgang beeinträchtigt. Im täglichen Leben muss die Fokussierung automatisch und spontan, ohne willentliche Anstrengung erfolgen. Das unterscheidet sich gänzlich von den Vorgängen während der Übungen zum willkürlichen Fokussieren mit Trainingslinsen (Pluslinsen für Kurzsichtige und Minuslinsen für Weitsichtige). Wenn dem nicht so wäre, würden wir eine Überlastung des visuellen Systems riskieren und diesen Spannungszustand noch weiter fördern statt ihn zu beseitigen.

Ruhepausen und Erholung nach den Trainingseinheiten sind genauso wichtig wie das Training selbst. Bei zu kurzen Erholungszeiten kann man die funktionellen und leistungsbezogenen Qualitäten von Muskeln nicht steigern. Das gilt natürlich genauso für die äußeren Augenmuskeln.

Nach einem guten und angemessenen Augentraining (entsprechend den Prinzipien der Intensität und der allmählich gesteigerten Unschärfe) sollten wir unsere Augen „vergessen" und sie der instinktiven freien und natürlichen Bewegung überlassen. Nach vollständiger Erholung von einer Trainingseinheit ist unser Sehvermögen gestärkt und kann sich auf die ebenfalls (aus funktioneller Sicht) gestärkten Organe verlassen – durch ein spezifisches Training, das die *Ursachen* des fehlerhaften Fokussierens beseitigt.

Übungen oder Gewohnheiten? Die Bedeutung der richtigen Reihenfolge

Wir fragen uns vielleicht öfter, ob das Sehtraining echte Übungen beinhaltet oder einfach auf den richtigen Sehgewohnheiten beruht, die einige Menschen während der Verschlechterung ihres Sehvermögens allmählich verloren haben und die sie daher wiedererlangen müssen.

Wie von vielen Experten bestätigt, sollten einige dieser „Übungen" nicht nur als Übungen betrachtet werden, also als etwas, das man nur während der Trainingsstunden durchführt. Zu diesen „Übungen" gehören: das erneute Erlernen des richtigen und häufigen Blinzelns (*blinking*), das natürliche „Abtasten" der Augen beim Erfassen eines Objekts (*shifting)* und die korrekte und tiefe Atmung.

Der Mensch muss jedoch tatsächlich diese „Gewohnheiten" neu erlernen, wenn er sein eigenes Sehvermögen verbessern will. Solche „Gewohnheiten" müssen Teil seines „Seins" und Sehens werden. Was der normalsichtige Mensch unbewusst „richtig" macht, muss der fehlsichtige erst wieder lernen. Es ist ausgesprochen wichtig, dass diese „Gewohnheiten" in das Unterbewusste ohne bewusste persönliche Anstrengung eingehen – es sei denn, jemand wiederholt sie absichtlich, damit sie zu einem Automatismus werden. Zu Anfang müssen die „Gewohnheiten" wie das Blinzeln, die schnellen Augenbewegungen bei der Erfassung eines Objekts und die tiefe Atmung mechanisch wiederholt werden, um sie zu fühlen und sich dessen bewusst zu werden, was man tut, bis sie schließlich zu echten Gewohnheiten werden. Daher können diese „Übungen" nicht als echte Übungen betrachtet werden, sondern eher als korrekte „Daseinsform" und „Sichtweise", die automatisch und unbewusst in den Tagesablauf integriert werden sollte.

Die Übungen zur Wiederherstellung der Muskelfunktion (wie Kreisbewegungen der Augen und Fixierung von Objekten in extremen Bereichen des Gesichtsfelds) können wir hingegen als echte Übungen bezeichnen. Wir können dies mit der Wiederherstellung der muskulären Funktionsfähigkeit einer lange eingegipsten Gliedmaße vergleichen: Auch unsere Augen werden durch die Brille, die eine vollständige Augenbewegung, die Akkommodationsfähigkeit und ihre Entspannung (die „Desakkommodation") blockiert, regelrecht „eingefroren".

Zur Wiederherstellung der Muskelkraft einer Gliedmaße muss diese mindestens so lange trainiert werden, bis die Gliedmaßenmuskulatur wieder so stark ist, dass der Arm oder das Bein wieder im vollen physiologischen Umfang genutzt werden kann. Die Übungen zur Kreisbewegung der Augen sollten als echte und reale Übungen betrachtet werden; sie sind für das visuelle System zur allmählichen Wiederherstellung der Kraft, Flexibilität und Muskelkoordination – der äußeren Augenmuskeln – am wichtigsten.

Ohne diese grundlegende Vorarbeit wären selbst die Übungen nach Bates relativ wirkungslos. Eine volle Wiederherstellung des Sehvermögens verläuft über verschiedene Ebenen. Und auf der ersten müssen die grundlegenden Muskelfunktionen wiederhergestellt werden, die für anspruchsvollere Aufgaben, wie Blinzeln, schnelle Augenbewegungen zur Erfassung eines Objekts oder Fokussierung mit Pluslinsen, benötigt werden.

Wenn wir die Phase der reinen und einfachen Muskelarbeit ganz auslassen, dann wäre das, als ob wir beim Muskelaufbau eines verletzten Beins versuchen würden, zu laufen, ehe wir überhaupt gehen können.

Ich möchte dies an einem Beispiel aus dem Sport verdeutlichen, und zwar an einer Übung, die eine hochgradige motorische Koordination verlangt, nämlich einem doppelten Salto im Kunstturnen. Zuerst werden die grundlegenden Muskelqualitäten (Absprung und Schwung) schrittweise trainiert, erst später geht man an die spezifischen Drehbewegungen (zuerst auf dem Sprungbrett und dann auf dem Boden).

Aus diesem Grund ist es wichtig, dass Sie die korrekte Reihenfolge der Übungen und „Gewohnheiten" einhalten, um nach und nach wieder Ihr natürliches Sehvermögen herzustellen. Die Übungen von Bates, die an sich schon sehr effektiv sind, können noch viel mehr ausrichten, wenn man vorher seine muskuläre Basis trainiert hat. Dazu muss man über einen gewissen Zeitraum ein reines Aufbautraining der äußeren Augenmuskeln absolvieren, wie ich es hier beschrieben habe.

Das gilt auch für das Augen-Biofeedback durch Einsatz des *Accommotrac® Vision Trainers*: Falls Sie vorhaben, mit diesem Gerät zu üben, wird es Ihnen mehr bieten können, wenn Sie vorher ein aufbauendes Muskeltraining durchgeführt haben. Dann werden Sie in der Lage sein, eine Veränderung Ihrer fokussierenden Muskeln festzustellen.

TEIL III

Ganzheitliche Betrachtung des Sehens

Kapitel 8

Stress, Nervensystem und Sehkraft

Das sympathische und das parasympathische Nervensystem, Teile des vegetativen Nervensystems, sind enorm wichtig für gut funktionierende Augen. Ein Ungleichgewicht zwischen Sympathikus und Parasympathikus beeinträchtigt die Sehkraft. Sind die beiden nicht im Einklang, akkommodieren die Augen ein wenig abweichend und die „Erholungsgeschwindigkeit" nach einer vorübergehenden Anpassung der Brechkraft, die durch Anstrengung im Nahbereich ausgelöst wurde, ist vermindert. Das bedeutet andersherum auch, dass mit Änderung der Brechkraft eines Individuums Einfluss auf dessen nervliches Gleichgewicht genommen wird. Das Nervensystem trägt die Hauptverantwortung für das dynamische Gleichgewicht des menschlichen Organismus (Homöostase). Diese Selbstregulation des Organismus spiegelt die Fähigkeit eines Individuums wider, sich mit sich selbst und seiner Umwelt in Einklang zu befinden.

Es ist kein Zufall, dass jeder Sehfehler charakterliche, verhaltens- oder beziehungstypische Unterschiede heraushebt. Diese Differenzen, die bei Kurz- oder Weitsichtigkeit mal mehr, mal weniger sichtbar sind, könnten das Resultat eines Ungleichgewichts des Nervensystems sein. Die Augen sind nicht nur Fenster unserer Seele, sondern auch die Filter, durch die wir unsere Welt sehen und wahrnehmen. Auf der Grundlage dieser Wahrnehmung werden unsere Vorstellungen geformt, Urteile über die Umwelt gefällt und folglich unser Denken und Handeln geleitet.

Unsere Welt setzt sich aus der Wahrnehmung sowohl von uns selbst, unserer Umwelt als auch der Summe unserer Gedanken zusammen. Die Brechkraft unserer Augen hat eine große Bedeutung hinsichtlich der Wahrnehmungsqualität, da das Sehen als erster Kontaktpunkt mit der uns umgebenden Welt betrachtet werden kann. Wir formen einen Großteil unserer Welt anhand dessen, was wir sehen, oder besser gesagt: anhand der visuellen Interpretation dessen, was unsere Augen uns je nach aktuellem Zustand zu sehen erlauben. Nicht ohne Grund sind auch unsere Augen in Mitleidenschaft gezogen, wenn wir uns müde und kraftlos fühlen: Der Wille, unsere Umwelt wahrzunehmen und uns aktiv im Leben einzubringen, wird immer schwächer. Die Sehorgane zu heilen bedeutet auch, all das zu heilen, was „dahinter" steckt. Die Augen sind nicht Teil einer Maschine, sondern *Teil des Menschen*. Indem man etwas dafür tut, dass es diesem wichtigen Vehikel der Wahrnehmung und der Interaktion besser geht, verbessert sich der Gesamtzustand des Individuums: Wie ein Boot, dessen Kiel besser im Wasser gleiten kann, erhöht das Individuum seine Fähigkeit, sich in Harmonie mit sich und dem Leben fortzubewegen, wenn seine Sehkraft verbessert wird. Ein Mensch, der sein inneres Gleichgewicht gefunden hat, ist in Hochform, und dieser Zustand ermöglicht ihm maximale Ausdruckskraft und Kreativität. Wer in Hochform ist, versteht es, die eigenen Qualitäten, Emotionen und tiefsten Wünsche zum Ausdruck zu bringen. Dieser Zustand ist für jeden erreichbar, der wahre Prioritäten und Bedürfnisse erkennt und benennt. Jemand, der seine „Matrix", sein existenzielles Programm erkannt hat, weiß, was er wirklich braucht für seine eigene Entwicklung. Wenn wir spüren, dass ein Projekt, eine Handlung, eine Verhaltensweise, ein Beruf, eine Liebe Hand in Hand geht mit unserem inneren Wachstumsprozess und wir dem Erlebten die entsprechende Qualität zusprechen, wirkt sich das konkret auf unser Wohlbefinden, auf unsere Gesundheit, Kreativität und Harmonie aus. Wenn unser Selbst dagegen spürt, dass die jeweilige Situation nicht gut für uns ist, „stellt es sich auf die Hinterbeine" und versucht mit allen Mitteln, uns diese Tatsache bewusst zu machen.

Die körperlichen Symptome und die sie offensichtlich begründenden Umstände ergeben sich aus den Signalen, die uns auf den „rechten Weg" führen wollen, falls wir von ihm abgekommen sind. Der richtige Weg ist stets der des Herzens, ob uns dies bewusst ist oder nicht. Das Herz ist das Barometer der tiefsten Gefühle und Empfindungen, die mit unserem Selbst übereinstimmen. Wenn es aus einem Gefühl heraus stark schlägt, möchte es uns etwas mitteilen.

Wer den Weg einschlägt, der für ihn „ein Herz" hat, das auf innere Signale hört und reich an Emotionen ist, hat den richtigen Weg gewählt, um sein menschliches Dasein in Bestform zu leben. Die Augen reflektieren als Fenster unserer Seele diesen Zustand und die Verbindung mit unserem Selbst. Die Augen sind es auch, die wahre und ehrliche Emotionen sichtbar durchscheinen lassen. Im Grunde sind die Augen auch rein physisch am direktesten mit dem Gehirn verknüpft, da sie mit der Sehnervenkreuzung in Kontakt stehen, welche Teil des Gehirnsystems ist.

Wenn wir daran arbeiten, unsere Augen wieder ins Lot zu bringen, führt dies automatisch auch zu einer Wiederherstellung des Gleichgewichts von Sympathikus und Parasympathikus, von dem sowohl unser körperliches und inneres Gleichgewicht als auch unsere maximale Ausdrucksfähigkeit abhängen.

Auch das Gegenteil hat Gültigkeit: Am Nervensystem zu arbeiten, verbessert das Bild, das wir von uns selbst und von der Welt haben. In diesen Zusammenhängen sieht sich *PVS* als ein System visuellen Trainings, das nicht nur auf die Stärkung der Sehkraft abzielt, sondern auch auf die verbesserte innere und äußere Wahrnehmung des Individuums.

Mentaler Stress und Entspannung der Augen

„Die perfekte Sehkraft kann nur durch Entspannung erreicht werden".

W. H. Bates (Übersetzung M. K.)

Der große Vorreiter und Gründer der alternativen Augenschule William Bates stellt die mentale Entspannung in den Mittelpunkt seiner Heilmethode. Sobald der Mensch einen Zustand erreicht habe, in dem er geistig entspannt ist, wirke sich dies auf sämtliche Körperfunktionen aus, eingeschlossen die äußeren Augenmuskeln. Nur wer insgesamt entspannt sei – die Augen eingeschlossen –, sei demnach in der Lage, seine Augen optimal scharf zu stellen.

Moderne Theorien zur Entwicklung von Kurzsichtigkeit bestätigen das von Bates veranschaulichte Verhältnis zwischen mentaler Anspannung und Anspannung der Augen (Skeffington 1928–74, Birnbaum 1985, 1993): Die moderne Gesellschaft mit ihren Anforderungen und Verpflichtungen, bei denen stets das Sehen im Nahbereich eine Rolle spielt, bereite dem Individuum enorme Augenprobleme (mit dem Hauptproblem der Kurzsichtigkeit). Skeffington vertritt die Meinung, dass andauernde Konzentration, Unbeweglichkeit und geistige Anstrengung beim Arbeiten im Nahbereich dazu führt, dass sich die Augen dauerhaft dieser Nähe anpassen. Birnbaum (1984) unterstützt Skeffingtons Stresstheorie und erklärt die Anpassung des Sehapparats dadurch, dass durch Stress einige neuroendokrine Mechanismen aktiviert würden (siehe Cannon 1929, Selye 1956). Auf diese Stressmechanismen wird mit einer erhöhten Aktivität des Sympathikus reagiert, dem normalerweise die Aufgabe - „Attacke oder Flucht" zukommt. Es wurde mehrfach bewiesen, dass der von einem erregten sympathischen Nervensystem provozierte Stress zum einen eng mit der Anstrengung verknüpft ist, die mit der

Aufmerksamkeit beim Sehen einhergeht (siehe Kahnemann 1973, Libby et al. 1973, Pribram und McGuinnes 1975), zum anderen mit dem Stress, der bei anspruchsvollen Erkenntnisprozessen im Allgemeinen produziert wird (Hess und Polt 1964, Beatty und Wagoner 1978).

Grundlage der Nahstresstheorie ist also eine Negativanpassung der Brechkraft an die immer anspruchsvoller und aufreibender werdenden Aufgaben im Nahbereich beziehungsweise unweit des Nahpunktes, denen der moderne Mensch sich stellt. Der Nahpunkt ist der nächst möglich gelegene Punkt vor den Augen, der noch scharf gesehen werden kann. Diese Art der Arbeit im extremen Nahbereich entspricht nicht der normalen Physiologie, die ein Gleichgewicht verlangt zwischen auf weite Entfernungen hin ausgeführte Aufgaben (zum Beispiel im Freien) und jenen, die in Büros oder zu Hause ausgeführt werden, oft arbeitsintensiv sind und Stress hervorrufen.

Diese Art von Stress ist vergleichbar mit dem, den wilde Tiere erleiden, die es gewohnt sind, sich in freier Natur zu bewegen und schließlich in Käfigen eingesperrt werden. Wir sind inzwischen derart „modern", dass wir in Kartons gepferchten Labormäusen ähneln. Diese Situation erzeugt generellen Stress auf das Individuum, der sich mit der Zeit auch in einer Negativanpassung der Brechkraft ausdrückt. Das am weitesten verbreitete Beispiel: die Kurzsichtigkeit. Neben dieser Theorie des Nahstresses müssen jedoch gleichzeitig die rein körperlichen Reizeinflüsse berücksichtigt werden, also physiologische und nicht nur mentale Stresssituationen, die der Sehapparat erleidet (wie übermäßiges Konvergieren und Akkommodieren).

Der Vorreiter William Bates, der in der Kurzsichtigkeit das Resultat mentaler Stresssituationen sah, ist also in seinen Vermutungen weitgehend bestätigt beziehungsweise ergänzt und von jüngsten wissenschaftlichen Studien belegt worden.

Verhältnis zwischen geistiger Anspannung und Anspannung der Augenmuskeln

Wie schon Bates behauptete, hängt ein Teil der Fokussierfähigkeit von den sechs äußeren Augenmuskeln ab. Die übermäßige Kontraktion dieser Muskeln führt zu einer dauerhaften Verformung des Augapfels und somit zu einem Fehler beim Scharfstellen des Bildes auf der Netzhaut. Diese Annahme wird von Studien anderer Forscher bestätigt: Gottlieb (1982) nimmt an, dass die Verlängerung des Augapfels und demnach der Fokussierfehler bei Kurzsichtigkeit das Resultat chronisch angespannter äußerer Augenmuskeln sei, als Teil eines allgemeinen Spannungszustands der Augen und des Menschen insgesamt. Der Sehfehler beruhe folglich auf einer verkrampften Art, Problemlösungen anzugehen und ganz allgemein auf einer unangemessen problemlastigen Wahrnehmung.

Im Grunde ist der Kurzsichtige ein übermäßig gestresster Mensch, der sich zu sehr auf mentale Prozesse konzentriert.

Durch Anspannung zur Entspannung: der Schlüssel zum gesunden Funktionieren der Augenmuskeln

Wenn Bates' Modell der muskulären Entspannung auch seine Berechtigung hat, so konnten dennoch viele Menschen (ich eingeschlossen) mit ihm nur ganz allmählich ihre Fokussierfähigkeit verbessern und ihre Kurzsichtigkeit reduzieren. Um dieses Phänomen zu verstehen, muss man wissen, wie die schräge Augenmuskulatur zu entspannen ist: Es besteht ein enger Zusammenhang zwischen der Kraft eines Muskels und seiner Fähigkeit sich zu verlängern und damit zu entspannen. Ist ein Muskel kräftig und nach bestimmten Prinzipien trainiert, so ist er auch flexibler und elastischer. Ich sage das im Hinblick auf die Erfahrungen, die ich bezüglich der Muskelarbeit des Körpers gesammelt habe (siehe dazu mein Buch *Power-Flex).*

Mehr oder weniger schwache Muskeln wie die eines Kurzsichtigen führen die sakkadischen Bewegungen tendenziell langsamer aus und neigen dazu, die Achsen des Augapfels zu verformen.

Starke und elastische Muskeln sind im Gegenteil in der Lage, sowohl dynamisch als auch statisch volle Leistung zu erbringen, das heißt die sakkadischen Bewegungen werden optimal ausgeführt, Objekte punktgenau anvisiert und es wird keine Verformung des Augapfels provoziert.

Entspannung durch Muskelarbeit

Eines der Geheimnisse, wie man einen Muskel effektiv entspannen kann, ist, seine Arbeitsleistung aktiv durch eine immer höhere Arbeitslast (innerhalb der physiologischen Grenzen) zu erhöhen. Wenn man versucht, einen schwachen, unelastischen Muskel wie den Augenmuskel eines Kurzsichtigen zu entspannen, ist dies ein schwerwiegender Fehler, denn es führt zu nichts anderem, als dass die Fortschritte bezüglich der muskulären Funktionalität und damit der Fokussierfähigkeit sich langsamer einstellen. Schwache Muskeln heilt man nicht durch Entspannung, sondern durch Rehabilitierung, das heißt durch ein Training, das die Muskelstränge sowohl durch Kontraktion als auch durch Dehnung in Anspruch nimmt. Die ausschließliche Entspannung der Augen führt nur *begrenzt* zu den gewünschten Resultaten, da nicht hinreichend auf die Kraft- und Dehnungsqualitäten der Muskel eingegangen wird – die chronische Anspannung geht höchstens leicht zurück.

Wie kann man nun die Augenmuskeln effizient trainieren und in einen Zustand der dynamischen Entspannung bringen? Wie können die überkontrahierten Augenmuskeln schrittweise ihre Kontraktion verringern? Und wie kann die zunehmende Verlängerung der Achsen, die das unscharfe Sehen hervorruft, aufgehalten werden? Wie kann einem unablässig verkniffenen Blick und angestrengten Augen entgegengewirkt werden? Und wie „fließende" Sakkaden-Bewegungen und die zentrale Fixationsfähigkeit – von einigen Autoren als „Zentralisierung" beschrieben – wieder hergestellt werden?

Diese Ziele werden mittels aktiver Muskelarbeit erreicht, wobei das Gesichtsfeld durch Rotation der Augen schrittweise erweitert wird. Kein Therapeut käme auf die Idee, einen schwachen, zum Beispiel durch einen Gipsverband unbeweglichen Muskel mittels Entspannung zu heilen. Er wird vielmehr versuchen, den Muskel zu kräftigen und seine Flexibilität und Koordination zu verbessern.

Die Augenmuskeln sind beim Tragen der Brille ständig kontrahiert, und das Gesichtsfeld ist auf die vom Brillengestell eingegrenzte Fläche beschränkt. Daher bedarf es zum korrekten Fokussieren eines Trainings, bei dem das Gesichtsfeld maximal genutzt wird. Beim *Power-Vision*-Training werden die äußeren Augenmuskeln aktiv-statisch gedehnt. Die Übungen werden symmetrisch und unter Verwendung des *vollständigen* Bewegungsradius der Augen ausgeführt.

Auf diese Weise wird es den Augen möglich sein, einen entspannten Blick beizubehalten. Denn trainierte Augenmuskeln können entspannt arbeiten und verbessern gleichzeitig die zentrale Fixation und die sakkadischen Bewegungen.

Kapitel 9

Der Körper im Gleichgewicht

Die emotionale Komponente der Kurzsichtigkeit

Nach Erkenntnissen der Psychosomatik und der Bioenergetik ist Kurzsichtigkeit das direkte Ergebnis eines emotionalen Ungleichgewichts. Ausnahmen können in seltenen Fällen angeborene Sehprobleme organischer Art oder eine funktionelle Negativanpassung sein, die sich als Reaktion auf häufiges Arbeiten im Nahbereich ergeben hat. Die durch Letzteres hervorgerufene übermäßige Akkommodation ist ein Kind der modernen Zivilisation.

Wenn es auch nur wenige Kurzsichtige zugeben wollen, so liegt doch bei den meisten ein Grund vor, der die Kurzsichtigkeit erklärt: Sie *wollen nicht* sehen. Hierfür gibt es keine einheitliche Erklärung, denn die Betroffenen handeln unbewusst, und so viele unterschiedliche Menschen, Charaktere, Situationen und Erfahrungen es gibt, so viele Gründe für dieses Phänomen gibt es.

Der Körper mit all seinen Funktionen formt sich in Abhängigkeit von der Meinung, die unser Unterbewusstsein von uns hat: Es liegt auf der Hand, dass der Mensch nur das kann, von dem er glaubt, es zu können. So wie auf der anderen Seite negative Gedanken zu einer Übertragung auf den Körper führen und sich in psychosomatischen Krankheiten äußern.

Doch was will nun ein Kurzsichtiger nicht sehen, was bringt ihn dazu, unbewusst auf eine natürliche und korrekte Fokussierung zu verzichten?

Alexander Lowen, Psychotherapeut mit unbestrittenem internationalem Ruf, stellt in seinen Abhandlungen zur *Bioenergetik* die These auf, dass eine der möglichen Erklärungen die sein könnte, jemandes Blick nicht begegnen zu wollen, etwa dem Blick einer autoritären Mutter oder eines strengen Lehrers. Eine andere mögliche Erklärung ist eine emotionale Anspannung, wenn es gilt, dem Blick eines anderen standzuhalten. Dies ist besonders oft bei Schüchternheit zu beobachten, einer Eigenschaft, die recht oft bei Kurzsichtigen anzutreffen ist.

Eine starke, wiederkehrende Emotion erzeugt *muskuläre Anspannung*, welche sich im Körper in lokalisierbaren Blockierungen niederschlagen kann. Bei Kurzsichtigkeit nistet sich diese Blockierung auf der Ebene der Augenmuskeln ein und behindert ihr reibungsloses Funktionieren. In gewisser Hinsicht ist es – um es an einem Beispiel zu veranschaulichen –, als ob wir mit ständig verkrampften Fingern und Händen Klavier spielen wollten. Der Sehprozess funktioniert nur, wie bereits dargelegt, wenn die Augenmuskeln perfekt zusammenarbeiten. Daher ist leicht nachvollziehbar, wie eine klare und perfekte Sicht mehr oder weniger von einer Anspannung im Augenbereich beeinträchtigt wird.

> Ein Kurzsichtiger wird im Regelfall einen eher scheuen und zurückhaltenden Charakter entwickeln – in gewisser Hinsicht einen „kurzsichtigen" Charakter.

Es ist ernorm wichtig, die emotionale Komponente der Kurzsichtigkeit anzusprechen: Wer die Kurzsichtigkeit reduziert oder vollständig überwunden hat, wird auch *positive* charakterliche Veränderungen an sich feststellen und leichter mit seiner Umwelt in Kontakt treten können.

Wenn Sie es schaffen, nach und nach über Ihre Kurzsichtigkeit hinauszublicken, werden Sie merken, wie sich auch die Tendenz zum kurzsichtigen Handeln im täglichen Leben legt. Sie werden ein größeres Verlangen danach entwickeln, sich mit Ihren Mitmenschen zu konfrontieren und deren Persönlichkeit näher zu betrachten. Sie werden mehr soziale Kontakte pflegen. Kein anderes Organ verbindet uns so sehr mit der Umwelt und den in ihr lebenden Menschen wie das Auge. Die Verbesserung seiner Funktionalität und Effizienz haben Folgen emotionaler, persönlicher und sozialer Art, denn das Auge ist nicht nur ein Organ der Wahrnehmung, sondern auch der *Interaktion.*

Wie mit PVS aus einem kurzsichtigen ein sicherer Blick wird

Es besteht ein großer Unterschied zwischen einem Blick, der „ins Leere" geht und einem Blick, der sich auf einen Gegenstand, einen Punkt oder auf ein menschliches Gegenüber konzentriert.

Jeder Kurzsichtige kennt eine Grenze, bei deren Überschreitung er nur noch verschwommen sieht oder gar nichts mehr erkennt. Ab dieser Grenze ist sein Blick in eine Richtung gewandt, er fixiert jedoch nicht. Daraus könnte man folgern, dass der Kurzsichtige „unentschlossen und machtlos" dreinblickt, da er schlicht nicht weiß, was er eigentlich fixieren soll.

Sehr oft ist Kurzsichtigkeit mit einem gewissen Grad des Ungleichgewichts zwischen Kraft und Flexibilität der Augenmuskeln verbunden und gipfelt nicht selten in mehr oder weniger starkem Schielen. Eine solche Asymmetrie hat Einfluss auf das Gleichgewicht der Brechkraft sowie auf die Fähigkeit, jeden beliebigen Punkt mit ruhigem und entschlossenem Blick zu fixieren. Trainiert man die

Augenmuskeln statisch auf das Fixieren der äußersten Punkte des Gesichtsfelds, erhöht sich die Fähigkeit des symmetrischen Fixierens. Das Training wirkt sich nicht nur positiv auf die Sehstärke aus, sondern ermöglicht auch einen sicheren und konzentrierten Blick.

Einen kräftigen und leistungsstarken Menschen erkennt man an seiner Muskulatur. Die Körpermuskeln sind sichtbar, sodass wir auf einen Blick feststellen können, wie es um die Kraft eines Menschen bestellt ist. Wie drückt sich aber die Kraft der Augenmuskeln aus, wenn diese nicht auf dem Augapfel sichtbar sind?

Hierauf gibt es zwei Antworten: in der Fähigkeit, das Gesehene scharf einzustellen und in der Fähigkeit, einen Punkt zu fixieren und den Blick konzentriert darauf zu richten.

Diese Fähigkeiten *können* in *bemerkenswertem* Maße mit dem *spezifischen* Training der Augenmuskeln nach *Power Vision System®* entwickelt werden.

Das Geheimnis um Kraft und Stärke des Blickes besteht darin, das Fixieren eines Punktes bei maximaler Sichtweite der Augen zu trainieren; dabei werden kreisförmige und symmetrische Bewegungen mit dem Kopf ausgeführt.

Auf diese Weise finden die Augen zur Symmetrie zurück und die Konzentrationsfähigkeit beim Fixieren steigt.

Warum die Atmung eine große Rolle spielt

Hinter der Atmung, die zu den selbstverständlichsten und automatischsten aller Körperfunktionen gehört, verbirgt sich wohl eines der größten Geheimnisse des menschlichen Daseins, der körperlichen, geistigen, emotionalen und therapeutischen Möglichkeiten.

Zu diesem faszinierenden Thema gibt es zahlreiche fundierte Schriftstücke, sowohl von „Erleuchteten" östlicher Religionen als auch von Koryphäen der westlichen Wissenschaft.

„Wenn der Weise auf den Mond zeigt, schaut der Törichte auf den Finger." Chinesisches Sprichwort

In Bezug auf die Atmung scheint sich der Mensch nach genau diesem Prinzip zu verhalten: Sie ist zu komplex, als dass er sie in ihrer Ganzheit erfassen könnte. Die Atmung stellt die wohl am meisten unterschätzte Körperfunktion aller Zeiten dar.

Das bisher Gesagte findet nicht nur in den Heiligen Schriften sämtlicher Religionen Bestätigung, sondern auch – und das immer deutlicher – in der modernen Wissenschaft. Man denke nur an die immer größere Bedeutung, die den emotionalen Faktoren eines Individuums zuerkannt wird. Die Gefühle, die im Laufe des Lebens wiederholt durchlebt werden, haben einen enormen Einfluss auf Körper, Geist und Seele.

Die Atmung wird stark von seelischen Belangen beeinflusst. Aus diesem Grund ist es unerlässlich, die Funktionalität unserer Sehorgane in Verbindung mit dem Phänomen Atmung zu betrachten. (Siehe vor allem nächstes Kapitel.)

Die Fähigkeit zu sehen geht weit über die körperliche Gesundheit des Organs hinaus. Sie hängt mit dem *Sehen-Wollen* aus emotionaler Sicht zusammen und ist auch unter dem Gesichtspunkt eventueller Somatisationen von unterdrückten und nie zum Ausdruck gebrachten Gefühlen (Angst, Anspannung usw.) eines Menschen zu betrachten.

Die Augen, die schon immer als die Fenster der Seele bezeichnet werden, was uns die Bioenergetik auch zeigt, sind demnach die sensibelsten Instrumente, durch die Gefühle zum Ausdruck kommen: Mehr als gebündeltes Licht und Abbildungen, mehr als Farbe, Raum und Form werden bei der Wahrnehmung eines Objekts „in Empfang genommen". Der emotionale Reichtum bestimmter Bilder und Gefühle kann die Wahrnehmung mit der Zeit verändern. Man stelle sich hier nur die vor Angst „aufgerissenen Augen" eines Kindes vor, das damit auf den strengen Blick der Mutter oder der Lehrerin reagiert.

Diese Augenstellung kann langfristig „einfrieren" und den Augapfel verformen, was in der Mehrzahl der Fälle zu Kurzsichtigkeit führt. Dahinter steckt der unbewusste Wunsch, das Bild aus der persönlichen Wahrnehmung auszuklammern, es einfach gar nicht erst zu sehen.

Wenn diese Annahme für die Sehfunktionen gilt, kann man sich ausmalen, wie viele unterschwellige Verletzungen die meisten Menschen Tag für Tag erleiden, die schließlich in den unterschiedlichsten Krankheiten zum Ausdruck kommen.

Atmung und psychosomatisches Gleichgewicht

Welchen Einfluss hat nun die Atmung auf unsere Augen? Jede Gefühlsregung wirkt sich auf das Nervensystem aus und ruft so eine Menge physiologischer Veränderungen hervor wie ansteigenden Blutdruck, Herzrhythmusstörungen, Verengung oder Erweiterung der Pupille, unregelmäßige Lungenventilation. Die Selbstregulation des Organismus und das psychosomatische Gleichgewicht können starke Veränderungen erfahren: Wenn der Körper auch geneigt ist, nach einer Reizeinwirkung zu innerem Gleichgewicht zurückzufinden, kann ein Übermaß an Reizen zu chronischem „Bereitschaftsdienst" und damit zu psychosomatischem Stress führen.

Eine korrekte und tiefe Atmung ist das natürlichste und wohl effektivste Mittel, um Körper, Geist und Seele in einen Zustand inneren Gleichgewichts zurückzuführen.

Fast jeder Mensch nimmt fälschlicherweise an, korrekt zu atmen, „so, wie er's halt immer schon getan hat". Aber dabei ist ihm nicht bewusst, dass er durch seine meist verspannte Körperhaltung eine Art Rüstung mit herumschleppt, die eine freie Atmung gar nicht zulässt. Diese Rüstung ist fest und besteht aus alten, auf den Körper übertragenen emotionalen Lasten.

Beginnt man nun wieder aus voller Lunge und bei vollem Bewusstsein zu atmen, wird man in jeder Hinsicht zu neuem Leben erweckt. Hierher rührt auch der Name wichtiger westlicher Schulen zur Blockadelösung bei der Atmung: *Rebirthing* und *Vivation.*

Fließend und natürlich atmen zu lernen löst Blockaden, erleichtert die Überwindung von Hemmungen und führt zu tiefgreifenden positiven Veränderungen der Persönlichkeit. Das Erlernen der Atmung kann durchaus mit dem Erlernen eines Instruments, wie zum Beispiel des Klaviers, verglichen werden, mit dem Ziel, den eigenen Atem auf der Welle höchster Inspiration „erklingen zu lassen".

Ich empfehle dem Leser wärmstens, das Thema Atmung durch die Lektüre spezifischer Literatur als auch durch Selbsterfahrung (zum Beispiel *Rebirthing, Vivation* und *Pranayama Yoga*) zu vertiefen.

Kreisatmen

Unter den unzähligen Yoga-Atemtechniken empfehle ich das Erlernen und Praktizieren des sogenannten Kreisatmens, so wie es bei *Rebirthing* und *Vivation* gelehrt wird: Die Atmung fließt kontinuierlich und ohne Pause zwischen Ein- und Ausatmen. Wer diese Übung regelmäßig durchführt, wird die außergewöhnliche Kraft der Atmung erleben und wird spüren, wie die eigene Lebensenergie sich frei entwickeln kann.

Wie halte ich meinen Körper im Gleichgewicht?

Wenn der Organismus sich in einem Zustand des Gleichgewichts befindet, arbeitet er bei größtmöglicher Effizienz. Jegliche Einflussnahme auf diesen Zustand psycho-physischen Gleichgewichts wirkt auf die unterschiedlichen Systeme des Körpers ein (zum Beispiel die Herzkranzgefäße oder das neurovegetative und endokrine System), und der Organismus reagiert mit mehr oder weniger offensichtlichen

Antworten. Sämtliche Reize führen langfristig zu einer Anpassung oder zu einer negativen Überlastung.

Jeder Mensch verfügt über eine individuelle Toleranzgrenze. Identifiziert der Organismus einen übermäßig starken Reiz, stört dieser den Zustand physiologischen Gleichgewichts. Die Augen sind diejenigen Organe, welche am meisten unter einem solchen Ungleichgewicht leiden. Das macht sich dadurch bemerkbar, dass sie nicht mehr so gut funktionieren. Es ist wie gesagt kein Zufall, dass die Augen der Spiegel der Seele sind.

Diese Feststellung gründet auf zwei physiologischen Tatsachen: Die erste besteht darin, dass der Ziliarmuskel ein glatter Muskel ist und im Gegensatz zu den quergestreiften Muskeln nicht willkürlich kontrahiert werden kann. Glatte Muskeln sind durch den Einfluss des Nervensystems gekennzeichnet. Jede Veränderung im Nervensystem, die unmäßige Aufregung produziert, verursacht Stress. Oft überträgt sich dieser Stress auf den Ziliarmuskel, der sich nicht mehr entspannen und damit Abbildungen nicht korrekt fokussieren kann. Dieser Zustand eines krampfartig zusammengezogenen Ziliarmuskels, der eine kontinuierliche Akkommodation mit sich bringt, wird offiziell als Ursache der Kurzsichtigkeit angesehen. Daraus lässt sich ableiten, dass jeder Umstand, der nervöser und physiologischer Überlastung gegensteuert, sich positiv auf die Sehkraft auswirkt.

Die zweite physiologische Tatsache beruht darauf, dass die Reize, die auf das Nervensystem ausgeübt werden, sich auch auf den Zustand chronischer Kontraktion der quergestreiften Skelettmuskeln auswirken, im Besonderen der Muskeln um den Augapfel. Diese übermäßige Anspannung der Muskeln, hervorgerufen durch wiederkehrende Stresssituationen, führt langfristig zu einer Verformung des Augapfels und damit zu einem Fehler beim Fokussieren.

Ist man sich der Wichtigkeit des physiologischen Gleichgewichts bewusst, ergibt sich die Frage: Wie halte ich die Selbstregulation des Organismus aufrecht? Im Folgenden werden die wichtigsten Hinweise hierzu aufgelistet:

So bringen Sie Ihren Körper ins Gleichgewicht:

1. Achten Sie auf eine ausgewogene Ernährung und meiden Sie Lebensmittel, die die Stoffwechselrate anheben, wie etwa Einfachzucker mit hohem glykämischem Index (zum Beispiel raffinierter Zucker, Süßigkeiten).
2. Meiden Sie anregende Getränke wie Tee und Kaffee weitgehend.
3. Schränken Sie den Genuss von Alkohol ein.
4. Unterstützen Sie Körper und Geist dabei, ein Übermaß an Stress zu vermeiden. Hierbei helfen Entspannungstechniken sowie Techniken, die emotionale Blockaden auflösen: zum Beispiel Atemübungen (nach *Rebirthing, Vivation, Pranayama Yoga*), allgemeines Körpertraining (vor allem in der Art von Aerobic), Progressive Muskelentspannung (nach Jacobson), Autogenes Training (nach Schultz), Yoga und Meditation. (Im Zusammenhang mit Meditation empfehle ich die Lektüre der Studie über transzendentale Meditation von Holt, Caruso und Riley aus dem Jahr 1978)

Es gibt unzählige Arten, zur Entspannung zu kommen, und im Allgemeinen hat all das, was sich positiv auf das Nervensystem auswirkt, einen Nutzen für das angestrebte Ziel der Entspannung. Folglich sind auch Massagen und Spaziergänge im Grünen oder am Wasser entlang dazu geeignet, das innere Gleichgewicht zu erhalten.

Den Blick weiten und das Sehvermögen stärken

Wer seine Sehkraft verbessern will, muss bei der inneren Wahrnehmung anfangen, das heißt zunächst sein Innerstes stärken und daran glauben, dass Veränderungen möglich sind. Die eigene Welt, die eigenen Horizonte spiegeln das wider, was wir im Innersten für möglich halten: persönliche Beziehungen, berufliche Verwirklichung, materieller Wohlstand und die eigene Gesundheit. Das Sehvermögen stellt hier keine Ausnahme dar; in Wirklichkeit gibt es die Wahrnehmung unserer inneren Grenzen wieder. Alle Leser dieses Buches, die diesen anderen Ansatz der Selbstheilung nicht von vornherein abtun, eröffnen sich selbst die Möglichkeit, die von der Gesellschaft vorgegebenen Grenzen zu überschreiten.

Akademische Autoritäten leisten mit ihren wissenschaftlichen Lehrsätzen ihren Beitrag zu der weit verbreiteten und allgemein anerkannten Meinung, dass wenig bis nichts zur Verbesserung der Sehkraft getan werden kann. Als einzige Lösung gilt das Tragen von Glasprothesen, als ob sie ein Modemerkmal der heutigen Zeit seien.

Wer spürt, dass es über die herrschende Meinung hinaus noch „etwas anderes" für Augen und Wahrnehmung geben könnte, befindet sich schon auf dem Weg dahin, solchen Therapien den Rücken zu kehren, die das Symptom und nicht die Ursache bekämpfen. Hat man einmal damit begonnen, die Techniken von *Power Vision System®* anzuwenden, verbessert sich nicht nur die Fokussierfähigkeit: Auch die inneren Horizonte weiten sich und wir gehen anders mit unseren Mitmenschen um. Diese Möglichkeit, gleichzeitig die Scharfstellung und die innere Wahrnehmung zu verbessern, steht und fällt mit unserem Glauben an sie. Wir müssen daher den Willen aufbringen, uns über die gegenwärtig herrschende, kurzsichtige Meinung hinwegzusetzen. Jede menschliche Errungenschaft, von wissenschaftlichen bis hin zu spirituellen Erkenntnissen, wurde von jenen Pionieren erlangt, die den Schritt über die von der Gesellschaft gezogenen Grenzen wagten und das Risiko eingingen, die Sicherheiten und Lehrsätze der allgemein anerkannten Meinung zu untergraben.

Der eigentliche Zweck von *PVS* ist der, jedem die Chance zu geben, nicht nur die Schönheit einer Landschaft und den Gruß eines

Freundes in der Ferne zu erkennen, sondern genauso die innere Wahrnehmung zu erweitern.

Wo liegen meine Grenzen, wenn ich es erst einmal geschafft habe, meine Sehkraft zu verbessern und zu stärken, indem ich mich über all die Vorurteile zu diesem Thema hinweg gesetzt habe? Mit welcher Einstellung werde ich die nächste Unternehmung starten, in dem Bewusstsein, dass es Grenzen nur da gibt, wo sie hingenommen werden? Welches sind eigentlich die wahren Grenzen menschlicher Entfaltung? Es liegt an uns, den Glauben an Verbesserungen nicht zu verlieren, damit neue Horizonte der Wahrnehmung und des Lebens sich vor uns öffnen können.

Tränen der Genesung: wie Weinen heilt

Die Augen sind Organe der Wahrnehmung und der visuellen Interaktion. Ihre Bedeutung geht über das reine Sehen hinaus. Unser Blick ist der Hauptkanal, über den wir mit der Welt in Verbindung treten. Und von den Augen hängt ein Großteil unserer Kommunikations- und Sozialisierungsfähigkeit ab. Der Mund kann lügen, die Augen nicht. Je reiner und lebendiger sie sind, desto besser drücken sie die Intensität unausgesprochener Gefühle aus. Hat man sich einmal bewusst gemacht, welche Kraft Gefühlsregungen zukommt, und wie sie in der Lage sind, Neues zu schaffen und auch Bestehendes zu zerstören, leuchtet ein, dass es ganz wichtig ist, diesen Organen der sinnlichen Wahrnehmung ihre ursprünglichste Ausdrucksmöglichkeit nicht zu verwehren. Die Augen eines lebendigen und offenherzigen Wesens sind ruhig und entspannt, wie ein Wasserspiegel, der die Bilder reflektieren kann. Diese Eigenschaft findet sich bei Kindern, die noch nicht in die Fänge sozialer Konventionen geraten sind und sich nicht unter den Erwartungsdruck stellen zu gefallen. Das Kind wächst heran und nach und nach gliedert es sich in eine Gesellschaft ein, in der der Bedeutung von Gefühlen und dem Ausdruck derselben eine untergeordnete Rolle zugewiesen wird. Stattdessen lernt es, dass das blinde Nachahmen von Regeln und sozialen Konventionen über „richtig" und „falsch" sowie „das gehört sich" und „das gehört sich nicht" zu mehr Erfolg führt. Schnell verliert das Individuum hier den Blick für die innere Wirklichkeit, den Blick dafür, wie es menschlich wirklich wachsen könnte; zu sehr ist es mit Konventionen, Pflichten, wettbewerbsträchtigen Zielen beschäftigt, die es ihm erlauben sozial aufzusteigen und zu konsumieren. Der sozial eingegliederte Mensch verliert sich selbst und die persönliche Entwicklung buchstäblich aus den Augen. Sein Leben erscheint ihm richtig, weil es den Konventionen und Erwartungen entspricht, die die Gesellschaft, in die er hineingeboren wurde, ihm aufgebürdet hat.

Zu oft lebt ein Mensch das Leben der anderen und stellt die eigentlichen Bedürfnisse, die ihn persönlich ausmachen, hintan.

Solch eine Spaltung der Bedürfnisse des kurzlebigen sozialen Ichs und denen des realen tiefgründigen Selbst belastet langfristig das emotionale, psychische und physische Wohlbefinden. Diese Negativentwicklung kann sich oberflächlich durch unterschwellige Unzufriedenheit bemerkbar machen, die sich durch ein bequemes und scheinbar erfolgreiches Leben schlängelt. Sie kann sich konkreter in Form einer organischen Schwäche äußern, die sich langfristig in einer Krankheit niederschlägt.

Für viele sind die Augen das schwächste Glied in der Kette dieser Spaltung zwischen dem sozialen Ich und dem höheren Selbst. Sie sind die ersten, die den Kontakt zur Welt verlieren und sich in einen die Sicht vernebelnden Mantel hüllen. Der Nebel um die Augen legt den unbewussten Wunsch nach einer Abkehr von der Wirklichkeit offen, die nicht als die eigene angesehen wird. Diese Abkehr verhärtet die Augen, und ihre Ausdrucksfähigkeit und die Fähigkeit, sich sozial einzubringen, wird stark beeinträchtigt. Es wird immer schwieriger, Emotionen zu zeigen, da sie sich hinter einem harten und scheinbar zufriedenen Gesichtsausdruck verbergen. Der Einzelne schließt unbewusst mit der Welt und den tiefsten Erwartungen und

Wünschen des Selbst ab. Mit einem Schleier vor den Augen findet er sich in der Isolation wieder, ist bedrückt und vom Rest der Welt abgeschnitten. Den Augen ist es in dem Stadium nicht möglich, differenziert wahrzunehmen und sich auszudrücken: Sie verhärten sich immer mehr und übertragen diese Trennung vom Selbst und die Abwendung von der sie umgebenden Welt auf den Körper.

Der Mensch verlernt das Weinen, verlernt Kontakt aufzunehmen mit dem innersten Teil seiner selbst, der alles sieht, wahrnimmt und spürt, der jedoch niedrig gehalten und beinahe erstickt wird von einer Persönlichkeit, die sich von Konventionen und sozialen Erwartungen verwirren und formen ließ. Weinen könnte hier zu einer Neugeburt der Persönlichkeit verhelfen und zu einer höheren inneren und visuellen Wahrnehmung führen. Jede vergossene Träne, die zuvor versteckt und hinuntergeschluckt worden war, ließe neues inneres Leben entspringen und damit den Umgang mit sich und der Umwelt leichter gestalten. Als bräche man einen Damm vor einem vor Gefühlen tosenden Fluss, kann Weinen dem Menschen einen Zustand des Zugehörigkeitsgefühls, der Freude und des Wohlseins bescheren, wie er ihn vielleicht nie zuvor erlebt hat. Freude und Wohlsein lösen energetische Blockaden der Sehorgane, sodass diese wieder sehen und wahrnehmen.

Weiche Augen und ein lebendiger Blick sind das Ergebnis innerer Transparenz, die sich im Sehvermögen reflektiert. Ohne auf die echten eigenen Gefühle, Wünsche und Erwartungen einzugehen, die in dem stillen Winkel hinter den Augen verborgen sind und darauf warten, erkannt zu werden, können die Augen nicht gesunden. Weinen ist eines der exzellentesten Heilmittel der Augen, da es unmittelbar auf die Vereinsamungs- und Verwirrungsgefühle einwirkt, die im Lauf der Zeit eine vernebelte, vom eigenen Ich und der Welt abgetrennte Sicht auslösten.

Teil IV

Power Vision System® und weitere unkonventionelle Augentherapien

Kapitel 10
Unkonventionelle Augentherapien

Die Bates-Methode

Spricht man über unkonventionelle Augentherapien, ist das Werk von William Horatio Bates nicht wegzudenken. Der New Yorker Augenarzt hat seine Methode des alternativen Sehtrainings in der ersten Hälfte des 20. Jahrhunderts entwickelt. Er widmete einen Großteil seiner Arbeit dem Experimentieren an Patienten mit Sehfehlern und suchte dabei nach natürlichen Heilmethoden. Er wandte sich gegen konventionelle Heil- und Korrekturmethoden zur Behandlung von Brechungsfehlern, wie dem Gebrauch und Missbrauch von Sehhilfen, und er erklärte Stress und Muskelanspannung zur Hauptursache solcher Sehstörungen. (Genauere Ausführungen hierzu finden Sie im Abschnitt „Mentaler Stress und Entspannung der Augen" in Kapitel 8.)

Funktioniert die Methode von Bates?

Die Bates-Methode stellt mit ihren diversen Übungen die Grundlage für vom Mainstream abweichende Augentherapien dar, doch kann sie nach meiner persönlichen Erfahrung schnellere und stabilere Fortschritte bringen, wenn sie mit dem von mir entwickelten Sehtraining kombiniert wird. Diese Feststellung beruht auf der Tatsache, dass die Methode nach Bates sich voll und ganz auf die Entspannung der Augenmuskeln konzentriert und nicht auf deren Training.

Zum besseren Verständnis sollen hier ein paar einfache physiologische Zusammenhänge erklärt werden: Ein durch Nichtgebrauch oder Missbrauch geschwächter Muskel ist unelastisch und toleriert Stress schlechter als ein gesunder, kräftiger Muskel. Die Übungen nach Bates (Palmieren, Schwingen usw.) zielen hauptsächlich darauf ab, chronische Muskelanspannungen zu lösen, aber sie können Kraft, Flexibilität, Widerstandsfähigkeit und Koordination der Augenmuskulatur nicht direkt beeinflussen. Diese Übungen verbessern zwar gewissermaßen die Sehkraft durch die nachlassende Anspannung der Augen, können jedoch keine grundlegenden Veränderungen garantieren, wie es das sehr viel intensivere Training mit Übungslinsen und die verschiedenen Fixations- und Dehnungsübungen tun.

Jeder Arzt oder Trainer weiß, dass es beim Muskelaufbau auf die *Intensität* ankommt, denn nur so kann ein *effektiver* Trainingsreiz geschaffen werden, der zu einer Anpassung und damit zu größerer Funktionalität des Sehorgans führt. Unter dem Gesichtspunkt stößt die Bates-Methode an ihre Grenzen. Zweifelsohne ergänzen sich die Entspannungsübungen nach Bates und die Übungen des Muskel- und Fokussiertrainings zu einem vollständigen und effektiven Rehabilitierungsprogramm.

Biofeedback: der *Accommotrac® Vision Trainer*

Viele Körperfunktionen, die vom Nervensystem geregelt werden, bedienen sich einer Art Servomechanik, um in unterschiedlichen Situationen flexibel reagieren zu können. Darauf beruft sich die Technik des Biofeedbacks: Seit langem wird sie dazu verwendet, dem Patienten eine gewisse Kontrolle über seine organischen Funktionen zu ermöglichen, welche normalerweise unwillkürlich ablaufen. Ausgehend von diesen Betrachtungen ist eine Technik entwickelt worden (Trachtman 1981, 1978, 1986), anhand derer der Patient seine

Akkommodationsfunktion kontrollieren kann: Der sogenannte *Accommotrac® Vision Trainer* besteht aus einem Gehäuse, einer digitalen Anzeige, einem Oszilloskop zur Aufzeichnung von Schwingungen und einigen Schaltknöpfen. Das Gerät funktioniert nach dem Schema „Versuch/Fehler/akustisch-visuelles Feedback". Letztendlich geht es darum, langfristig die Kontrolle über das eigene Fokussieren zu erlangen und dadurch das Sehvermögen zu verbessern.

Das System funktioniert zweifelsohne und basiert auf der wissenschaftlichen Wahrheit des Biofeedbacks. Ich selbst habe zwanzig Sitzungen an diesem Gerät erlebt und kann aus eigener Erfahrung bestätigen, dass am Ende jeder Sitzung Verbesserungen zu spüren waren. Leider verloren sie jedoch kurze Zeit nach der Sitzung ihre Wirksamkeit.

Die Verbesserungen waren in meinem Fall nur vorübergehend, weil der *Accommotrac* den kurzsichtigen Sehapparat zwar dahin trainiert, die Überakkommodation loszulassen, das heißt den Ziliarmuskel zu entspannen, *nicht* aber direkt auf die Rehabilitierung des Augapfels einwirkt, der von den angespannten äußeren Augenmuskeln verformt worden ist.

Das Wiederherstellen des Gleichgewichts der äußeren Augenmuskeln kann nur durch das *Trainieren* derselben erreicht werden. Das Training mit dem *Accommotrac* sieht zentrales Fixieren bei dauerhaft geradeaus gerichtetem Blick vor. Das ist den Prinzipien meines Augentrainings entgegengesetzt, bei dem mit dem größtmöglichen Bewegungsradius der Augen gearbeitet wird.

Ganz sicher würde man mit dem *Accommotrac* bessere Resultate erreichen, wenn diese Technik mit den *PVS*-Übungen verbunden würde: Starke und flexible Muskeln können dynamischer, entspannter und präziser arbeiten.

Die Methoden im Vergleich

Alle alternativen Sehtherapien, ganz egal, ob es sich um die Bates-Methode, *Power Vision System®*, Biofeedback oder etwas anderes handelt, haben als Ziel das gesunde Auge im Blick.

Die Schlüsselbegriffe dieser Methoden sind Training und Anpassung. Um eine physiologische Anpassung zu erreichen (im Fall eines funktionellen Brechungsfehlers den Rückgang dieses Fehlers) bedarf es eines direkten und spezifischen Reizes, der auf das jeweilige Organ wirkt (hier die Augen).

Mit anderen Worten: Wer die Methode nach Bates anwendet, wird auf eine Entspannung des Nervensystems hinarbeiten und die äußeren Augenmuskeln durch spezielle Übungen regenerieren. Auch *PVS* wirkt über spezifische Lasten und Reize, wobei unter Ausnutzung des maximalen Bewegungsradius mit Pluslinsen für Kurzsichtige und Minuslinsen für Weitsichtige gearbeitet wird. Die Technik des Biofeedbacks wiederum hat das Ziel, die Akkommodation zu regulieren und bewusst auf einen Prozess einzuwirken, der normalerweise automatisch und unbewusst abläuft.

- Unabdingbar für das Gelingen dieser Methoden ist die Trainingslast, das heißt der spezifische Reiz, der es dem Organ erlaubt, sich anzupassen.
- Ohne einen spezifischen Reiz findet keine Anpassung statt.

Rasterbrillen: ein Zaubertrick

Ein weiteres therapeutisches Mittel alternativer Augenschulen ist die Rasterbrille. Diese Brillen haben anstelle von Gläsern eine undurchsichtige Scheibe mit vielen kleinen Löchern. Es gibt mehrere

Bezeichnungen für diese Art Brillen: Rasterbrillen, Lochbrillen, Gitterbrillen, stenopäische Brillen usw.

Das Punktraster sorgt dafür, dass der einfallende Lichtstrahl bereits vor dem Auge gebündelt und ausgerichtet wird und so auf die Netzhautmitte tritt. Auf diese Weise soll die Scharfstellung verbessert werden. Das Problem hierbei ist jedoch, dass die Verbesserung nur so lange besteht, wie die Brille getragen wird. Setzt man sie ab, ist man am selben Punkt wie vorher und hat keinerlei Erfolg bezüglich der Scharfstellung erreicht. Ich wiederhole also, dass es ohne einen spezifischen Reiz nicht zu einer Anpassung kommen kann.

Welche Art von Reiz produzieren diese Brillen langfristig?

1. Sieht man nach Abnehmen der Brille besser, da das Punktraster zu schärferem Sehen angeregt hat (wie etwa beim Fokussiertraining mit Übungslinsen)?
2. Werden die äußeren Augenmuskeln zu einer Art Gymnastik angeregt, indem das Auge versucht, genau durch die Löcher der Rasterbrille zu schauen?

Das ist eher unwahrscheinlich, da diese Annahmen in Gegensatz stehen zum Prinzip des aktiven Muskeltrainings, bei dem der Blick bis an die äußersten Grenzen des Gesichtsfeldes reicht und so die volle Funktionalität der Augen mit den Elementen Kraft, Flexibilität und Koordination wiedererlangt wird. Das kann mit keiner Brille, auch nicht mit Rasterbrillen, erreicht werden.

Die wichtigsten Punkte, die zum Thema Rasterbrille zu beachten sind, sind folgende:

1. Das Tragen einer Rasterbrille begleitet das Fokussieren mit keinerlei Trainingslast, das heißt es wird keine oder höchstens eine minimale Anpassung angeregt, die mit Absetzen der Brille ihre Wirksamkeit verliert.
2. Das Sehvermögen kann mit der Rasterbrille nicht verbessert werden, da sie den Blick und die Beweglichkeit der Augen genauso einschränkt wie jede andere Brille.

Jedes Mal, wenn ich einen Verkäufer solcher Brillen nach Informationen gefragt habe, die belegen sollten, dass ihr Gebrauch eine Anpassung der Augen mit sich bringt, bekam ich ausweichende und wenig glaubwürdige Antworten.

Ich glaube nicht an die heilenden Fähigkeiten dieser Brillen, die auch eine Form der Abhängigkeit für das Sehorgan bedeuten. Was abhängig macht, kann nicht heilsam sein. Der Einsatz von Übungslinsen bei *PVS* ist insoweit gerechtfertigt, als dass diese gezielt auf den jeweiligen Brechungsfehler einwirken und ihn möglicherweise vollständig aus dem Weg räumen. Ich rate all denjenigen, die ihre Fokussierfähigkeit verbessern wollen, sich von einfachen Lösungen und Eingriffen zu entfernen und Verantwortung zu übernehmen für den eigenen Sehfehler. An dieser Stelle möchte ich wiederholen, dass das Sehtraining viel Motivation und Geduld kostet. Ich bin bereit, die Methode der Rasterbrille als möglichen Ansatz noch einmal in Betracht zu ziehen, wenn mir überzeugende Argumente ob deren Nützlichkeit geliefert werden, das heißt wenn sie eine dauerhafte Anpassung des visuellen Systems ermöglichen.

Alles, was ein Mensch braucht, um sein Leben auf der Erde zu leben, wurde ihm im Überfluss zur Verfügung gestellt. Brillen sind nicht notwendig, und schon gar keine Rasterbrillen.

Kapitel 11

Ein neuer Ansatz im Umgang mit Sehfehlern

Wie jeder Verantwortung für seine Augen übernehmen kann

„Die wirksamste Medizin ist die natürliche Heilkraft, die im Inneren eines jeden von uns liegt."

Hippokrates (460–370 v. Chr.)

Für eine natürliche Heilung von Brechungsfehlern ist es zunächst einmal wichtig, sich darüber im Klaren zu sein, dass man selbst sehr viel dazu beitragen kann. Die eigene Verantwortung gegenüber der eigenen Gesundheit spielt in unserer Gesellschaft oft noch eine zu geringe Rolle. Es sollte doch eigentlich selbstverständlich sein, dass man mehr Gewicht auf die Vorbeugung als auf die Heilung von Krankheiten legt.

Allgemein wird davon ausgegangen, dass Krankheit unabhängig vom Willen des Patienten „geschieht". Dabei könnte man durch das Einhalten einfacher Spielregeln (richtige Ernährung, körperliche Betätigung, hinreichende Versorgung mit Vitaminen, Verringerung von Stress) nicht nur zu einer Verminderung psychosomatischer Krankheiten beitragen (wie Brechungsfehler), sondern auch das individuelle Wohlbefinden und die Lebensqualität anheben. Mit diesem Verständnis ist Gesundheit nicht einfach die Abwesenheit von

Krankheit, sondern ein Zustand, bei dem Körper, Geist und Seele im Gleichgewicht stehen. So kann Gesundheit der Schlüssel zu besserem Wohlbefinden sein, indem wir kreativ sind und in regem Austausch mit unserer Umgebung stehen.

Jeder einzelne trägt die Verantwortung, einen gesunden Lebensstil für sich zu wählen. Es ist wichtig, sich bewusst zu machen, dass Gesundheit nicht im Handumdrehen mit einer Pille (oder einer Brille) erreicht wird, denn das Symptom ist nur die Spitze des Eisbergs eines Ungleichgewichts des Organismus. Die Vorzüge einer ganzheitlichen Methode der Gesundung gehen weit über das Verschwinden des Symptoms hinaus: Durch die Beseitigung der Ursachen des Ungleichgewichts und das Rehabilitieren und Stabilisieren der Organe und Körperfunktionen – in unserem Fall durch das Augentraining –, erlebt der Mensch eine Art Neugeburt und nimmt die Welt in einem neuen Bewusstsein wahr. Diese Veränderungen in der Wahrnehmung können je nach Sensibilität des Einzelnen auch unbewusst ablaufen.

Die Erkenntnis, dass der Einzelne auf seinen Lebensstil, seine Gesundheit und sein Wohlbefinden direkt einwirken kann, ist der Ausgangspunkt für eine neue Medizin, die sich nicht darauf beschränkt, das Symptom zu bekämpfen, sondern die den Menschen vielmehr in seiner Ganzheit betrachtet und heilt. Diese Erkenntnis könnte die Gesellschaft erneuern: eine Gesellschaft, die nicht nur körperlich gesund ist, sondern kreativ und vital unter sämtlichen Gesichtspunkten.

Worauf warten wir noch? Heilmethoden für Brechungsfehler auf den Zahn gefühlt

Wie lange sollen die offensichtlichen Gründe für die Entstehung von Kurzsichtigkeit von „offizieller" Seite noch ignoriert werden? Bis diese Krankheit als Produkt unserer Gesellschaft tatsächlich epidemische Ausmaße angenommen hat? Wie lange sollen noch unbegrenzt Sehhilfen verschrieben werden, ohne den Patienten zu informieren, welche Möglichkeiten er selbst hat, mit einfachen Methoden einem Fortschreiten der Kurzsichtigkeit gegenzusteuern beziehungsweise zu verhindern, dass er überhaupt erst kurzsichtig wird? Wie lange sollen unsere Augen, die Augen unserer Kinder und die unserer Kindeskinder noch die Konsequenzen tragen für die Ignoranz, mit der diesem Thema begegnet wird? Hinter dieser Ignoranz verbirgt sich die reine Geschäftemacherei. Einzig und allein ein Machtwort der obersten Gesundheitsbehörden und vonseiten der Politiker, die sich der Dringlichkeit des Problems bewusst sind, kann der modernen Gesellschaft hier zu einem Wendepunkt verhelfen. Oder könnte die Umwälzung der Brillenindustrie, des „Augen-Business", dadurch auf den Weg gebracht werden, dass jeder Einzelne hinreichend informiert und sensibilisiert ist und sich eigenverantwortlich um die Verbesserung und Gesunderhaltung seiner Sehkraft kümmert?

Die Aufklärung zum Thema Kurzsichtigkeit müsste folgende Inhalte berücksichtigen:

- Informationskampagnen über das Fernsehen und Printmedien, veranlasst von den zuständigen Gesundheitsbehörden.
- Verteilung von informativen Broschüren, ähnlich denen zum Thema Aids und Safer Sex.
- Finanzierung wissenschaftlicher Studien zu natürlichen Heilmethoden von Sehfehlern, die nicht zuletzt dazu dienen, je nach Grad des Brechungsfehlers standardisierte Heilpläne zu entwickeln.
- Aufbau von spezialisierten Zentren für Heilung und Prävention.
- Schaffen von Anreizen zur kostenfreien Verordnung von Pluslinsen bei Kurzsichtigkeit beziehungsweise Minuslinsen bei Weitsichtigkeit.

Trügerische Werbung der Brillenindustrie

Regelmäßig wird im Fernsehen, auf Werbeplakaten oder in Zeitschriften groß für das Brillengeschäft geworben. In Italien gibt es zum Beispiel folgende Kampagne: „Der März ist der Monat der Augen-Prävention: Kommen Sie und lassen Sie Ihre Sehschärfe gratis messen!" Da wäre ja nichts Schlechtes dabei, wenn es wirklich nur darum ginge, festzustellen, ob eine Fehlsichtigkeit besteht. Das Problem entsteht erst im Nachhinein: wenn sich nämlich jemand mit leichtesten Anzeichen von Kurzsichtigkeit (-0,25 oder -0,50 Dioptrien, im Fachjargon Pseudomyopien genannt) auf die Werbesprüche hin untersuchen lässt, und ihm sogleich eine Brille verordnet wird, die er beispielsweise beim Fernsehen grundsätzlich tragen soll – sozusagen als Erholung für die Augen. Nun, für denjenigen, der ungefähr weiß, wie Sehprozesse ablaufen und welche Schäden das kurzsichtige Auge durch das Vorsetzen von Minusgläsern erleiden kann, enthüllt sich das Ausrufen eines Präventionsmonats als ausgeklügelte List oder zumindest als öffentlich bekannt gegebenes Unwissen. Bei solch einer Pseudokurzsichtigkeit könnte der Sehfehler mit relativ geringem Aufwand korrigiert werden, und zwar mithilfe eines funktionellen Rehabilitierungsprogramms: Pluslinsen, Herabsetzung von Stress, gezielte Übungen. Stattdessen wird der Betroffene an das Tragen optischer Hilfsmittel gekettet, die mit der Zeit immer stärker ausfallen werden, da die Augen sich dem überakkommodativen Stress anpassen. Es leuchtet folglich ein, wovon das Brillengeschäft lebt:

- Von der Unwissenheit vieler Augenärzte und Optiker, die bei bestem Wissen und Gewissen wissenschaftliche Lehrsätze und Theorien verinnerlicht haben, die als unantastbar gelten und in der Geschichte der Medizin verwurzelt sind.
- Vom Fehlen einer „Kultur der Gesundheit", da der Patient die sofortige Beseitigung des Symptoms wünscht, ohne die Ursache der Krankheit zu ergründen. In unserem Fall heißt das Symptom

Kurzsichtigkeit, die als Reaktion auf einen allgemein gestressten Organismus, auf emotionale Anspannung oder Anspannung durch Arbeiten im Nahbereich entstanden ist.

- Von den Gewinnen in Milliardenhöhe, die beim Verkauf von Gläsern, Brillengestellen und Kontaktlinsen gemacht werden. Das Geheimnis des Präventionsmonats: Die Untersuchung ist gratis, die Brille muss bezahlt werden. Würde man statistisch auswerten, wie oft Brillen aus rein kommerziellen Interessen verordnet werden, erhielte man schockierende Ergebnisse.

Sogar das Kino wurde für die Brillenwerbung instrumentalisiert: Ein Werbespot, der sich zeitgleich mit dem Präventionsmonat März und dem Erscheinen der Verfilmung des Harry-Potter-Buches in den Kinos großer Beliebtheit erfreute, machte sich die Berühmtheit des Brille tragenden Protagonisten zunutze und verwendete in einem ähnlichen Kontext einen ebenso bebrillten Jüngling, der dem Harry Potter der Geschichte Joanne K. Rowlings glich wie ein Ei dem anderen. Nun, es liegt auf der Hand, welcher unterschwellige Mechanismus hier greift: Da sind einerseits die unwissenden Eltern, deren Verantwortungsgefühl für die Gesundheit ihrer Kinder wachgerufen wird und andererseits unschuldige kleine Wesen, die dem Idol nacheifern wollen!

Es ist an der Zeit, die Augen zu öffnen und zu ergründen, was die Krankheit uns sagen will. Dann können wir eine Therapie wählen, die daran geht, die Ursache zu beseitigen und nicht nur das Symptom. Dabei ist es wichtig, dass wir fest an die Selbstheilungskräfte unseres Körpers glauben.

Der individuelle Erfolg mit der neuen Methode

Persönliche Trainer oder Coachs können ihren „Schülern" Trainingsgeheimnisse und die besten Techniken zum Aufbau von Muskelmasse und der Verbesserung ihrer athletischen Leistungen verraten, doch dann liegt es am *„Schüler"*, an die Ratschläge zu *glauben* und *sie in die Tat umzusetzen*. Er wird mehrmals an den Punkt kommen, wo er am liebsten „alles hinschmeißen" würde und kurz davor ist, den Mut zu verlieren. An genau diesem Punkt wird er eine kräftige Portion *Zuversicht* und *Durchhaltevermögen* brauchen, um aus der Dunkelheit heraus zum Licht zu finden, das er sich bis zu diesem Zeitpunkt nur vorstellen kann.

Wie bei allen schwierigen Aufgaben im Leben werden die Menschen mit einem starken Charakter es packen. Diejenigen, die mit einer gehörigen Portion innerer Stärke, Glauben, Durchhaltevermögen und Willen ausgestattet sind. Diese Menschen werden sich nicht mit einfachen (und unbequemen) „Abkürzungen" wie dem Tragen einer Brille zufrieden geben, sondern ihr Bewusstsein dahingehend erweitern, dass man im Leben beinahe alles erreichen kann.

Teil V

Fragen und Antworten zu *Power Vision System®*

Bevor ich mein Buch veröffentlichte, habe ich es – in der italienischen Originalfassung – als elektronisches Buch über Internet vertrieben. Seither haben zahlreiche Leserinnen und Leser meine Methode des Augentrainings ausprobiert. Dabei tauchten viele Fragen auf, die ich per E-Mail-Zuschriften oder über das von mir eigens dafür eingerichtete Forum unter der Webadresse *www.rieducazione-visiva.com* erhielt. Ein ebensolches Forum habe ich auch für die deutschen Leserinnen und Leser eingerichtet. Die Adresse lautet: *www.visuellestraining.com.* Dort können Sie Ihre eigenen Fragen ins Forum stellen, woraufhin Sie Antworten von anderen Lesern oder von mir erhalten werden.

In diesem Kapitel gebe ich zahlreiche Fragen zusammen mit meinen Antworten wieder. Ich empfehle Ihnen nachdrücklich, dieses Kapitel zu lesen. Vielleicht finden Sie Ihre eigenen Fragen hier wieder. Oder es hilft Ihnen bei der Klärung von noch unverständlichen Details weiter. Durch die Betrachtung des Themas aus den unterschiedlichsten Perspektiven werden die einzelnen Übungen, ihre Abfolge usw. in allen Einzelheiten noch einmal sehr genau erklärt.

1) Wenn man danach geht, was hier behauptet wird, vollbringt Power Vision *Wunder. Ist das Wissenschaft oder Humbug?*

Das Trainingssystem *Power Vision System®* ist *kein* Humbug, sondern *Wissenschaft.* Diese Methode gründet sich auf das Training der (äußeren) Augenmuskeln, die wie die Bizepsmuskeln zu den quergestreiften Körpermuskeln gehören.

Auch der glatte und unwillkürlich arbeitende Ziliarmuskel, der die Linse krümmt, wird durch die Technik des Biofeedbacks mithilfe von speziellen Übungslinsen trainiert. Diese sind kostengünstig und leicht zu beschaffen. Bei dem Training spielt die Akkommodation bei Defokus eine große Rolle. Ansonsten gelten dieselben Prinzipien wie bei jedem anderen quergestreiften Körpermuskel; was abweicht, ist die praktische Anwendung.

Die Prinzipien sind folgende:

1. Trainingslast schrittweise erhöhen.
2. SAID, also die spezifische Anpassung an einen gegebenen Reiz.

2) Wer garantiert mir, dass ich mit der Methode Erfolg habe?

Diese Methode ist eine Methode und kein Zaubertrank. Wer glaubt, beim Fernsehen auf dem Sofa wundersame Verbesserungen des Gesundheitszustands zu verzeichnen, ohne auch nur ein Tröpfchen Schweiß dabei zu lassen, der sollte besser erst gar nicht damit anfangen.

Die physiologischen Grundlagen meines Trainingssystems gelten für *jeden* Einzelnen, der Probleme mit Kurz- oder Weitsichtigkeit hat. Dabei spielt das Alter *keine* Rolle. Was man mitbringen muss, ist persönlicher *Einsatz*. Wenn man zu den Menschen gehört, die *alles* im Leben wollen (Geld, Wohlbefinden, Gesundheit), ohne etwas dafür zu *investieren*, braucht man den Weg von *PVS* gar nicht erst einzuschlagen. Derjenige aber, der an die *Möglichkeit* der Veränderung *glaubt*, die einem das Leben und die Macht des Bewusstseins bietet, sollte voll der Zuversicht und Ausdauer die in diesem Buch vorgestellten Prinzipien anwenden.

3) Beim Lesetraining gelingt es mir nicht, das automatische Fokussiersystem zu aktivieren, obwohl ich den Anweisungen folge.

Hierfür kann es zwei Gründe geben: Vor allem, wenn man am Anfang des Trainings steht, sind die Augen sehr geschwächt, unelastisch und können nur schlecht koordinieren. Dieser Zustand ist das Resultat des Brilletragens, da es die Augen auf Dauer zur *Bequemlichkeit* erzieht und ihre natürliche Funktion der Scharfstellung „einfriert". Das Ergebnis sind „steife" Augen, die leicht ermüden.

Die *Lösung* besteht darin, die Rotationsübungen und die Übungen zur Fixation an den äußersten Grenzen des Gesichtsfelds beharrlich und zuversichtlich auszuführen. Der zweite mögliche Grund für die Schwierigkeit beim „Autofokus" kann darin liegen, dass die Distanz der Scharfstellung zu groß ist für die jeweilige Trainingseinheit. Hiermit möchte ich daran erinnern, dass die Trainingsbelastung für die Augen die Anpassung stimulieren soll, das bedeutet, dass sie auch nicht zu groß sein darf.

4) *Wann muss ich die Trainingsbrille wechseln? Wann soll ich mit stärkeren Übungsgläsern das Lesen trainieren?*

Wenn man als Kurzsichtiger mit der Übungsbrille bei ausgestreckten Armen den Text scharf erkennen kann, ist dies der Zeitpunkt für einen Wechsel. Ein Weitsichtiger benötigt neue Gläser, wenn er auf ganz kurze Distanz scharf sieht. Der Kurzsichtige würde dann zum Beispiel von +1 Dioptrie auf +2 Dioptrien wechseln, der Weitsichtige von –1 Dioptrie zu –2 Dioptrien.

Erklärung: Die zu schwache Brille löst keinen Trainingsreiz mehr aus, da sie die nötige leichte Unschärfe nicht mehr produziert, ohne die die Scharfstellung nicht angeregt wird.

5) *Ich mache keine Fortschritte mehr. Es scheint, als hätte sich die Scharfstellung auf die Distanz „X" eingependelt.*

Die Entfernung beim Fokussieren muss kontinuierlich verändert werden. Damit sich immer ein Trainingsreiz einstellt, halte man einen Zeitungs- oder Buchtext in größtmöglicher Entfernung (bei Kurzsichtigkeit) oder in kürzest möglicher Entfernung (bei Weitsichtigkeit): Die Entfernung stimmt, wenn der Text gerade noch scharfgestellt werden kann, nachdem die Augen für circa fünf Sekunden so weit wie möglich offen gehalten und dann entspannte Zwinkerbewegungen ausgeführt wurden.

Wichtig: Die Verbesserungen bezüglich der Scharfstellung erfolgen nicht immer gleichmäßig, das heißt es kann passieren, dass auch nach zwei Wochen korrekten Trainings keine Verbesserung zu spüren ist und die Sehkraft dann irgendwann ganz plötzlich deutlich zunimmt.

Lösung: Zuversichtlich bleiben und die Übungen beharrlich ausführen; dabei jedem kleinen Fortschritt Beachtung schenken.

6) Kann ich Brillen oder Kontaktlinsen tragen und trotzdem gleichzeitig mein Sehvermögen verbessern?

Das Tragen der aktuell verordneten Brille (oder schlimmer noch das Tragen von Kontaktlinsen) kann die Fortschritte beim Augentraining beeinträchtigen: Eine Brille mit voll korrigierenden Gläsern ist die *Ursache* der schleichenden Verschlechterung der Sehkraft und stellt das genaue *Gegenteil* zu meiner Augenmethode dar. Wer nach meinem System trainiert, entspannt die chronische Anspannung der Augen und damit die Überakkommodation. Wenn nun wieder regelmäßig korrigierende Sehhilfen getragen werden, rutscht das Auge schnell in die Überakkommodation zurück.

Lösung: Die Linsen oder Brillen sollten nur dann getragen werden, wenn es aus Sicherheitsgründen unbedingt notwendig ist. Sehr empfehlenswert ist es auch, sich vom Augenarzt eine Brille mit schwächeren Gläsern verschreiben zu lassen.

7) Ich habe gehört, dass ich meinen Augen schade, wenn ich meine Brille oder Kontaktlinsen nicht trage.

Falsch. Dies ist einer der vielen falschen Mythen, der nichts anderes gebracht hat, als der Brillenindustrie Beträge in Milliardenhöhe in die Tasche zu wirtschaften. Aus den unter der Frage 6) angeführten Gründen ist es dringend zu empfehlen, das Tragen der Sehhilfe einzuschränken, wo immer es möglich ist. Vor allem beim Arbeiten im Nahbereich ist das Tragen einer Brille die Hauptstressursache für das Auge.

8) Kann es sein, dass ich bei den Übungen zur Augendehnung meinen Muskeln schade?

Werden die Übungen korrekt und bei allmählichem Ansteigen der Trainingslast ausgeführt, besteht überhaupt kein Risiko. Bei jedem anderen Körpermuskel stellt man sich diese Frage komischerweise nicht. Oft ist es nicht der Körper, sondern der Geist, der sich gegen Veränderung sträubt: Wir erzielen keine Verbesserung, weil wir zweifeln und Angst haben. Das Muskeltraining der Augen verbessert außerdem die örtliche Blutzirkulation, was sich positiv auf die Funktion des Sehorgans auswirkt.

9) Ich habe keine Zeit zu üben.

Die Augen können zu jeder Tageszeit trainiert werden. Ein paar Rotationen und symmetrische Bewegungen genügen. Man braucht kein Auto, um ins Fitness-Studio zu fahren, und man muss nach dem Training auch nicht duschen.

10) Während und nach der Augendehnung spüre ich ein unangenehmes Gefühl in den Augen. Was kann ich tun?

Jedes Muskeltraining, das an einer untrainierten Muskulatur durchgeführt wird, provoziert ein gewisses Gefühl des Unwohlseins. Das bedeutet, dass die Augen überlastet sind, doch genau diese *allmähliche* und *fortschreitende* Überlastung wird zur Verbesserung der Augenleistung und damit zum Rückgang des Sehfehlers führen.

11) Wo bekomme ich solche Trainingsbrillen?

Beim Optiker und bei jedem anderen Anbieter von Brillenzubehör. Verlier keine Zeit und erkläre dem Verkäufer am besten nicht, wofür du die Brille brauchst. Das Risiko, milde belächelt zu werden, ist groß. Kämpfe um deine Sehschärfe – du hast ein Recht darauf!

12) Wer garantiert mir, dass ich am Ende wieder perfekt sehen kann?

Nichts im Leben ist sicher und garantiert. Niemand kann also im Vorhinein den Erfolg garantieren. Alles, was man tun kann, ist zuversichtlich und beharrlich die Augenmuskeln zu trainieren.

13) Gilt diese Methode nur für die Behandlung von Kurzsichtigkeit oder auch bei anderen Sehfehlern?

Ich selbst habe als Kurzsichtiger meine Erfahrungen mit der Methode gesammelt, doch das soll nicht heißen, dass andere Sehfehler damit nicht behandelt werden könnten. Die Übungen zur Augendehnung sind sicherlich besonders vorteilhaft für das Fokussieren auf große Entfernungen, aber dieselben Prinzipien können auch erfolgreich zum Fokussieren im Nahbereich angewendet werden. Natürlich muss jeder Einzelne gut abwägen, welches Trainingsprogramm für seinen Sehfehler am geeignetsten ist. Wie beim Training im Fitness-Studio sollte man sich einen Übungsplan zusammenstellen, der nach vorgegebenen Prinzipien abläuft und doch auf die individuellen Bedürfnisse abgestimmt ist. Ich bin jedenfalls sicher, dass das Training auch bei Schielen vorteilhaft sein kann, da es einen Beitrag dazu leistet, das Gleichgewicht zwischen den Augenbewegungsmuskeln und ihren Gegenspielermuskeln wiederherzustellen.

14) Hat PVS *mit der Bates-Methode zu tun?*

Ohne Zweifel haben wir es William Bates zu verdanken, dass wir heute wissen, wie die Akkommodation vom perfekten Funktionieren der Augenmuskeln abhängt, und dass die Form des Augapfels durch Kontrahieren und Entspannen der äußeren Augenmuskeln verändert werden kann, da sich hierbei die Scharfstellung auf der Netzhaut verändert.

Mein Augentraining unterscheidet sich insofern von der Bates-Methode, als es die Muskeln auf Flexibilität und Kraft trainiert. Bates' Ansatz dagegen konzentrierte sich auf die Entspannung der Muskeln. Ziel von *PVS* ist es, die Qualität der Augenmuskeln und damit ihre Kraft und Flexibilität auf 360 Grad zu steigern. Ein bisschen kann man den Unterschied mit leichtem Yoga auf der einen Seite und Kunstturnen auf der anderen vergleichen. Die Turner zeichnen sich nicht umsonst durch „feinmotorische Geschicklichkeit" aus, denn die Übungen verlangen ihnen motorische und koordinative Qualitäten bei extremster Präzision ab. Und genau diese Feinmotorik benötigen die Augenmuskeln, um korrekt scharf stellen zu können. Dieses Phänomen wird unterschätzt, da wir mit der motorischen Fähigkeit der Augen bereits auf die Welt kommen, wohingegen der Turner jahrelang hart trainieren muss. Durch das Training am Ende wieder über eine exzellente Sehschärfe zu verfügen, ist wie den ersten Preis beim Gewinnspiel zu landen. Ganz sicher ist der Weg dahin nicht leicht, doch es gibt ihn, und er ist bereits geebnet.

15) Wie kann bei starker Kurzsichtigkeit schrittweise und auf natürliche Art und Weise die Sehschärfe wieder hergestellt werden? Welche Verbesserungsmöglichkeiten sehen Sie mit Ihrer Erfahrung bei der folgenden klinischen Situation:
Elf Jahre lang blieb meine Sehstärke unverändert bei
RA –11 sph –1,50 cyl A 180
LA –6 sph –1 cyl A 180
Seit dem letzten Jahr ist meine Sehstärke folgende:
RA –13 sph –1 cyl A 125
LA –6,75 sph –1,75 cyl A 165
Bis jetzt habe ich mir noch keine neue Brille gekauft.

Das Trainingsprogramm *PVS* funktioniert so lange, wie es angewendet wird. Die Grenze zieht der Patient selbst. Können erst einmal buchstäblich *sichtbare* Verbesserungen verzeichnet werden, folgt die Erkenntnis, dass das Ganze einfach eine Frage der regelmäßigen Übung ist. Ich gebe zu, dass man eine *große* Portion Zuversicht benötigt. Man muss die eigene Skepsis zumindest bis zum ersten Erfolg überwinden.

Zur Veranschaulichung des Engagements, das benötigt wird, möchte ich als Vergleich ein Beispiel aus dem Bauwesen vorstellen: Wenn das Konzept der stetig fortschreitenden Arbeit (Stein auf Stein) einmal klar ist, besteht der Unterschied in der Errichtung eines mittelgroßen Gebäudes und eines Schlosses in erster Linie im Arbeitseinsatz der Bauarbeiter und in der zur Verfügung stehenden

Zeit. Rom ist auch nicht an einem Tag erbaut worden, und ich finde, dass die *wichtigen* Dinge (wie das eigene Sehvermögen) mit einem Mindestmaß an Beharrlichkeit, Verantwortung und persönlichem Einsatz angegangen werden sollten (was auch einschließen könnte, jemanden abzuweisen, der uns auf Teufel komm raus etwas verkaufen will). Um bei dem Vergleich mit dem Bauwesen zu bleiben, wäre ich in diesem Fall der Ingenieur und der Architekt. Die „Bauanleitungen" habe ich im Prinzip von *PVS* dargelegt, nachdem ich sie selbst erlebt hatte. Tun Sie etwas für Ihre Augen, es ist noch nicht zu spät!

16) *Wie kann Weitsichtigkeit mit* Power Vision *natürlich geheilt werden? Ich bin weitsichtig (+4 RA und +4,5 LA), habe Hornhautverkrümmung und schiele leicht. Mich würde interessieren, wie ich die Methode auf mein Problem anwenden und was für Hilfsmittel (Bücher oder ähnliches) ich mir besorgen kann.*

Bei Weitsichtigkeit besteht die Schwierigkeit darin, im Nahbereich scharf zu stellen, das heißt die Problematik ist das genaue *Gegenteil* zur Kurzsichtigkeit. Die physiologischen Prinzipien, denen mein Trainingsprogramm folgt, lassen sich auf beide Sehfehler anwenden.

Das wichtigste dieser Prinzipien, quasi die Grundlage meines Systems, ist SAID, das Prinzip der spezifischen Anpassung an einen gegebenen Reiz, das übrigens im Sport hinlänglich bekannt ist. Hierbei handelt es sich um die angeborene Fähigkeit des Organismus, sich Reizen anzupassen. Ein Beispiel für SAID könnte folgende Situation sein: Der Athlet trainiert seine Muskeln und physiologischen Systeme (Atmung, Herzgefäße usw.) durch spezifische Trainingslasten. Die Belastung bringt eine Anpassung des Organismus mit sich. Im Falle des Bodybuilding beispielsweise zeigt sich die Anpassung in Form von Protein- bzw. Muskelaufbau.

Im speziellen Fall der Behandlung von Refraktionsfehlern wie Kurzsichtigkeit und Weitsichtigkeit muss der Reiz auf die persönlichen Gegebenheiten abgestimmt sein. Es bedarf also eines *spezifischen* Reizes. Wenn er nicht ganz *gezielt* und korrekt eingesetzt wird, kann er interessanterweise nämlich das *Gegenteil* bewirken.

Wie ich bereits angemerkt habe, leuchtet ein, dass ein falsch eingesetzter Reiz, wie etwa das Tragen von Brillen oder Kontaktlinsen in Situationen, in denen das Auge darauf verzichten könnte, sich negativ auf die Akkommodationsfähigkeit des Auges auswirkt. Ein Weitsichtiger zum Beispiel, der mit einer Sehhilfe in die Weite blickt, verwöhnt das eigene Sehvermögen im negativen Sinne und provoziert so eine *Überkorrektur*. Im Falle der Kurzsichtigkeit gilt das genaue Gegenteil: Ein Kurzsichtiger, der im Nahbereich Brillen oder Kontaktlinsen benutzt, verschlechtert die Brechungsfähigkeit seiner Augen noch mehr, da er einen Zustand der Überakkommodation provoziert. Bei Abnehmen der Brille wird er in die Ferne also noch schlechter sehen.

All diese Informationen sollten einen lehren, dass ein spezifischer, gezielt eingesetzter Reiz die Scharfstellung positiv beeinflusst. Hierbei muss jeder Sehfehler gesondert betrachtet werden, wenn das Prinzip auch allgemein gültig ist. *Power Vision System®* stellt derartige *spezifische* Hinweise detailliert zur Verfügung.

Auch für leichtes Schielen gibt es eine Lösung: Die Symmetrie der Augenmuskeln muss anhand eines Trainings der äußeren Augenmuskeln wieder hergestellt werden. Da sie wie der Bizeps zur quergestreiften Muskulatur gehören, können sie genauso trainiert werden wie andere Skelettmuskeln des Körpers. Wieder heißt es also: Die Regeln sind dieselben, die Anwendung ist spezifisch und individuell. Es wäre schon viel gewonnen, würde man sich zuallererst auf die natürlichen Selbstheilungskräfte besinnen und physiologische Gesetze beachten und befolgen, bevor man sich künstlicher Mittel bedient.

17) *Wie stabil verhalten sich die erzielten Fortschritte? Verschiebe ich nicht einfach meine Abhängigkeit von einer Therapie auf die andere?*
Worauf es bei PVS ankommt, habe ich bestens verstanden. Nun würde ich aber gerne wissen, ob es darum geht, die von Ihnen vorgeschlagenen Übungen ein Leben lang auszuführen. Oder ob Ihre Methode einen irgendwann endgültig „erlöst" in dem Sinne, dass man als Kurzsichtiger seine Sehkraft vollständig oder zumindest teilweise auf Dauer wiedererlangt?

Wer nach meinem System arbeitet, kann mit stabilen Resultaten rechnen, wenn die Organe in der Zwischenzeit nicht *negativen* Reizen unterworfen werden, die die natürliche Akkommodation behindern.

Auch hier ein Beispiel: Kurzsichtige leiden an einem Zustand chronischer *Über*akkommodation, hervorgerufen durch das Arbeiten im Nahbereich. Der Körper passt sich *sowohl* positiven *als auch* negativen Reizen an (SAID-Prinzip). Somit verschlechtert sich die Sehkraft langfristig zusehends, und es werden immer stärkere Sehhilfen verwendet.

Ist dieser Zustand der Überakkommodation einmal überwunden oder reduziert, müssen einfache Verhaltensregeln der „visuellen Hygiene" beachtet werden.

Es hat natürlich keinen Sinn, erst nach dem *PVS*-Programm zu trainieren und nach erfolgreichem Entspannen der Akkommodation wieder die vom Augenarzt verordnete Brille aufzusetzen und stundenlang im Nahbereich zu arbeiten – das Wiederauftreten von Kurzsichtigkeit wäre vorprogrammiert. Ziel ist es, negative Gewohnheiten abzulegen und das Gleichgewicht des die Augen umgebenden Muskelapparates wiederherzustellen.

Ohne Ihnen jetzt die ganze Theorie erklären zu wollen, schlage ich Ihnen vor, doch einfach mal folgenden Test zu machen. Er wird Ihnen den Zustand der *Asymmetrie* Ihrer Augenmuskeln bewusst machen.

Unter Asymmetrie verstehe ich in diesem Fall das Ungleichgewicht zwischen Kraft und Flexibilität und damit der Koordination.

Test zur Überprüfung muskulärer Asymmetrien

1. Stellen Sie sich vor einen Spiegel und fixieren Sie *ohne Brille* Ihre Nasenspitze bei einer Entfernung, in der Sie die Nase sehen können.
2. Fixieren Sie den Punkt kontinuierlich mit *beiden Augen* und bewegen Sie Ihr Gesicht *symmetrisch*. Beispiel: Senken Sie das Kinn, wenden Sie Ihren Kopf nach rechts und führen Sie ihn so weit wie möglich auf die Seite; machen Sie schließlich die gleiche Bewegung nach links. Anschließend verbinden Sie diese Extrempositionen in einer *einzigen* Rotationsbewegung, ohne dabei den fixen Punkt auf der Nase aus den Augen zu verlieren.

Irgendwann werden Sie bestimmt merken, wie sich das Bild Ihrer Nasenspitze verdoppelt. Das bedeutet, dass eine Asymmetrie der Augenmuskulatur vorliegt, die sich auf die *Konvergenz* und damit auf die Fähigkeit, auf der Netzhautgrube scharf zu stellen, niederschlägt.

Ergebnis: unscharfes Sehvermögen, Verlangsamung der sakkadischen Augenbewegungen – oder gelingt es Ihnen, sehr schnell am Auge vorüberziehende Objekte zu fixieren? –, schlechte Koordination der Augenmuskeln.

Fazit: Ihre Augen brauchen eine Phase der Rehabilitierung anhand *gezielter* und spezifischer Übungen. Die vorgeschlagenen Übungen gründen auf physiologische Gesetze, die *nicht ich* erfunden habe; sie sind vielmehr in einer umfangreichen Bibliografie belegt und daher wissenschaftlich nachzuvollziehen.

18) *Wo kann ich mir die Übungsbrillen besorgen? Gibt es die überhaupt einzeln zu kaufen?*
Entschuldigen Sie bitte, dass ich Ihre Geduld und Freundlichkeit zum Anlass nehme, ganz offen meine Fragen und Zweifel auszusprechen: Ich lebe inzwischen in der Hoffnung, eines Tages auf diese fürchterlichen optischen Prothesen verzichten zu können. Ich meine verstanden zu haben, dass die Methode auf dem Tragen von Pluslinsen für Kurzsichtige und Minuslinsen für Weitsichtige beruht, deren Stärke Schritt für Schritt und je nach Fortschritt erhöht werden muss. Dazu habe ich eine praktische Frage: Werde ich mir bei jeder Änderung eine neue Brille anfertigen lassen müssen? Und muss ich gleich einen kompletten Satz Testgläser kaufen, wie Augenärzte ihn haben? Ich wäre Ihnen dankbar, wenn Sie diese Zweifel beseitigen könnten.

Ich kann Sie beruhigen, denn das Beschaffen der Gläser ist viel unkomplizierter, als Sie denken: Die Brillen, die Sie benötigen, gibt es sowohl beim Optiker als auch in großen Einkaufszentren oder Drogeriemärkten zu einem relativ niedrigen Preis einzeln zu kaufen. Wenn Sie kurzsichtig sind, kaufen Sie Gläser der Stärke +1, +2, +3. Das *Kombinieren* dieser Gläser (zum Beispiel +2 mit +3) bringt Sie im Training weiter und im fortgeschrittenen Stadium können Sie auch Gläser der Stärke +4 hinzufügen (in Kombination mit +3 hätten Sie dann einen Reiz der Stärke +7). Die Kosten für das Training sind *lächerlich* gering und liegen *weit* unter denen für eine normale Brille (vielleicht bei der Hälfte). Mit dem Training werden Sie erreichen, *ein für alle Mal* jede Art von Brille *wegwerfen* zu können – und im schlechtesten Fall haben Sie Ihr Sehvermögen *sichtbar* und *konkret* verbessert. All das hängt stark von *Ihrem* Einsatz ab. Die Technik dafür ist vorhanden!

19) *Ich bin etwas skeptisch ... Ich übe bereits täglich nach den Vorgaben einer Therapeutin. Angefangen habe ich vor fünfzehn Monaten, als ich Kontaktlinsen der Stärke –4,75 und –4,50 trug.*

Jetzt trage ich Linsen der Stärke –2,25 und –2,00. Meine Augen erholen sich nur langsam, aber es geht voran. Mittlerweile übe ich alleine und wiederhole die wenigen Übungen, die die Lehrerin mir gezeigt hat. Ich glaube nicht, dass es sich um die Methode nach Bates handelt, denn ich habe einige Bücher zum Thema gelesen und weiß, dass sich seine Methode auf die Entspannung konzentriert. Ehrlich gesagt habe ich schon viele verzweifelte Momente hinter mich gebracht und mir überlegt, mich mit Laser behandeln zu lassen, denn mein Wunsch, ohne Hilfsmittel zu sehen, ist wirklich groß. Ich habe viel Geld in Brillen, Kontaktlinsen, Reinigungsmittel und in die Sitzungen mit der Therapeutin gesteckt (...) Ich bin sehr wissensdurstig, vor allem in diesem Bereich, der mich unmittelbar angeht, und ich würde gerne so schnell wie möglich weitere Verbesserungen erreichen. Ich bin wirklich äußerst interessiert daran, zu hören, was du zu dem Thema sagst. Aber ein Hauch Skepsis ist immer noch vorhanden, da mir Beispiele fehlen, anhand derer ich das Funktionieren der Methode nachvollziehen könnte. Kannst du mir bitte ein paar Beispiele nennen, wenigstens damit ich verstehen kann, wie die Methode funktioniert und damit ich entscheiden kann, ob sie für mich weiter in Frage kommt?

Deinen Wissensdurst und deine Skepsis teile ich voll und ganz. Genau mein Wissensdurst aber war es, der mich mehrere Male „reinfallen" ließ, wie zum Beispiel, als ich mir im Internet ein „Buch" zur „visuellen Umerziehung" für 25 Dollar gekauft habe. Meiner Meinung nach bin ich übers Ohr gehauen worden: 25 Dollar für zwölf Seiten! Wenn diese Rechnung stimmte, müsste *Power Vision System®* einiges *mehr* wert sein.

Ich glaube, dass du auf einem guten Weg bist, denn du hast ganz deutlich dein Sehvermögen verbessert. Ich denke ganz ehrlich, dass deine Trainerin wirklich fähig ist. Wie ich es bereits beschrieben habe, gründet sich das System hauptsächlich auf:

1. die Benutzung von Brillengläsern, die das genaue Gegenteil der Gläser darstellen, die normalerweise getragen werden. Also zum Beispiel Plusgläser statt Minusgläser für Kurzsichtige. Dieses System hat effektiv Einfluss auf den überakkommodierten Zustand des Ziliarmuskels. *Und nicht zu vergessen*: Mit der sogenannten *CRB-Bewegung* der Augen kann man die Scharfstellung bewusst steuern, und das, obwohl sie normalerweise automatisch ablaufenden Mechanismen unterworfen ist.
2. die Erhöhung der Koordination und Beweglichkeit der Augen: Stelle dich vor einen Spiegel und fixiere deine Nasenspitze im Abstand von ungefähr einem Meter (wenn du die Nasenspitze so nicht mehr erkennen kannst, verkürze den Abstand zum Spiegel). Führe mit dem Kopf symmetrische Kreisbewegungen durch. Dabei drehst du den Kopf so weit wie möglich beispielsweise nach oben, so weit wie möglich nach oben links, dann so weit wie möglich nach links, ohne dabei das Fixieren der Nasenspitze zu vernachlässigen.

Du wirst merken, dass du in einigen Bereichen des Gesichtsfelds Doppelbilder wahrnimmst oder zumindest Schwierigkeiten damit hast, den fixierten Punkt (die Nasenspitze) scharf zu sehen. Das bedeutet, dass diese Übung, wenn du wirklich den maximalen Radius ausschöpfst, die Koordination und Beweglichkeit der Augen deutlich verbessern wird, und damit auch das Zusammenführen der Bilder beider Augen. Diese Fusion ist *unbedingt* notwendig, damit die Abbildung auf die Netzhautgrube (auf der Netzhautmitte) fallen kann. Andernfalls kommt es zu unscharfem Sehen, das je nach Abstand des Bildes von der Netzhautgrube variiert.

Mach weiter so und *glaub* an das, was du tust. Wenn du wieder gut sehen kannst, haben nicht nur deine Augen profitiert, sondern du wirst das Bewusstsein erlangt haben, etwas ganz *Besonderes* in deinem Leben gemacht zu haben, und du wirst begreifen, dass nichts unmöglich ist für den, der an sich glaubt.

20) *Ich habe Fragen zu den Möglichkeiten und Grenzen des Accommotrac® Vision Trainers: Auch ich habe den Accommotrac ausprobiert und eine leichte Besserung gespürt, aber lange nicht in dem Maß, wie ich es mir erhofft hatte! Ich bin kurzsichtig bei einer Stärke von –0,75 rechts und –1,25 links. Warum sollte deine Methode besser funktionieren als die mit dem Accommotrac? Ich habe auch Bates gelesen. Ich ziehe die Brille nie auf und meine Sehstärke ist tatsächlich seit vielen Jahren mehr oder weniger unverändert geblieben, obwohl ich immer am Computer arbeite.*

Ich werde versuchen, dir die Grenzen des *Accommotrac® Vision Trainers* aufzuzeigen und zu erklären, weshalb *PVS funktioniert.* Du wirst dich erinnern, dass man beim Üben mit dem *Accommotrac* den Blick immer nach vorne, sprich in die Mitte des Gesichtsfeldes, gerichtet hält. Dasselbe passiert, wenn wir eine Brille tragen: Die Augen werden *nicht* dazu angeregt, die maximale Reichweite des Gesichtsfeldes auszunutzen. Das wirkt sich langfristig auf die Funktionalität der äußeren Augenmuskeln aus, genauer gesagt auf ihre Flexibilität, ihre Kraft, ihre Belastbarkeit und Koordination. Wie du vielleicht weißt, wird die Fähigkeit der Augen zu sehen durch unwillkürlich und extrem schnell ablaufende Bewegungen, die *sakkadischen* Augenbewegungen, erreicht. Ist diese Grundfunktion des Auges beeinträchtigt (wie beim Tragen einer Brille oder mit dem *Accommotrac*), verliert es mit der Zeit die Fähigkeit, die sakkadischen Augenbewegungen korrekt auszuführen, und es kommt zu unscharfem Sehen. Der *Accommotrac funktioniert*, aber er stößt an Grenzen. Diese Grenzen können *überwunden* werden, wenn das Üben mit dem Gerät durch die in meinem Buch beschriebenen Techniken ergänzt wird.

Es ist wichtig zu betonen, dass man das Fokussiertraining mit dem Gerät durch ein entsprechendes System ersetzen kann, bei dem das Biofeedbacksignal nicht in Form eines Tons, sondern eines sichtbaren Signals erfolgt.

Ein solches wäre zum Beispiel das *geschickt* eingesetzte Tragen von Übungsgläsern, die den Sehfehler *nicht ausgleichen*, wie es üblicherweise gehandhabt wird, das heißt als Kurzsichtiger trainierst du mit Plusgläsern, die normalerweise Weitsichtige tragen und umgekehrt. Hierzu gibt es eine ganz spezielle Technik, und es genügt natürlich nicht, einfach nur die Übungsbrille aufzusetzen.

All das kommt nicht nur der Sehkraft zugute, sondern auch dem Geldbeutel, wenn man bedenkt, dass eine Sitzung mit dem *Accommotrac* um die siebzig Euro kostet. Was zählt, ist der persönliche Einsatz beim *PVS*-Training. Auch hier gilt das Prinzip: Das Wissen bringt *nichts*, solange es nicht *angewendet* wird!

21) *Ich brauche einen Ratschlag zum Tragen von Übungsbrillen: Mit welcher Stärke fange ich an? Ich bin kurzsichtig und habe Hornhautverkrümmung (RA –6 cyl –1,5 und LA –6,25 cyl –2,25). Ich wollte fragen, wie ich das Training mit der Übungsbrille am besten anfange.*
    1) *Wo kann ich diese Brillen kaufen? Sind das die, die es für fünfzehn bis zwanzig Euro auch im Kaufhaus gibt?*
    2) *Mit welcher Stärke rätst du mir anzufangen?*
    3) *Soll ich die Übungsgläser in Verbindung mit meiner jetzigen Brille tragen oder ganz unabhängig davon?*
    4) *Wie merke ich, dass ich die Übungen der CRB-Bewegung korrekt durchführe? Muss ich ein „Ziehen" in den Augenmuskeln verspüren?*

Du bist ein ziemlicher „Glückspilz", auf beiden Augen fast die gleiche Sehschwäche zu haben. In deinem Fall kannst du mit *beiden* Augen gleichzeitig anfangen. Nun zu deinen Fragen:

1) Die Brillen gibt es beim Optiker oder im Drogeriemarkt.
2) und 3) Um die Stärke der Gläser zu bestimmen, übst du das Lesen eines Buches oder einer Zeitschrift bei *leicht* unscharfer Sicht. Versuche, diese leichte Unschärfe beim Lesen ohne den Einfluss einer Linse herzustellen. Halte dazu das Buch von dir weg, bis sich

diese leichte Unschärfe ergibt. Führe die CRB-Bewegung aus wie beschrieben und entspanne die Augen durch Zwinkern. Es ist ganz *wichtig*, dass du durch das Dehnen der Augen in der *äußersten* Reichweite eine Grundlage an Kraft und Flexibilität schaffst. Konzentriere dich *ganz bewusst* auf das Training. Anfangs wird das System des Autofokus nicht „anspringen" wollen, da es seit Jahren des Missbrauchs durch das Tragen von Brillen und Kontaktlinsen „eingefroren" ist. *Glaube* trotzdem fest an sein Funktionieren und *gib nicht auf*. Irgendwann wirst du *sehen*, dass du nach der CRB-Bewegung nicht mehr unscharf siehst, sondern den Text vor dir klar und deutlich erkennen kannst. Ist dir das Prinzip erst einmal klar, musst du nur noch *sehr geduldig* und *ausdauernd* sein. Mit der Zeit passen sich die Augen an die Gläser an, das heißt der Reiz *muss* allmählich erhöht werden. Das geschieht entweder durch das Lesen bei immer größeren Distanzen (bei Kurzsichtigkeit) oder durch stärkere Gläser.

4) Wahrnehmung ist subjektiv. In jedem Fall wirst du ein starkes Ziehen spüren, wenn du die Augen sperrangelweit aufreißt und die Augenbrauen nach oben ziehst.

Fazit: Um die richtige Wahl bezüglich der Übungsbrille zu treffen, musst du ein bisschen rumprobieren. Beginne, wenn möglich, ohne Brille oder setze deine aktuelle Brille auf und darüber eine Brille mit Plusgläsern der Stärke +1 oder +2.

Ich hoffe, du hast verstanden, dass du einen Zustand der Unschärfe herstellen musst, bevor du mit der CRB-Bewegung beginnst.

Ganz wichtig:

1. Die Übungen zur Augendehnung musst du *regelmäßig* durchführen.
2. Wo es möglich und *nicht* aus Sicherheitsgründen geboten ist, trage keine Sehhilfe oder zumindest eine Brille mit unterkorrigierenden Gläsern.
3. Verzichte, wenn möglich, ganz auf Kontaktlinsen.

Ich will dich um etwas bitten: Bewahre als Beweisstück deine aktuelle Brillenverordnung auf. Eines Tages könntest du sie gebrauchen, um zu *veröffentlichen*, was *du* geschafft hast. Wir brauchen motivierte, zuversichtliche und *stark* ausdauernde Persönlichkeiten, um so vielen Menschen wie möglich die Instrumente zum Erlangen einer besseren Sehkraft in die Hand zu geben. Es herrscht noch zu viel Skepsis. Ich bitte dich und andere Leute wie dich um Hilfe. Wir brauchen mehr motivierte Menschen, die zeigen, wie wertvoll diese Technik ist.

22) Ich bin dreißig Jahre alt, und wenn man davon ausgeht, dass Weitsichtigkeit von einem zu kurzen Augapfel herrührt, ist die Form des Auges wahrscheinlich nicht mehr zu verändern, oder zumindest nicht so wie bei Kindern. Stimmt das oder nicht?
Obgleich mich der aktuelle Boom der refraktiven Chirurgie und damit ein Geschäft in Milliardenhöhe auch misstrauisch stimmt, so habe ich doch meine Zweifel an der Nützlichkeit einer Methode, wie sie auf deiner Internetseite beschrieben ist. Ich bin weitsichtig bei einer Stärke von +4,5 Dioptrien auf dem linken Auge, rechts habe ich keine Probleme. In letzter Zeit denke ich darüber nach, das rechte Auge wieder abzudecken, um das linke zu größerer Anstrengung zu zwingen. Das hatte mir vor vielen Jahren der Augenarzt empfohlen. Jetzt aber bin ich dreißig, und ich denke, dass die „Form" meiner Augen nicht mehr zu verändern ist.
Wie können mit deiner Methode nun diesbezüglich Ergebnisse erzielt werden? Spielt es bei der Methode eine Rolle, wie alt man ist?
Und noch eine Anmerkung, die aber nicht böse gemeint ist: Wenn du von einem solch altruistischen und lobenswerten Enthusiasmus geleitet wirst und deine „Entdeckung" teilen und verbreiten willst, warum willst du mir dann ein Buch verkaufen?

Es ist völlig normal, dass du diese Zweifel hast.

Du sagst: Ich bin jetzt dreißig und wahrscheinlich lässt sich die „Form" meiner Augen nicht mehr verändern. Darauf frage ich dich: Wer behauptet das? Auf *welcher* wissenschaftlichen Grundlage basiert diese Aussage? Wer behauptet, dass das Muskelgewebe der äußeren Augenmuskeln *nicht* veränderbar ist, wenn es *gezielt speziellen* Reizen unterworfen wird?

Die Wahrheit ist die: Die zuständigen Fachleute haben keine Zeit, dir bestimmte Dinge zu erklären (vorausgesetzt, sie wissen überhaupt Bescheid). Manchmal ist es eben einfacher und lukrativer, den Kunden wie am Fließband Brillen zu verpassen, als sie zu informieren, ihnen Sachverhalte zu erklären und vor allem *beizubringen*, wie man mit den eigenen Augen umgeht. Sehr oft ist der Mensch, der deine Sehschärfe testet, derselbe, der dir die Brille verkauft. Und ganz sicher wollen nicht alle Betroffenen lernen, wie sie in Eigenregie ihren Sehfehler besiegen können. Sie ziehen es vielmehr vor, die allgemein verbreitete Meinung zu übernehmen, dass man gegen einen Brechungsfehler nichts unternehmen könne. Jeder hat das Recht, frei zu wählen.

Schließlich und endlich will ich betonen, dass das Alter absolut keinen Einfluss auf den Erfolg des Programms nimmt. Die physiologischen Systeme, auf die *PVS* sich bezieht, sind auch im hohen Alter noch aktiv und funktionell. Solange du deine Augenbewegungen kontrollieren kannst, wirst du durch Üben die *Symmetrie* der Augen und damit die „zentrale Fixation" wiederherstellen, die unverzichtbar ist für punktgenaues Sehen. Lieber Leser, manchmal ist es eben gut und nötig, an etwas oder jemanden zu glauben. Sobald du bereit bist, wirf deine Zweifel über Bord und stürze dich in dieses Abenteuer! Ich wurde großzügig für meinen Mut belohnt: Wenn ich morgens aus dem Haus gehe, *sehe* ich Dinge *messerscharf*, von denen ich es mir vor einiger Zeit nicht einmal im Traum habe vorstellen können. Weißt du, wie oft meine Freunde oder meine Familie mich für verrückt erklärt haben, weil ich daran glaubte, meine Augen durch Training positiv *beeinflussen* zu können? Du kannst dir vorstellen, wie frustriert ich jedes Mal war und wie „unnormal" ich mich fühlte, wenn ich wieder etwas nicht sehen konnte (wahrscheinlich geht es dir und allen anderen, die noch an ihre Augen glauben, genauso).

Zu deiner letzten Bemerkung will ich Folgendes sagen: Ich will dir nichts verkaufen. Wenn das Thema dich interessiert, denke ich, dass die im Buch enthaltenen Erkenntnisse den Preis wert sind.

23) Ich hätte einige Fragen zu den Übungen:

1) Funktioniert deine Methode auch bei Hornhautverkrümmung?

2) Müssen die Rotationen beim Dehnen langsam oder schnell sein? Und wie lange muss ich beim Dehnen ohne die Drehbewegungen in der jeweiligen Position bleiben?

3) In der Anleitung des Intensivprogramms [vgl. Kapitel „Verschiedene Intensitätsstufen des Trainingsprogramms *Power Vision System®*" im Anhang, Anm. des Verlags] *ist unter Punkt eins vermerkt, man solle die Übungen zweimal durchführen. Heißt das, dass man die Augen pro Übung zweimal in die jeweilige Position bringen soll?*

4) Zwischen einem und dem anderen Auge beträgt der Unterschied bei mir 1,5 Dioptrien (0,5 und 2,0). Nun habe ich herausgefunden, dass das gute Auge für das schlechte mitsieht, wodurch Letzteres immer fauler wird. Es erscheint mir unwahrscheinlich, beide Augen zur gleichen Sehschärfe führen zu können, und ich denke, das Risiko, dass ein Auge nicht arbeitet, dabei bequem wird und sich der Sehfehler verstärkt, besteht permanent. Kann das Fokussieren mit einem, dem faulen Auge, geübt werden, indem man das andere abdeckt (vor allem dann, wenn das andere sehr gut sieht)?

5) Vor einiger Zeit habe ich ein Büchlein gelesen, in dem von einem stark Kurzsichtigen erzählt wurde, der beschloss, keine Brille zu tragen, und der nach langer Zeit und ganz allmählich eine merkliche Verbesserung seiner Sehkraft verzeichnen konnte. Nun würde ich gerne von dir wissen, der du sagst, ohne Unschärfe kann es zu keiner Anpassung kommen, wie du über diese Geschichte denkst? Wenn ich alles stehen und liegen ließe und ein Leben als Bauer begänne, Übung hin oder her, würde ich dann meine Sehkraft verbessern? Und wenn ich in meinem speziellen Fall, das gut sehende Auge abgedeckt, jeden Tag in die Berge ginge und in die Landschaft blickte, würde das schlechte Auge nicht irgendwann schärfer sehen?

6) *Wenn du zufällig das Büchlein kennst, das ich gelesen habe, könntest du mir bitte den Titel nennen?*

1) Das *PVS*-Training konzentriert sich voll und ganz auf die Fokussierfähigkeit der Augen. Durch die Übungen ermöglicht man den Augen, ein Höchstmaß an Koordination zu entwickeln und schrittweise wieder besser scharf stellen zu können. Das System wurde von mir persönlich erfolgreich am Beispiel des funktionellen Sehfehlers der Kurzsichtigkeit getestet, und es gilt ganz sicher genauso bei Weitsichtigkeit, denn es erfolgt nach denselben Prinzipien: durch das Tragen von Übungsbrillen wird das Auge darin geübt, das Bild des fixierten Objekts auf die Netzhautgrube, die sensibelste Stelle der Netzhaut, zu führen.

   Was das Problem der Hornhautverkrümmung angeht, kann ich für keine Besserung garantieren, da ich hierfür – im Gegensatz zur Kurzsichtigkeit – keinerlei eindeutigen Beweis habe. Das bedeutet *nicht*, dass eine Hornhautverkrümmung nicht schrittweise zurückgehen kann. Besser funktionierende Augenmuskeln und eine verbesserte Fokussierfähigkeit wirken indirekt bestimmt auch positiv auf die Hornhaut ein. Ehrlicherweise kann ich es trotzdem nicht garantieren. Jemand anders wird die Frage vielleicht aufklären: durch zuversichtliches Praktizieren der Übungen.

2) Beim Dehnen der Augen nach *PVS* müssen die Bewegungen langsam und kontrolliert verlaufen. Diese Technik wird im wissenschaftlichen Fachjargon „aktiv-statisches Stretching" genannt. An dieser Stelle komme ich nicht umhin, dir einige Grundprinzipien des Muskeltrainings begreiflich zu machen, denn die Augenübungen sind eben das: reines Muskeltraining. Das Strecken und Dehnen der Augenmuskeln erfolgt in einem bestimmten Bereich des Gesichtsfelds durch einen Augenbewegungsmuskel (Agonisten), der sich zusammenzieht, und seinen Gegenspieler, den Antagonisten, der sich dehnt. Jeder Muskel ist sowohl Agonist als auch Antagonist, je nach Bewegung, die er gerade ausführt. Hierzu ein Beispiel: Wenn du nach unten schaust, sind einige Muskeln als Agonisten aktiv, während die Muskeln im entgegengesetzten Teil des Auges als Antagonisten fungieren. Wenn du dagegen nach oben schaust, gilt genau das Gegenteil. Das nur am Rande, damit du verstehst, dass die Dehnung eines Muskels durch das Zusammenziehen seines Gegenspielers zustande kommt. Ohne ein kräftiges Kontrahieren (eines Muskels) ist also keine effektive Streckung (seines Gegenspielers) möglich.
   Konkret und in der Praxis heißt das Folgendes: langsame und kontrollierte Rotations- und Fixationsübungen ausführen und dabei vor allem auf den Stellen beharren, an denen es schwierig ist, die Bewegung korrekt auszuführen, Stellen, die sich „blockiert" anfühlen. Hier ist es besonders wichtig, die exakte Symmetrie der Muskeln wiederherzustellen und somit genauer fokussieren und fixieren zu können.
3) Unter Punkt eins des Intensivprogramms ist von vollständigen Rotationen die Rede, wobei zwei Rotationen bei offenen Augen und zwei bei geschlossenen durchgeführt werden sollen. Das Ziel ist eine Art „Aufwärmen" der Augenmuskeln, um sie auf die nachfolgenden Übungen unter Punkt zwei und drei vorzubereiten. Meine Vorgaben beschreiben einen „Standardablauf" der Muskelarbeit. Es spricht nichts dagegen, diese nach eigenen

Bedürfnissen abzuändern. Wenn du zum Beispiel in einem bestimmten Bereich deines Gesichtsfelds Doppelbilder wahrnimmst, deutet das auf eine muskuläre Asymmetrie hin und bedarf ganz besonderer Beachtung. Die in meinem Buch gemachten Angaben sind Hilfen, wie man die Intensität steigern kann. Auch die für das Intensivprogramm erforderliche Zeit ist vernünftig gewählt und ist für wirklich jeden relativ bequem und gut machbar.

4) Deine Angst ist begründet. Das unterschiedliche Sehvermögen deiner Augen gibt dem besser sehenden Auge Anlass dazu, einen Teil der Arbeit des anderen zu übernehmen. Das Gehirn neigt dazu, sich hauptsächlich der visuellen Wahrnehmung des gesünderen Auges zu bedienen. Damit wird das schwächere Auge immer noch schwächer und bequemer. Es gibt eine Lösung für dieses Problem – auch das ist in meinem Buch beschrieben: Zuerst wird das Fokussieren mit dem schwächeren Auge trainiert, indem das „bessere" abgedeckt wird. Diese Prozedur wird langsam die Fokussierfähigkeit des schwächeren Auges verbessern und sogar dahin führen, dass beide Augen *gleich* gut fokussieren. Erst wenn dieser Zustand eingetreten ist, kann man dazu übergehen, beide Augen zusammen zu trainieren – das wird befreiend für dich sein! Die Prozedur mit der Augenklappe hat das Ziel, zu vermeiden, dass das schwächere Auge unterdrückt und damit faul wird. Der Aufwand lohnt sich sehr und deine Mühen werden sich *sichtlich* auszahlen!

5) Es gibt zahlreiche Erfahrungsberichte von Autoren – auch sehr bekannten wie zum Beispiel dem Philosophen und Autor des Buches *Die Kunst des Sehens*, Aldous Huxley, oder William Bates –, die derartige Verbesserungen der Fokussierfähigkeit an sich oder an ihren Patienten (Bates) festgehalten haben. Was hier behauptet wird, nämlich, dass die Sehkraft sich infolge eines Verzichts auf korrigierende Sehhilfen und bei einem Leben „im Freien"

verbessert, ist kein Geheimnis. Das ist in zahlreichen wissenschaftlichen Studien zum Thema Stress durch Sehen im Nahbereich (durch Überakkommodation) und den „Verhaltensursachen der Kurzsichtigkeit" belegt. In diesem Zusammenhang lade ich dich dazu ein, den Abschnitt mit dem Titel „Kurzsichtigkeit: Erbfehler oder durch Umweltfaktoren erworben?" [am Ende von Kapitel 1, Anm. des Verlags] noch einmal zu lesen. Aussagekräftig und bedeutsam ist auch die Studie, die an Inuit durchgeführt wurde (Young et al. 1969).

Während der Übungen *muss* der Zustand *leichter* Unschärfe *unbedingt* erhalten bleiben; bei einer zu großen Unschärfe würde das Gehirn gar nicht erst versuchen, die Abbildung scharf zu stellen, da es „unmöglich" signalisiert bekäme. Ich beziehe mich hier auf das Phänomen der Akkommodation bei Defokus, das der Wissenschaft wohl bekannt ist. Ja, die Sehkraft wird verbessert (oder zumindest nicht verschlechtert), wenn man sich im Freien aufhält und den Stress der Überakkommodation so verringert. Das hat aber *nichts* mit der Trainingslast zu tun, die man dazu *benötigt*, um eine leichte Unschärfe zu erzeugen und damit eine Anpassung der Fokussierfähigkeit zu erzielen.

Fazit: Ja, im Freien werden die Augen auf jeden Fall entspannt und: Ja, eine leichte Unschärfe ist notwendig, um eine „positive" Anpassung der Fokussierfähigkeit zu erreichen.

6) Ich glaube, du beziehst dich auf das Buch von Harry Benjamin: *Ohne Brille bis ins hohe Alter*, Freiburg im Breisgau: Bauer, 1998. Vergleiche dazu auch die umfassende Bibliografie in meinem Buch.

24) Ich habe eine Frage zur CRB-Bewegung: Muss ich die Übungsbrille wechseln, wenn ich es geschafft habe, bei maximal ausgestreckten Armen scharf zu sehen? Wie viele Sekunden lang muss man bei den Übungen die gedehnte Position halten? Gestern habe ich angefangen, das Buch zu lesen und begeistert die

Übungen zu machen. Jetzt wollte ich mich vergewissern, dass ich sie korrekt durchführe.

1) *Ich setze meine Brille auf (zum Lernen, Arbeiten und auch sonst setze ich fast immer eine unterkorrigierende Brille auf), setze ein Plusglas der Stärke +1 darüber und halte das Buch so weit von mir weg, dass ich die Buchstaben leicht verschwommen wahrnehme. Dann mache ich die CRB-Bewegung bei so weit wie möglich gedehnten Augen und hochgezogenen Augenbrauen, bis die Buchstaben klar, wenn auch nicht perfekt, zu erkennen sind. Ich nehme die Pluslinse ab und zwinkere, warte ein paar Sekunden, setze die Linse wieder auf die Brille, halte den Text so weit von mir weg, bis ich die Buchstaben leicht verschwommen wahrnehme, mache die CRB-Bewegung und so weiter. Ist das richtig so?*
2) *Muss der Blick auf einen bestimmten Punkt gerichtet sein oder kann er frei über die Buchseite schweifen?*
3) *Muss ich die Übungsbrille wechseln, wenn ich bei maximal ausgestreckten Armen scharf sehen kann?*
4) *Bei den statischen Übungen setze ich die Brille ab. Wenn ich die Brille in den Extrempositionen der Übungen auflasse, sehe ich zwar nicht scharf, aber ein Auge sieht durch das Brillenglas und das andere nicht.*
   Ich fixiere also einen Punkt und drehe den Kopf, bis die Augen maximal angespannt sind, nehmen wir an, nach links. Irgendwann sehe ich mit dem rechten Auge (fast) nur noch meine Nase. Ist das in Ordnung oder nicht?
5) *Wie viele Sekunden lang muss man bei der Augendehnung die gedehnte Position halten? Ich weiß, dass es für dich anstrengend ist, immer dieselben Dinge zu wiederholen, aber je mehr Einzelheiten und Hinweise du mir geben kannst, desto mehr Motivation bringe ich auf und werde vielleicht zu unverhofften Erfolgen geführt.*

Ich antworte sehr gern auf deine Fragen:

1) Die Übungssequenz ist korrekt, aber in deinem Fall (als Anfänger und bei der Stärke +1 der Vorsatzlinse) brauchst du die Übungsbrille nicht abzusetzen. Das könnte eventuell in fortgeschrittenem Stadium und mit Übungsbrillen der Stärke +2, +3 und +4 oder mit Minuslinsen der Stärke – 1, –2 und –3 zur Behandlung von Weitsichtigkeit sinnvoll sein. Andererseits bräuchtest du bei leichter Kurzsichtigkeit die *Übungsbrille* nicht über deiner aktuellen Brille zu tragen, sondern könntest *ausschließlich* mit der Übungsbrille arbeiten. Wenn du nur schwach kurzsichtig bist (um die 2 Dioptrien pro Auge), erreichst du die „richtige" Unschärfe für die Leseübung auch ohne deine aktuelle Sehhilfe. Unter richtig verstehe ich, dass du leicht unscharf siehst und den Text scharf stellen kannst, ohne ihn zwei Zentimeter vor die Nase zu halten (wie es hingegen der Fall wäre, wenn du stark kurzsichtig wärst und von Anfang an *ohne* deine aktuelle Sehhilfe und nur mit der Übungsbrille trainiertest). Bei starker Kurzsichtigkeit und starker Weitsichtigkeit ist es notwendig, in der ersten Zeit die Übungslinsen *über* der verordneten Sehhilfe zu tragen. Allmählich und je nach Verbesserung des Fokussierens sollte dann auf die eigene Brille immer mehr verzichtet und zusätzlich die Stärke der Übungslinsen erhöht werden. Die Augen passen sich unweigerlich dem angebotenen Reiz an. Wie sonst erklärte man sich die kontinuierliche Verschlechterung der Sehkraft, wenn ständig die verordnete Sehhilfe getragen wird, die den Sehfehler lediglich ausgleicht? Wie sonst erklärte man sich das physiologische SAID-Prinzip der spezifischen Anpassung an einen gegebenen Reiz? Ich sage es noch einmal ganz deutlich: Es ist nicht notwendig, dass du nach der CRB-Bewegung die Übungsbrille abnimmst.
2) Dein Blick kann über die gesamte Buchseite schweifen, aber wenn du deinen Übungstext lesen möchtest, musst du die jeweilige Zeile mit ihren Buchstaben punktgenau anvisieren, so wie du es normalerweise beim Lesen auch tust.

3) Ja. Wenn du bei maximal ausgestreckten Armen mit einer Übungsbrille der Stärke +1 lesen kannst, musst du die Stärke erhöhen. Die Distanz zu erhöhen, wäre einfach zu umständlich: Da du bei maximal ausgestreckten Armen inzwischen scharf siehst, müsstest du den Text an die Wand heften und dich immer weiter davon entfernen oder aber jemanden darum bitten, den Text für dich zu halten. Es gibt nichts Einfacheres und Praktischeres als die Trainingslast direkt und *Schritt für Schritt* an den Augen zu erhöhen und eine stärkere Übungsbrille aufzusetzen. Folglich kann das erfolgreiche Lesen bei ausgestreckten Armen als Grenze der aktuellen Übungsbrille und damit als Signal betrachtet werden, die Trainingslast zu erhöhen. Wichtig: Im Falle von Weitsichtigkeit wird der Übungstext schrittweise näher an die Augen herangeführt. Die Stärke der Übungsbrille kann dann erhöht werden (von –1 über –2 auf –3), wenn der Text ganz nah am Gesicht scharf wahrgenommen wird.
4) Ja, du musst beim Trainieren der Dehnungsübungen die Brille absetzen, da diese das Fixieren und das Zusammenführen der Bilder am Rande des Gesichtsfelds behindern würde. In diesem ersten Stadium musst du die Fusion der Augen aufrechterhalten. Bei der Fusion werden die Bilder beider Augen zu einem Bild zusammengeführt; sie ist also das Gegenteil zum Entstehen von Doppelbildern. Bei den Dehnungsübungen geht es in der Tat darum, die Symmetrie der äußeren Augenmuskeln, also das Verhältnis zwischen Flexibilität und Kraft, wiederherzustellen.
   Fazit: Behalte die Fusion des fixierten Punktes an den äußersten Grenzen des Gesichtsfeldes bei. Beachte dabei die Anleitungen im Buch. Die Nase darf dich dabei nicht stören: Halte den Blick an, bevor die Nase deine Augen bedeckt, sonst wirst du nicht merken, ob die Bilder beider Augen zu einem Bild zusammengeführt werden (Fusion) oder aber Doppelbilder entstehen.
5) Um diese Frage zu beantworten, muss ich vorher den Begriff der *Intensität* von Kontraktion und Muskelarbeit erklären: Bei der

Muskelarbeit ist die Intensität das Verhältnis zwischen bewegter Last und aufgewendeter Zeit. Sowohl bei isometrischen Anspannungen, wo sich der Muskel gegen einen unbeweglichen Widerstand zusammenzieht als auch in unserem Fall ist es nicht möglich, präzise Angaben zur Intensität der Kontraktion zu machen. Es ist keine sichtbare Last vorhanden, wie es etwa beim Stemmen von Hanteln der Fall ist. Wie kann man hier nun die Intensität sichtbar machen? Wie kann man garantieren, dass den Augen immer genau die Last zugemutet wird, die eine Anpassung der äußeren Augenmuskeln bewirkt? Die Antwort liegt in der *Wahrnehmung* der jeweiligen Muskelbelastung. Die Muskelbelastung (mit anderen Worten die Intensität der Kontraktion) ist direkt verbunden mit dem Willen: Du fixierst die äußersten Punkte des Gesichtsfeldes (wie es in meinem Buch steht), als ob du *über* diesen Bereich hinweg *wolltest.*

Die Zeit? Zehn Sekunden oder eine Minute – das kommt ganz darauf an, wie stark du deine Muskeln anstrengen willst. Normalerweise entwickelt ein Muskel schneller die Fähigkeit sich zu erholen, an Kraft zuzulegen und in unserem Fall die Funktionen der Augenmuskeln zu verbessern, je intensiver er beansprucht wird. Beim aktiv-statischen Dehnen der Muskeln streckt die Kraft des Bewegungsmuskels seinen Gegenspieler. Es sei dir überlassen, diese Intensität zu regulieren und zu verändern. Wenn dir irgendeine technische Erklärung nicht ganz klar ist, mach dir keine Sorgen: Sehen ist seit jeher eine natürliche und uns angeborene Funktion. Damit dein Herz funktioniert, musst du schließlich auch nicht das Funktionieren des Herzkreislaufsystems verstehen. Alles, was du tun musst, ist die Technik anwenden und umsetzen, so wie ich sie in meinem Buch beschreibe.

25) Warum meinst du, dass wir die Übungsbrille höchstens zwei Stunden pro Tag tragen sollen (und das beim Intensivprogramm)?

Die Antwort auf deine Frage hängt mit der Anpassungsfähigkeit des Körpers an verschiedene Reize zusammen: Jedes physiologische System, das wiederholt gezielten Reizen ausgesetzt wird, verändert seine organische Funktionalität. Auf das System der Scharfstellung bezogen bedeutet das, dass die gezielten Übungen, die ich in meinem Buch beschreibe, zu Veränderungen und damit zu Verbesserungen der Fokussierfähigkeit führen. Mit dieser Vorinformation will ich nun auf deine Frage eingehen.

Um dieser Fähigkeit des Organismus, sich Reizen anzupassen, den nötigen Antrieb zu geben, wie im konkreten Fall die Übungen zur Scharfstellung mit der Übungsbrille und der CRB-Bewegung, bedarf es einer gewissen Reizintensität. Quantitativ drückt sich diese in der Trainingszeit aus.

Folgt man der Technik, so wie ich es im Buch beschreibe, wird klar, dass die Intensität des Reizes entscheidend ist: Es muss ein Reiz vorhanden sein, damit eine Anpassung provoziert wird. Der Reiz darf aber nicht übertrieben hoch sein, da er sonst seine Wirkung verliert. Über die Anpassungsgrenze eines jeden physiologischen Systems zu gehen, ist wirkungslos; deshalb wäre es unnötig und nutzlos, den ganzen Tag lang die Übungsbrille zu tragen und die Augenmuskeln zu dehnen. Ich rate ausdrücklich davon ab! Man kann die Fortschritte nicht wesentlich beschleunigen, da sowohl Körper als auch Geist eine bestimmte Zeit brauchen, sich auf die Anpassung einzustellen.

Um diese Tatsache noch einmal durch ein anderes Beispiel zu beleuchten, stelle man sich einen Athleten vor, der seine Muskelmasse durch Gewichtheben vergrößern will: Er befolgt seinen Trainingsplan, stemmt immer schwerere Gewichte und erhöht so die Reizintensität – andernfalls stagnierte sein Training. Ob er nun drei Stunden oder acht Stunden täglich trainiert: Der Leistungszuwachs ist nicht größer. Im Gegenteil, eine übertriebene Reizung könnte sich kontraproduktiv auswirken, da die natürliche Erholung und Anpassung des Organismus nicht berücksichtigt würde.

Mit einem Training von bis zu zwei Stunden täglich, wie ich es für das Intensivprogramm veranschlagt habe, produziert man das Höchstmaß an Reizen, die schnell verarbeitet werden können, ohne die Anpassungsfähigkeiten der Augen zu beeinträchtigen. Dem Auge muss der höchstmögliche Reiz angeboten werden, damit es zum Trainingseffekt und zu positiven Anpassungen kommt (in unserem Fall zu Verbesserungen der Scharfstellung).

Dann braucht der Körper Zeit, sich an die Übungen anzupassen und der Geist, sich an die neu erlangte, klarere und farbintensivere Wahrnehmung der Welt zu gewöhnen. Ich erinnere dich daran, dass das Sehen nicht einfach ein physiologischer Prozess ist, sondern viel tiefere Ebenen der menschlichen Psyche einschließt: Unsere Beziehung zu uns selbst und die zu unseren Mitmenschen; die Art und Weise, wie wir das Leben angehen und unsere Einstellung zum Leben im Allgemeinen. Sagt man nicht, dass jemand eine „kurzsichtige Einstellung" hat? Der Körper ist der Spiegel der Seele. Hat man das verstanden, wird klar, dass das Arbeiten am eigenen Körper bedeutet, geistige und emotionale Horizonte zu erweitern und sich einer spirituellen und ganzheitlichen Heilung anzunähern, die sämtliche Aspekte des menschlichen Daseins einbezieht, nicht nur die körperlichen.

26) Wie viel Zeit werde ich mit deiner Methode brauchen, um die volle Sehkraft meines linken Auges wieder zu erlangen (4,5 Dioptrien)? Wie lange hast du selbst gebraucht?

Man kann nicht generell sagen, wie viel Zeit das Auge benötigt, um sich zu erholen und seine Fokussierfähigkeit wieder aufzunehmen. Es ist sogar schwierig, eine ungefähre Zeitangabe zu machen, da die Geschwindigkeit von zahlreichen variablen Faktoren abhängt (anfängliche Brechkraft des Einzelnen, Art seiner Arbeit und seines Umfelds, aufgewendete Zeit für die Übungen, Qualität des Trainings usw.). Hierbei kommt es vor allem auf die Zeit an, die man dem Üben und dem Tragen der Übungsbrille widmet.

Ich sage es noch deutlicher: Wenn jemand fünf Minuten täglich trainiert und jemand anders zwanzig Minuten, erreicht Letzterer deutlich schneller die gewünschte Sehschärfe.

Wenn du die Übungen machst und danach den ganzen Tag mit deiner normalen Brille vor dem Computer sitzt, bleibt der Stress für das Auge im Nahbereich erhalten. So entwickelt sich ein Hin und Her deiner akkommodativen Fähigkeiten.

Eines ist jedenfalls sicher: Die Besserung stellt sich schneller ein als die Verschlechterung, die dich bis zu deiner aktuell verordneten Brille gebracht hat. Unter Beobachtung eines Augenarztes oder Optometristen kannst du mit *symmetrischen* Rotationsbewegungen beginnen. Die Bewegungen müssen langsam und konzentriert bei größtmöglichem Bewegungsradius ausgeführt werden.

Erst dann kannst du mit dem Defokussieren anfangen und deine Brechkraft vorteilhaft beeinflussen. Lass dich dafür stets von einem Arzt beraten.

27) Warum kann man mit PVS eine schnellere Verbesserung der Sehschärfe erwarten, als dass sich die Sehschärfe durch das Tragen von Minuslinsen bei Kurzsichtigkeit verschlechtert?

Wenn die Übungen zur Rehabilitierung des Auges korrekt ausgeführt werden, das heißt zuerst an Symmetrie und Qualität der äußeren Augenmuskeln, dann an einem angemessenen Defokus gearbeitet wird und gewisse Regeln der „visuellen Hygiene" eingehalten werden, kann man davon ausgehen, dass sich schneller Verbesserungen ergeben, als wenn die verordnete Brille mit Minusgläsern getragen und daher weitsichtig defokussiert wird.

Die Reize, die bei einer Überakkommodation entstehen, sind völlig willkürlich, wenn etwa ein Kurzsichtiger im Nahbereich eine komplett korrigierende Sehhilfe mit Minuslinsen trägt. Wer dagegen nach meinem Sehtraining arbeitet, beendet die Zufälligkeit der refraktiven Reize, denen er sich aussetzt. Er oder sie ist sich nun der negativen Reize für die eigene Fokussierfähigkeit bewusst und wird darauf hinarbeiten, den überakkommodativen Stress zu vermindern. Dazu setzt man unterkorrigierende Brillen auf oder verwendet – in überschaubaren und *sicheren* Umgebungen – Plusgläser und arbeitet direkt am kurzsichtigen Defokus.

Diese bewusste Reizung, wie sie beim System der *Power Vision* Anwendung findet, führt zu schnelleren Ergebnissen eben wegen des Bewusstseins, das mit den ausgeführten Übungen einhergeht. Gleichzeitig werden Negativreize wie überakkommodativer Stress bewusst vermieden oder reduziert. Die Summe dieser Reizungen erlaubt eine Anpassung und damit eine Verbesserung der Brechkraft, wobei dem akkommodativen/refraktiven Gleichgewicht jedes Individuums Rechnung getragen wird.

28) Wie stelle ich die Koordination der äußeren Augenmuskeln wieder her, und wie verbessere ich die zentrale Fixation?
Ich befolge deine Ratschläge aus dem Buch und mache Fortschritte: Es fehlen mir 2 Dioptrien pro Auge, aber inzwischen müsste ich dank deiner Übungen bei 1,5 Dioptrien sein. Mein Problem ist folgendes: Wenn ich nach oben schaue, merke ich, dass das rechte Auge vor dem linken anhält, das heißt, sie konvergieren nicht beide gleich. Soll ich nun diese Bewegung weiterüben, bis die äußeren Augenmuskeln des rechten Auges sich entspannen und sich so weit dehnen können wie die des linken Auges? Oder gibt es eine andere Übung, die du mir für das rechte Auge empfehlen könntest?

Ein gesundes Auge besitzt optimale Fixationsfähigkeiten in sämtlichen Bereichen des Gesichtsfelds – ob nun zentral oder an den Grenzen des Gesichtsfelds fixiert wird (zum Beispiel wenn man nach oben, stark zur Seite oder schräg nach oben oder unten schaut). Eine perfekte Koordination der Augen ist der direkte Ausdruck optimal funktionierender äußerer Augenmuskeln. Dies kann man durch das

Ausüben verschiedener spezifischer Übungen erreichen. Dadurch gewinnt man optimale Flexibilität, Kraft und Koordination zwischen rechtem und linkem Auge zurück. Diese Qualitäten sind die besten Voraussetzungen dafür, dass optimal scharf gestellt werden kann. Es sei daran erinnert, dass das gesunde Auge die Fähigkeit besitzt, die sogenannten sakkadischen Bewegungen auszuführen. Außerdem ist es in der Lage, in sämtlichen Bereichen des Gesichtsfelds zu fixieren, selbst in den Randbereichen, die von Brillenträgern gar nicht genutzt werden. Gesunde Augen sehen auch einfach anders aus. Sehr kurzsichtige Augen drücken etwas beinahe Abwesendes aus, und sie scheinen nichts zu fixieren. Genauso ist es auch: Kurzsichtige haben eine sehr reduzierte Fähigkeit zentral zu fixieren. Die Fähigkeit der zentralen Fixation – oder auch Zentralisation genannt – ist die Fähigkeit der Augen dafür zu sorgen, dass das fixierte Bild genau auf die Netzhautgrube in der Netzhautmitte fällt, welche die sensibelste und damit geeignetste Stelle ist, um das fixierte Objekt scharf zu stellen. Im Fall schlechter Koordination der äußeren Augenmuskeln konvergieren eine oder beide Sehachsen an der Netzhautgrube vorbei und nur teilweise in den Gelben Fleck hinein. Dieses Phänomen nennt man retinale Exzentrizität, und dieses ist in gewissem Maße verantwortlich für das Unvermögen des Auges, scharf zu stellen. Wenn sie ihre Koordinationsfähigkeit zurückerlangen, sind die Augen aufs Neue in der Lage, das fixierte Bild auf die Netzhautgrube fallen zu lassen und die sakkadischen Augenbewegungen korrekt auszuführen. Zu diesem Zweck gibt es die Rotationsübungen in ihren Varianten.

Möglicherweise (so wie bei dir) kommt es zu Koordinationsproblemen bei den Rotationsübungen, vor allem dann, wenn ein Punkt fixiert wird. Die perfekte Koordination muss wieder hergestellt werden, und beim Üben muss man sich vor allem auf die Stellen konzentrieren, an denen die Augen beim Rotieren das beidäugige Fixieren nicht aufrechterhalten können und daher Doppelbilder entstehen: Die Augen haben ein Koordinationsproblem und es besteht ein Ungleichgewicht in der Symmetrie der Augenmuskeln.

Übt man die Rotation beharrlich an den „Problemstellen" des Gesichtsfeldes, wird man allmählich eine Verbesserung von Koordination und Fixation und folglich eine Verbesserung der Sehschärfe feststellen können.

Es sei daran erinnert, dass die äußeren Augenmuskeln zur quergestreiften Muskulatur des Körpers gehören (wie Bizeps, Trizeps, Quadrizeps). Die Augenmuskeln müssen also zunächst nach spezifischen Kriterien trainiert werden, bevor zum Defokussieren übergegangen wird.

Merke: *Zuerst* die Übungen zur muskulären Rehabilitierung und erst *dann* die Fokussierübungen (mit oder ohne Übungsbrille). Bevor du zu „rennen" lernst, müssen die Muskeln deines Körpers voll funktionsfähig sein.

29) Ich würde gerne wissen, wie du dein System der Power Vision *entwickelt hast und ob es wissenschaftlich nachgewiesen ist. Sag mir bitte, wie ich mich über deine Methode informieren kann ... ich würde sie gerne ausprobieren. Ich habe zwei Jahre zusammen mit einer Therapeutin geübt und ansehnliche Ergebnisse erreicht (von –5 auf –2,5 Dioptrien, glaube ich), aber dann habe ich damit aufgehört, weil ich der Sache überdrüssig geworden bin, und ich denke, meine Augen sind wieder ein bisschen schlechter geworden. Ich arbeite den ganzen Tag am Computer und bin gezwungen, die Augen im Nahbereich anzustrengen.*

Die Grundlage des Systems besteht in den physiologischen Reaktionen, die anerkannte Auswirkungen auf den Organismus haben: Dazu gehören das SAID-Prinzip der spezifischen Anpassung an einen gegebenen Reiz und der Defokus. Das SAID-Prinzip sieht die allmähliche Anpassung des Organismus an spezifische Reize vor, die zu funktionellen und strukturellen Veränderungen des betroffenen Organs führen – in unserem Fall der Augen und des visuellen

Systems. Das Prinzip des Defokus ist dem Großteil der Optometristen bekannt. Es hat eine Kompensation oder Anpassung des Fokussiersystems an den jeweiligen Reiz zum Ziel: Bei Kurzsichtigkeit wird die Sehschärfe bewusst herabgesetzt, indem der Betroffene unterkorrigierende Gläser oder aber – bei einer eher leichten Kurzsichtigkeit – eine Übungsbrille mit Plusgläsern trägt. Dieses Prinzip des Defokus macht vom Phänomen der „Vernebelung" (*fogging*) Gebrauch, also dem bewussten Herstellen von Unschärfe. Auch dieses Phänomen taucht in der optometrischen Fachliteratur auf.

Die Unschärfe ist der Auslöser, der Kompensationsreiz für die Netzhaut. Bei meinem Augentraining wird dieser Kompensationsreiz jeweils auf den einzelnen Fall abgestimmt verwendet.

Das Übungssystem kann als „wissenschaftlich" definiert werden, wenn wissenschaftlich bedeutet, dass die Methode sich auf physiologische, wissenschaftlich erwiesene Gesetze gründet. Darüber hinaus sind die Auswirkungen des Defokussierens in Tierversuchen nachgewiesen worden, vor allem an Primaten, die uns Menschen am nächsten sind. Eine Beschreibung dieser interessanten und erhellenden Studien findest du in meinem Buch oder in der wissenschaftlichen Literatur zum Thema, zum Beispiel auch in der medizinischen Datenbank *Medline*. Wenn aber „wissenschaftlich" für dich bedeutet, dass *Power Vision System®* kontrollierten Versuchen unterzogen wurde, und dass seine Ergebnisse in Fachzeitschriften veröffentlicht worden sind, muss ich dir sagen, dass das noch nicht der Fall gewesen ist. Dabei darf man nicht vergessen, dass es sich bei SAID und fortscheitendem Defokus um neue Methoden handelt. Wissenschaftliches und experimentelles Neuland kann nicht zusammen mit dazugehörigen Studien entstehen, denn dann wäre es kein Experiment. Ich denke, das leuchtet ein.

Ohne Brille seh ich besser zielt darauf ab, sowohl die der Heilmethode zugrunde liegenden physiologischen Gesetze als auch die psychologischen Phänomene, die sich hinter dem Sehen verbergen, zu beleuchten und damit auf die Bioenergetik einzugehen.

Abgesehen von den methodischen Erklärungen soll das Buch auch zeigen, *wie* man die oben zitierten Prinzipien, die in Tierversuchen schon beobachtet worden sind, auch beim Menschen anwenden kann. In meinem Fall hat die Methode funktioniert, und es bleibt jedem selbst überlassen, sich persönlich unter Beobachtung eines Augenarztes oder Optometristen davon zu überzeugen, dass sie funktioniert. Das hat man schnell herausgefunden: Versuche, einen halben Tag lang *ohne* Kontaktlinsen oder Brille auszukommen und lasse den kurzsichtigen Defokus auf dich wirken. Achte dabei darauf, dass du dich an einem sicheren Ort befindest, an dem du aus Sicherheitsgründen nicht hundertprozentig scharf sehen musst. Es ist möglich bzw. sogar sehr wahrscheinlich, dass du am Ende des Experimentes zumindest den Eindruck hast, dass sich deine Sehschärfe verbessert hat. Diese Verbesserung ist die direkte Konsequenz einer Anpassung des visuellen Systems an den Defokus.

Bei *PVS* wird diese Verbesserung *direkt* beeinflusst und an einem *allmählichen* Rückgang des Sehfehlers gearbeitet. Hierbei ist es ganz wichtig zu beachten, wie die Arbeitsbedingungen des Betroffenen aussehen. Du hast gesagt, dass du am Computer und damit ständig im Nahbereich arbeitest, und dass die Ergebnisse, die du mit deiner Therapeutin erreicht hast, sich wieder verschlechtert haben. Das kommt daher, dass deine Augen Dauerstress unterworfen sind. Wenn du die erreichten Fortschritte beibehalten willst, musst du deinen Augen die Möglichkeit geben, den Blick in die Weite schweifen zu lassen. Das bedeutet eine Erholung für die Sehachsen, die nun parallel zueinander stehen können, anstatt dauernd konvergieren zu müssen. Vorbeugend kannst du auch mit einer unterkorrigierenden Brille am Computer arbeiten, wenn du nicht im Kontrollturm des Flughafens oder als Chirurg arbeitest – das gilt natürlich für alle Beschäftigungen, die äußerste Präzision und Sicherheit verlangen. Es genügt, wenn du beim Arbeiten im Nahbereich eine unterkorrigierende Brille trägst oder den Akkommodationsstress durch das Tragen von Pluslinsen verminderst. Lass dir gesagt sein, dass das *funktioniert*!

Es sind keine Zertifikate, Diplome oder wissenschaftlichen Studien nötig, um eine persönliche Erfahrung zu machen. Ich sage das, obwohl mein Buch sich sowohl auf erwiesene physiologische Gesetze und Prinzipien beruft als auch auf in Fachzeitschriften veröffentlichte wissenschaftliche Studien. Probier mein Übungssystem aus, aber immer nur unter direkter Beobachtung eines Augenarztes oder Optometristen.

30) Hilfe! Meine Augen werden immer schlechter. Wie kann ich verhindern, dass ich meine Augen für den Rest meines Lebens beeinträchtige?
Seit ein paar Jahren hat sich meine Sehkraft um 0,25 bis 0,5 Dioptrien pro Auge verschlechtert. Ich habe immer perfekt gesehen und ich finde es schlimm, dass das nicht mehr so ist. Ich studiere und arbeite nebenher. Hat diese Entwicklung damit zu tun? Vor allem für meinen Beruf sind gute Augen wichtig. Ich würde gerne so viel wie möglich zu dem Thema wissen.

Es ist sehr interessant festzustellen, dass fast alle Sehfehler sich schrittweise entwickeln. Wenn man sich nach der zuerst festgestellten Sehschwäche und der Stärke der ersten Brille erkundigt, bekommt man fast immer zur Antwort, dass die Augen schrittweise schwächer geworden sind: „Meine jetzige Brille hat 4 Dioptrien, aber bei der ersten Brille lag die Stärke bei −0,75 ...".

Denkt man gründlich über solche Feststellungen nach, wird klar, wie es dazu kommen kann, dass man mit der Zeit auf immer stärkere Sehhilfen angewiesen ist und seinen ursprünglichen Sehfehler weiter verschlechtert. Man fragt sich, ob das Korrigieren der Sehschwäche durch eine Sehhilfe, so wie es gegenwärtig von der Gesellschaft anerkannt ist, wirklich als therapeutisch sinnvoll angesehen werden kann. In fast allen Fällen ist es nämlich tatsächlich so, dass die Brille nicht nur das Problem nicht behebt, sondern es sogar erschwert, indem sie Akkommodationsstress begünstigt und damit langfristig die Fokussierfähigkeiten des Auges verringert.

Die medizinische Wissenschaft kann enorme Fortschritte bei der Behandlung vieler Krankheiten und Störungen verzeichnen, doch wenn es um funktionelle Probleme der Sehorgane geht, fragt man sich: Was wurde wirklich getan, um Kurzsichtigkeit, Weitsichtigkeit und Hornhautverkrümmung zu bekämpfen? Kann man mit diesem Wissen wirklich sagen, dass der uneingeschränkte Gebrauch von Brillen und Kontaktlinsen von therapeutischem Nutzen sei? Die Antwort ergibt sich von selbst: Man müsste die gegenwärtigen „Heilmethoden" aus einem weniger kurzsichtigen Blickwinkel noch einmal neu beäugen.

Ich möchte ein Beispiel anführen, das den Begriff der Heilung etwas verdeutlichen soll: Jemand bricht sich ein Bein, das schließlich eingegipst wird, damit der Knochen heilen kann. Dieser Vorgang bezweckt, dass der Patient wieder auf eigenen Beinen gehen kann. Es werden ihm eventuell Krücken verordnet, auf die er sein Körpergewicht stützen kann, und die ihm die Fortbewegung erleichtern. Er wird die Krücken so lange benutzen, bis das Bein gesundet ist und er sich wieder normal fortbewegen kann. Beachte: Die Krücken werden nur so lange benutzt, bis das Gelenk oder der Knochen geheilt ist und der Patient wieder gehen kann. Nicht länger.

Beim „Heilen" der Sehschwäche, so wie es gegenwärtig praktiziert wird, ist das *nicht* der Fall: Stell dir vor, du befindest dich in einem schwierigen und stressigen Moment deines Lebens und hast eine Verschlechterung deiner Sehschärfe bemerkt. Du hast Schwierigkeiten, Dinge zu erkennen, die dir vorher keinerlei Probleme bereiteten. Du gehst daher zum Spezialisten, der eine leichte Kurzsichtigkeit diagnostiziert, die mit einer Lesebrille „behandelt" werden muss.

Tja ... von da an wirst du, wenn du die Sehhilfe auch im Nahbereich oder sogar zum Fixieren von Personen und Gegenständen auf kurze Distanzen trägst, eine allmähliche Verschlechterung deiner Brechkraft feststellen. Grund hierfür ist der übermäßige Stress, dem das Auge unnötig ausgesetzt wird.

Ein „funktioneller" Defekt wie ein Brechungsfehler ist nicht organisch bedingt, also keine organische Krankheit, sondern hängt davon ab, wie das Organ benutzt wird. Wenn du also eine voll korrigierende Brille oder, schlimmer noch, Kontaktlinsen trägst, wird das Auge beständig schwächer, sodass immer noch stärkere Gläser erforderlich werden. Meiner Meinung nach ist das keine therapeutische Methode, da sie das Problem nicht beseitigt, sondern es im Gegenteil verschlimmert. Es ist daher nicht verwunderlich, wenn jemand, der in seinem Alltag beinahe immer eine voll korrigierende Sehhilfe benutzt, die „Prophezeiung" der allmählich fortschreitenden und „erblichen" Kurzsichtigkeit erfüllt, die ausgesprochen wurde, als man eine Verschlechterung des anfänglichen Sehfehlers feststellte.

Mit diesen „therapeutischen" Maßnahmen bei Brechungsfehlern wird der optisch überkorrigierte Patient an eine lange Reihe neuer Verordnungen und Brillen gebunden. Das Ergebnis: Mit zunehmendem Alter wird die Sehschwäche sehr wahrscheinlich kritische Ausmaße angenommen haben, und im schlimmsten Fall wird der Patient bei einer zusätzlichen Entwicklung von Altersweitsichtigkeit gezwungen sein, Bifokalgläser zu tragen. Diese Brillengläser haben zwei Stärken, im oberen Abschnitt sind sie auf das Weitsehen, im unteren auf das Nahsehen ausgerichtet.

Die Regel „Wer rastet, der rostet" kennt keine Ausnahme, auch dann nicht, wenn es sich um das Sehorgan handelt. Wer ständig voll korrigierende Sehhilfen trägt, schwächt und „verwöhnt" die natürliche und physiologische Fähigkeit der Augen, sich Reizen anzupassen. Ganz abgesehen davon, dass durch das Tragen von Sehhilfen *in keiner Weise* auf psychologische, emotionale und stressbedingte Faktoren eingegangen wird, die den Menschen vielleicht belasten.

In Bezug auf deine Frage hat wahrscheinlich der übermäßige Akkommodationsstress, vielleicht gemeinsam mit Stresseinwirkungen anderer Art, zur Verschlechterung deiner Augen geführt. Es sei daran erinnert, dass die Augen das Organ sind, das am meisten unter emotionalem Stress leidet. Anfangs könnte man den Augen durch einfaches Reduzieren von Stress im Nahbereich etwas Gutes tun oder sich eine Zeit der Entspannung und Erholung verordnen, fernab von alltäglichen Pflichten. Den Blick häufig in die Ferne schweifen zu lassen und eventuell eine Lesebrille mit Plusgläsern zu tragen, hilft dabei, die Augen zu entspannen. Es kann außerdem die Fokussierfähigkeit der Augen anregen. Plusgläser dürfen aus Sicherheitsgründen nur dann getragen werden, wenn die Umstände keine Vollkorrektur der Augen vorschreiben – wie zum Beispiel beim Autofahren oder bei speziellen Arbeiten.

31) Hallo, ich hoffe du wirst auf meine Frage antworten können: Inzwischen mache ich schon seit anderthalb Jahren Übungen, um die Weitsichtigkeit meines linken Auges zu besiegen. Ich trage zum Üben eine Augenklappe über dem rechten Auge und führe langsame Rotationsbewegungen mit dem linken Auge aus, so wie du es beschrieben hast. Ich habe tatsächlich Erfolge erzielt; ich weiß zwar nicht, um wie viel meine Weitsichtigkeit sich verbessert hat (mit ungefähr 4 Dioptrien habe ich angefangen), doch es ist ganz eindeutig, dass ich besser sehe. Seit einiger Zeit aber spüre ich keine Fortschritte mehr – was könnte der Grund hierfür sein? Werde ich deiner Meinung nach überhaupt jemals in der Lage sein, das Problem ganz zu beheben und hundertprozentig zu sehen? Tschüss und danke. Fabio.
Hallo David, entschuldige, dass ich dich noch mal störe, aber wie so oft habe ich Zweifel, vor allem, was das Fokussieren und die Übungsbrille angeht: Wenn ich die Augenklappe über dem rechten Auge trage, um das linke Auge zu trainieren, soll ich dann zusätzlich mit einem Übungsglas die Unschärfe erhöhen? Ich versuche, mich verständlicher auszudrücken: Da schon ein Sehfehler vorliegt, müsste das Auge doch automatisch versuchen, das Bild korrekt zu fokussieren; darum verstehe ich nicht, warum man zusätzlich Gläser benutzt, mit denen das Bild noch unschärfer gemacht wird. Ich hoffe, meine Frage ist klar.

Von den „Lichtblitzen", die du auf deiner Internetseite beschrieben hast, hatte ich bis jetzt zwei: beide nachts (keine Ahnung warum), und danach konnte ich eine deutliche Verbesserung erkennen. Das war jedenfalls vor ein paar Monaten und jetzt passiert nichts mehr außer einem leichten Ziehen nach den Rotationsbewegungen und nach dem Lesen. Was kann das bedeuten? Ist es möglich, dass die Augen an ihren „Grenzen" angekommen sind? Kann es sein, dass das Problem im Gehirn sitzt, das für das Sehen verantwortlich ist, und nicht im Auge selbst?

Hallo Fabio, du störst mich überhaupt nicht, im Gegenteil: Wären nur alle so motiviert wie du, etwas gegen ihren Sehfehler zu tun! Da du weitsichtig bist, musst du dein Auge daran gewöhnen, auf immer kürzere Entfernungen scharf zu stellen. Das ist ein langwieriger, aber Erfolg versprechender Prozess. Ein Beispiel: Wenn du heute mit deinem linken Auge auf fünfzig Zentimeter Entfernung klar sehen kannst (über dem rechten Auge trägst du die Augenklappe), musst du dafür sorgen, dass sich diese Entfernung nach einiger Zeit verkürzt, indem du den Abstand beim Lesen immer mehr verringerst. Wenn du es geschafft hast, bei ungefähr zehn Zentimetern Abstand zum Text zu lesen, kannst du damit anfangen, Minuslinsen zu benutzen. Die Trainingslast der Minuslinsen sorgt für zunehmende Unschärfe, die sich schließlich in der Anpassung des Auges auswirkt.

Fazit:

1. Nimm ein Buch in die Hände.
2. Führe es so nah zu dir, dass der Text unscharf wird.
3. Zwinkere entspannt, bis du leicht spürst, wie dein Auge scharf stellt.
4. Überschreite diese Grenze zwischen Unschärfe und Scharfstellung, die eine Anpassung der Sehorgane bewirkt. Wenn du beispielsweise bei einer Entfernung von fünfzig Zentimetern lesen konntest und es dann schaffst, bei einem Abstand von dreißig Zentimetern scharf zu stellen, bedeutet das, dass sich dein Seh-

fehler reduziert hat, da das Auge sich an die ihm gestellten Bedingungen gewöhnt hat.

Das genaue Gegenteil gilt für Kurzsichtige: Sie müssen den Text nach und nach immer weiter von sich weghalten und eventuell Pluslinsen in das Training integrieren, damit die Unschärfe stets zunimmt.

Sinn und Zweck der Unschärfe ist es, dem Auge einen Reiz anzubieten, durch den es sich anpasst und korrekt fokussiert. Es gibt zwei Arten des Defokussierens, also der Herstellung von Unschärfe: die eine für Kurzsichtigkeit und die andere für Weitsichtigkeit.

- Bei der Herstellung von Unschärfe zur Verbesserung einer Kurzsichtigkeit – das Auge fokussiert vor der Netzhaut – werden Plusgläser benutzt. Diese bewirken, dass das Auge weniger Akkommodationsstress ausgesetzt ist.
- Soll dagegen Weitsichtigkeit verbessert werden – hier fokussieren die Augen hinter der Netzhaut –, benutzt man Minusgläser und erreicht so, dass das Auge sich anpasst und die Weitsichtigkeit reduziert wird.

  Details hierzu kannst du in meinem Buch finden, das eine umfassende wissenschaftliche Bibliografie beinhaltet.

Nun will ich auf deine anderen Fragen eingehen:

Du willst also wissen, warum du seit einiger Zeit keine Fortschritte feststellen kannst. Wenn du die Dehnungsübungen regelmäßig machst und durch Lesen bei immer geringerem Abstand schrittweise die Unschärfe erhöhst, ist dir die Anpassung und damit die Verbesserung sicher. Es gibt aber auch Momente, in denen sich nichts zu tun scheint. In solchen Zeiten darfst du nicht mit dem Training aufhören und musst vor allem dafür sorgen, dass das Wechselspiel zwischen Unschärfe und Scharfstellen nicht abebbt. Wenn sich genügend für dich nicht wahrnehmbare Verbesserungen angehäuft haben, werden deine Augen eine Anpassung erfahren, die zunächst vorübergehend ist und sich schließlich stabilisiert.

Dann wolltest du noch wissen, ob du dein Problem vollständig beseitigen kannst und wieder hundertprozentig sehen wirst.

Nun, wissenschaftliche Studien an Affen haben gezeigt, dass der Defokus sich auf die Brechkraft auswirkt. Tiere, die verschiedenen Stadien von Unschärfe ausgesetzt wurden, haben je nach gegebenem Reiz Anpassungen in Richtung Kurzsichtigkeit – bei Reizung mit Pluslinsen – oder Weitsichtigkeit – bei Reizung mit Minuslinsen – gezeigt. Sobald man mit dem Augentraining aufhört, hört das Auge auf, sich zu verbessern. Wenn ein Weitsichtiger seine Übungen regelmäßig praktiziert, kann es sogar sein, dass er irgendwann das gegenteilige Ergebnis erzielt und Kurzsichtigkeit entwickelt. Genauso könnte ein Kurzsichtiger Weitsichtigkeit entwickeln, wenn er sein Training nicht in dem Moment einstellte, in dem er wieder normal sieht. Die Regel ist folglich die: Das Training muss regelmäßig durchgeführt werden bis zu dem Zeitpunkt, an dem der gewünschte Zustand der Scharfstellung erreicht ist.

Zu deiner Frage, ob das Problem im Gehirn liegt und nicht im Auge selbst:

Die Augen und damit das Sehvermögen werden ganz stark von emotionalen und geistigen Zuständen des Menschen beeinflusst. Das Thema ist äußerst interessant, denn wenn wir an unseren Augen arbeiten, arbeiten wir auch an emotionalen Blockaden und Prozessen, die dem Sehfehler zugrunde liegen. Es besteht offenkundig ein Verhältnis zwischen Brechungsfehlern und bestimmten Charaktertypen. Der Kurzsichtige ist tendenziell ein introvertierter Typ, der sich in seine Welt zurückzieht. Es scheint, als ob seine enge Sicht der Dinge ihn in der eingeschränkten Möglichkeit scharf zu stellen gefangen hielte. Der Weitsichtige hingegen richtet seine Aufmerksamkeit „nach außen", fast so, als ob es Gefahren zu vermeiden gälte. Seine Sicht und auch seine innere Welt sind in die Ferne gerichtet. Es gibt natürlich so viele Charaktertypen wie es Menschen gibt, und man könnte behaupten, dass der Charakter eine Art „Prägung" ist, die über die Augen sichtbar wird. Psychotherapeutische Techniken wie

EMDR *(Eye Movement Desensitization and Reprocessing)* und EMT *(Eye Movement Technique)* arbeiten mit Augenbewegungen, um Traumata und emotional belastende Situationen zu verarbeiten, unter deren Einfluss der Patient steht. Hier ist der direkte Zusammenhang zwischen Augen, Gehirn und Sehvermögen zu sehen.

Das Neurolinguistische Programmieren (NLP) spricht jedem Blickwinkel im wörtlichen Sinn einen jeweils eigenen, direkten Einfluss auf das Gehirn zu: Wenn man nach oben links blickt, werden bestimmte Bereiche des Gehirns aktiviert und andere, wenn man nach unten rechts blickt. Es ist interessant festzustellen, wie die innere Wahrnehmung und die Fähigkeit, mit seiner Umwelt Bindungen einzugehen, beeinflusst und verändert werden kann, während man an der physischen Sehkraft arbeitet. Eine Veränderung der Brechkraft kann uns mit der Herstellung von Unschärfe einerseits von der uns umgebenden Welt entfernen, sie kann andererseits aber auch bewirken, dass wir sie mit offenen Augen und einem offenen Herzen umarmen. Körper, Geist und Seele sind Spiegel, die das eigene Licht in einem einzigen Strahl reflektieren, das den Menschen mit all seinen Eigenschaften zeigt. In diesem Sinne haben die Techniken zur Stärkung der Augen auch eine den Menschen stark formende Komponente. Mit den Augen filtern wir unsere Welt: Reinige oder verändere diese Filter gründlich und es wird sich auch deine Wahrnehmung und deine Art zu sein verändern.

32) Ich benutze unterkorrigierende Gläser und sehe in die Weite unscharf!

Hallo David, entschuldige, dass ich dir solch eine banale Frage stelle, aber wenn ich eine unterkorrigierende Brille aufsetze, sehe ich in die Weite richtig schlecht. Was rätst du mir? Es ist ein komisches Gefühl, so schlecht zu sehen und ganz anders, als wenn ich meine Brille oder Kontaktlinsen trage. Mirta.

Hallo Mirta, die Tatsache, dass deine Augen durch das Brille- und Kontaktlinsentragen pausenlos unter Akkommodationsstress stehen, verwöhnt sie und lässt sie immer bequemer werden. In die Ferne nicht perfekt zu sehen, ist der erste Schritt in die richtige Richtung. Ziel ist es nämlich, die natürlichen Fähigkeiten *deiner* Augen und *nicht* der Gläser anzuregen.

Dieser Zustand leichter Unschärfe darf jedoch nur unter „ruhigen und sicheren" Bedingungen hergestellt werden, wie etwa zu Hause, niemals jedoch, wenn eine vollständige optische Korrektur gesetzlich vorgeschrieben ist. Das von mir entwickelte Training sieht in der zweiten Phase – der des Defokussierens, also des „Unscharfmachens" – vor, vorübergehend die Augen in einen Zustand noch stärkerer Kurzsichtigkeit zu bringen. Das soll eine Anpassung bewirken. Das kann mit oder ohne das Vorsetzen einer Übungsbrille erfolgen. In jedem Fall besteht kein Grund zur Sorge, Mirta, falls dir die Theorie nicht ganz klar ist; wichtig ist, dass du dem richtigen Weg folgst. Du musst auch nicht wissen, wie dein Herz funktioniert, damit es schlagen kann.

33) *Ich habe zehn Fragen zur Umsetzung der Methode. Ich habe gerade dein Buch zu Ende gelesen, und es hat mich überzeugt, sowohl, was die wissenschaftlichen Grundlagen als auch was ihre Anwendbarkeit angeht. Zum Glück erklärst du dich auch wirklich gut! Im Folgenden will ich dir einige Fragen zum Ausführen der Übungen stellen, damit ich ruhiger an das Training herangehen kann. Mir ist klar, dass ich viel zu fragen habe, und ich danke dir jetzt schon für deine Mühe.*

    1) *Bei der Dehnungsübung „Rotationsbewegung des Kopfes bei gleichzeitiger Fixierung eines Punktes" weiß ich nicht, ob ich den Kopf waagerecht rotieren lassen und dabei einen Punkt fixieren soll (als ob ich ein „Nein" mit dem Kopf andeutete) oder ob ich mit dem Kopf eher einen imaginären Kreis beschreiben und dabei einen Punkt fixieren soll. Du kannst meine Zweifel bestimmt aus dem Weg räumen.*

2) Welche Übung ist wichtiger: „Rotationsbewegung des Kopfes bei gleichzeitiger Fixierung eines Punktes" oder „Rotationsbewegung der Augen"?

3) Beziehst du dich unter Punkt 2 des Trainingsprogramms geringer Intensität [siehe Anhang, Anm. des Verlags] *auf Rotationen der offenen Augen, wobei ein Punkt in über drei Metern Entfernung fixiert wird (die Dehnvariante „Rotationsbewegung des Kopfes bei gleichzeitiger Fixierung eines Punktes") oder aber auf die Übung, die als „Rotationsbewegung der Augen" beschrieben wird, bei der man die Augen bewegt, als ob man den Umrissen einer großen Uhr folgen wollte? Wenn es um letztere Übung geht, würde ich gerne wissen, wie ich den Punkt fixieren soll, wenn ich die Augen kreisen lasse.*

4) Zur statischen, nicht rotierenden Dehnung (Abbildung 16):
- *Wie lange muss ich eine bestimmte Position halten?*
- *Oder soll ich nicht in einer bestimmten Position ausharren, sondern zum Beispiel von der dritten in die vierte, von der fünften in die sechste usw. wechseln und dabei einen vorgegebenen Rhythmus und eine bestimmte Geschwindigkeit einhalten?*

5) Zu den Übungspausen zwischen den Leseübungen mit der Übungsbrille würde ich gerne Folgendes wissen:
- *Wie lange soll man zwischen zwei Übungspausen lesen?*
- *Wie lange sollen die Pausen sein?*
- *Soll ich die Übungsbrille während der Pausen abziehen?*

6) Ist die Schriftgröße für die Leseübungen mit der Übungsbrille wichtig? Welche Größe ist optimal?

7) Stimmt es, dass man mit dieser Methode eventuell wieder hundertprozentig scharf sehen kann?

8) Zur unterschiedlichen Sehschärfe der beiden Augen:
- *Kannst du mir sagen (wenn möglich in Dioptrien), wann es notwendig ist, beim Lesetraining mit der Übungsbrille das*

schwächere Auge abzudecken, damit es am Ende gleich stark ist wie das andere?

– *Wann kann man diesen Unterschied vernachlässigen?*

9) *Wenn ich das richtig verstanden habe, fängt man mit dem eigentlichen Lesen des Textes an, nachdem man durch die CRB-Bewegung den ursprünglich leicht unscharfen Text vollständig scharf gestellt hat. Dann hält man ihn so weit weg, bis der Text wieder unscharf wird. Danach wiederholt man die CRB-Bewegung usw. Habe ich das richtig verstanden? Oder bleibt der Text auch nach der CRB-Bewegung leicht unscharf und wird daher so gelesen?*

10) *Ich schicke dir eine Abbildung mit drei Textzeilen mit, die ich schrittweise unschärfer gemacht habe.*

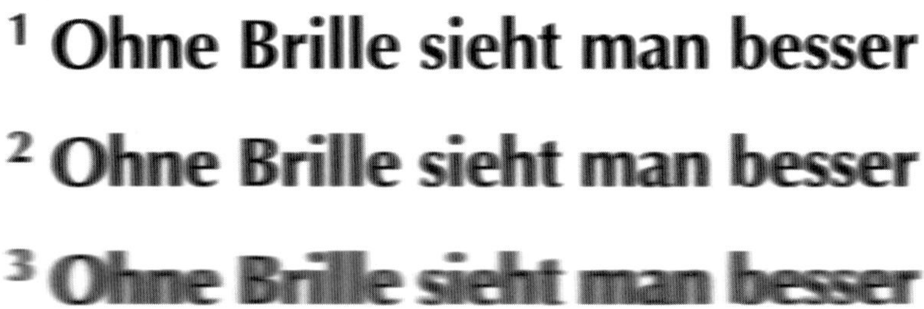

Kannst du mir sagen, welcher Grad der Unschärfe der richtige für den Anfang ist, das heißt bevor ich die CRB-Bewegung ausführe?

Ich beantworte dir deine Fragen:

1) Die Dehnübung „Rotationsbewegung des Kopfes bei gleichzeitiger Fixierung eines Punktes" muss so ausgeführt werden, dass alle äußeren Augenmuskeln sich in gleichem Maße verlängern. Führte man die Übung nur horizontal aus (ein „Nein" mit dem Kopf andeuten), arbeitete man ausschließlich an der Symmetrie und Koordination der linken und rechten Muskeln, nicht aber der oberen und unteren Muskeln des Augapfels, wie es der Fall wäre,

wenn man auch vertikale Bewegungen ausführte (also mit dem Kopf nickte). Außerdem müssen die diagonalen Positionen auch trainiert werden (siehe Abbildung 16 im Buch).

2) Das Wichtigste bei den Übungen ist ihre Wirkung: Die Übung der „Rotationsbewegung des Kopfes bei gleichzeitiger Fixierung eines Punktes" hat eine größere Wirkung als einfaches Kreisen, da sie sich direkt auf Symmetrie und Koordination auch zwischen den beiden Augen auswirkt. Möglicherweise ist es in einigen Randbereichen des Gesichtsfelds schwierig, die Bilder beider Augen zu einem Bild zusammenzuführen. Dies lässt auf ein Ungleichgewicht zwischen Kraft und Flexibilität zwischen den beiden Augen schließen. Aus diesem Ungleichgewicht folgt einerseits, dass sich die Fähigkeit, gleichmäßig mit beiden Augen zu sehen, verringert und andererseits, dass man schlechter fixieren kann. Jede Entfernung von der Netzhautgrube führt zu beträchtlichen Qualitätseinbußen der Abbildung. Daher ist das Dehnen der Augen zur Verbesserung des Sehvermögens so wichtig. Ein anderes wichtiges Thema ist das der sakkadischen Bewegungen, von denen ich in meinem Buch spreche.
3) Du kannst einen Punkt fixieren und mit den Augen kreisen, indem du mit dem Kopf kreist und dabei den Punkt weiter fixierst.
4) Bei den statischen Dehnübungen bestimmt die Zeit, in der die jeweilige Position gehalten wird, die Intensität der Übung: Je länger du also eine Position hältst, desto intensiver wird die Übung und damit die Muskelkontraktion sowie die Dehnung des jeweiligen Gegenspielermuskels. Ich kann dir nicht sagen, wie lange du die Dehnung halten sollst, denn das ist individuell verschieden, je nachdem wie kräftig und flexibel die Augenmuskeln anfänglich sind. Kraft und Flexibilität nehmen außerdem allmählich zu, wenn der Muskel sich der Trainingslast bzw. Intensität anpasst. Dabei kommt es auf das Verhältnis der Augenreichweite zur Kontraktionsdauer an. Wie bei den Übungen, bei denen aus der Unschärfe heraus das Fokussieren geübt wird, zählt hier das

regelmäßige Üben, da sich andernfalls die Augen weder anpassen noch verbessern.

5) Die Dauer der Pausen ist von Mensch zu Mensch unterschiedlich, das heißt: Verlasse dich auf dein Gefühl. Sobald du dich bereit dazu fühlst, mach mit den Fokussierübungen weiter. Ich rate dir, die Übungsbrille während der Pausen abzusetzen.
6) Es gibt keine optimale Größe. Das Wichtigste ist, dass du einen Zustand leichter Unschärfe herstellst und dann versuchst, die Buchstaben klar zu erkennen.
7) Diese Frage ist sehr interessant und heikel – man könnte ein eigenes Kapitel dazu schreiben. Was allgemein als „normalsichtiges Auge" bezeichnet wird, ist nichts anderes als eine Konvention, die momentan mit dem Wert 20/20 auf dem Snellen-Index ausgedrückt wird. Affen und wilde Tiere im Allgemeinen zeigen nach dieser Konvention mehr oder weniger offensichtliche Ausprägungen der „Weitsichtigkeit". Mithilfe des von mir ausgearbeiteten Augentrainings kann man eine überdurchschnittlich hohe Sehkraft erreichen, die 20/20 übersteigt. Hätte sich der Mensch nicht zivilisiert und wäre er nicht unablässig dem Stress eines eingeengten Umfelds ausgesetzt, läge seine „normale" Sehkraft bei 22/20 oder vielleicht sogar mehr. Um 20/20 zu überschreiten, ist der gleiche Weg zu beschreiten wie der, den ein Kurzsichtiger gehen muss, um seinen Brechungsfehler zu beseitigen: Die Übungen bestehen immer aus Muskel- und Fokussiertraining, nur dass der Kurzsichtige mit schwachen Pluslinsen – zum Beispiel der Stärke +1 – arbeitet, während man zum Erreichen von 20/20 und mehr mit Linsen der Stärke von mindestens +8 arbeiten muss. Wichtig hierbei ist, dass die Sehschärfe in die Ferne erhöht wird, ohne gleichzeitig die Sehschärfe im Nahbereich zu verschlechtern (es besteht das Risiko, Weitsichtigkeit zu entwickeln). Jeder muss daher selbst den Punkt erkennen, an dem er die Fokussierübungen besser beenden sollte.

8) Ich denke, man braucht der unterschiedlichen Fokussierfähigkeit zwischen rechtem und linkem Auge bei 0,25 Dioptrien keine Beachtung zu schenken. Wenn der Unterschied größer ist, muss man zunächst das schwache Auge trainieren, um es auf das Leistungsniveau des anderen Auges zu bringen. Danach trainiert man beide Augen gleichzeitig.
9) Du hast richtig verstanden: Das Training erfordert zunächst eine leichte Unschärfe, die erreicht wird, indem man entweder den Text weiter weg hält oder ihn näher an die Augen führt, je nachdem, ob man kurz- oder weitsichtig ist. Dann wird die CRB-Bewegung ausgeführt und schließlich scharf gestellt. Der Ablauf wird mehrfach wiederholt.
10) Je höher der Grad der Unschärfe ist, bei der es einem gelingt, scharf zu stellen, umso größer ist der Sprung in der Anpassung des Auges und damit auch die sofortige Verbesserung der Sehkraft. Aus diesem Grund nimmst du am besten die Zeile mit der größten Unschärfe, bevor du mit der CRB-Bewegung scharf stellst. Damit solltest du ungefähr die Schärfe von Zeile 2 und mit der Zeit die von Zeile 1 erreichen. Sobald du es geschafft hast, die Zeile völlig klar zu sehen, musst du den Text weiter weg halten.

Viel Erfolg!

34) Ich habe dein Buch gelesen und ich muss sagen, dass die Methode mich überzeugt, zumindest, was das Beheben der Sehfehler angeht, die auf Defokus beruhen. Bevor ich die Technik anwende, möchte ich dich um ein paar Ratschläge bitten (könnte passieren, dass das noch öfter vorkommt): Soll man zuerst ein paar Tage/Wochen/Monate die Augenmuskeln trainieren, bevor man mit dem Fokussiertraining beginnt oder kann man gleichzeitig damit anfangen? Ich trage eine Brille mit Minusgläsern (rechts 4,5 Dioptrien, links 4,0 Dioptrien). Wenn ich das Fokussieren ohne Brille übe und ein Buch in circa 28–30 cm Entfernung halte, arbeitet nur das weniger kurzsichtige Auge. Was rätst du mir? Soll ich mit Pluslinsen über meiner Brille trainieren, um beide Augen arbeiten zu lassen oder soll ich ohne Brille trainieren und das rechte Auge abdecken, bis es dieselbe Stärke erreicht wie das linke Auge? Danke dir. Ich werde dich auf dem Laufenden halten.

Die äußeren Augenmuskeln eines Kurzsichtigen sind steif und unelastisch, ob er sich dessen bewusst ist oder nicht. Das ist die Folge dessen, dass sie falsch oder zu wenig gebraucht werden. Unter falschem Gebrauch verstehe ich den Missbrauch von Sehhilfen, also eine Brille aufzusetzen, wo es unnötig ist, wie zum Beispiel beim Sehen im Nahbereich, wo das Auge auch ohne Brille scharf stellen kann. Auch in einem „sicheren" Umfeld wie zu Hause kann man auf die Brille verzichten. Es ist ratsam, das Auge auf das Fokussiertraining mit oder ohne Übungsgläser vorzubereiten, da mit steifen und unelastischen Muskeln sehr schlecht Fortschritte gemacht werden.

Eine rein „muskuläre Vorarbeit", bei der aktiv gedehnt wird (siehe Beschreibung im Buch), verspricht bessere Ergebnisse, da die Muskeln sich besser entspannen und fokussieren können.

Ein anderer *großer* Vorteil davon, sich erst muskulär auf das Fokussieren vorzubereiten, ist der, dass so auch die Symmetrie der Augenmuskeln wieder hergestellt wird. Bestimmte asymmetrische Positionen, wie etwa beim Fernsehen auf der Couch mit dem Bildschirm seitlich zur natürlichen Blickrichtung, führen mit der Zeit zu Anpassungen der Augenmuskeln, die auf Kosten der Symmetrie gehen, wobei mit Symmetrie das gleiche Verhältnis zwischen Kraft und Flexibilität aller sechs Augenmuskeln beider Augen gemeint ist. Da es nicht nur von Kraft und Flexibilität abhängt, wie gut fokussiert wird, sondern auch von der Fähigkeit zu fixieren, das heißt die Abbildung punktgenau auf die Netzhautgrube fallen zu lassen, kann es nur von Vorteil sein, die muskuläre Symmetrie wiederherzustellen. Das gilt vor allem dann, wenn man mit meinem Sehtraining arbeitet und versucht, aus der Unschärfe heraus zu fokussieren.

Wann beginnt man mit dem Fokussiertraining?

Da es gegenwärtig diesbezüglich keine ausführlichen Studien gibt, muss man den gesunden Menschenverstand walten lassen. Es sollte klar sein, dass das Prinzip des Defokus ein wissenschaftlich anerkanntes und viel behandeltes Thema in Fachzeitschriften und Büchern ist, wenn es dort auch nicht zu therapeutischen Zwecken eingesetzt wird wie bei *Power Vision System®*. Dass diese Fokussiertechnik – das Trainieren anhand des Defokus – nicht weit verbreitet ist, bedeutet nicht, dass sie nicht existierte oder nicht *wirksam* wäre. Aber das wirst du mit eigenen Augen sehen, wenn du eine Weile trainiert hast, aus der Unschärfe heraus zu fokussieren.

Es gibt also keine vorgeschriebene Zeit, die dem Fokussiertraining vorangehen muss. Ich empfehle dir in jedem Fall, mit der ersten Phase des Augentrainings von *PVS* anzufangen und bei maximaler Ausnutzung des Gesichtsfelds aktiv deine Muskeln zu dehnen. Zum Beispiel mit Rotationsübungen bei Fixieren eines Punktes, ohne die Fusion der Augen zu vernachlässigen, das heißt mit beiden Augen ein Bild zu sehen.

Ich gehe weiter zu deiner zweiten Frage: *Du möchtest wissen, wie man sich verhält, wenn das eine Auge stärker ist als das andere.* Ich rate dir, zuerst das Fokussieren mit dem schwächeren Auge zu üben. Dazu kannst du das „bessere" Auge abdecken und das Fokussieren mit dem anderen Auge so lange trainieren, bis beide Augen dieselbe Brechkraft haben. Wenn das erreicht ist, kannst du mit beiden Augen gleichzeitig das Fokussieren trainieren. Lass mich wissen, ob du Fortschritte machst.

35) Hallo, ich arbeite als Zahntechniker in einem Labor und möchte wissen, ob mein Arbeitsumfeld meine Fortschritte, die ich durch die Übungen erreicht habe, entscheidend beeinträchtigen kann.

Die Antwort lautet ja. Das Arbeitsumfeld nimmt Einfluss auf die Brechkraft, das heißt dauerhaftes Arbeiten im Nahbereich kann zu einer chronischen Akkommodation führen. Dieser Zustand wird dann auch in Situationen beibehalten, in denen der Mechanismus nicht benötigt wird, wie etwa beim Sehen in die Ferne.

Solche Arbeitsbedingungen können langfristig einen sogenannten Akkommodationskrampf provozieren, bei dem der Ziliarmuskel ständig kontrahiert bleibt und eine Pseudomyopie, eine vorübergehende Kurzsichtigkeit, hervorruft. Chronische Akkommodation, wie sie von Arbeiten im Nahbereich provoziert wird, kann sich zu einer Kurzsichtigkeit der Achsen entwickeln (Verlängerung des Augapfels).

Die physiologische Erklärung dieses Ergebnisses liegt in einer der anerkannten Ursachen von Kurzsichtigkeit: dem wiederholten weitsichtigen Defokus. Das Auge verhält sich wie ein Fotoapparat mit Autofokus, der je nach Entfernung zum betrachteten Objekt bzw. nach Position der Abbildung auf der Netzhaut anders scharf stellt. Gemäß der Theorie zum Defokus (in anerkannten Texten der Fachliteratur besprochen) führt das mehrfach wiederholte Fokussieren *hinter* der Netzhaut zu einer Kurzsichtigkeit der Achsen. Der Augapfel wird verlängert, was typisch ist für eine mittlere bis starke Kurzsichtigkeit. Dies geschieht, weil das Auge wiederholt versucht, die Brennebene und die Position des Fokus zusammenfallen zu lassen.

Wenn diese Theorie gültig ist, dann gilt auch das Gegenteil: Wird der Fokus mit der Übungsbrille mit Plusgläsern *vor* der Netzhaut beibehalten, wird auch hier die Netzhaut wiederholt versuchen, die Brennebene und die Position des Fokus zu vereinen. Dabei entspannt sich die Akkommodation, die Sehschärfe wird verbessert und die Kurzsichtigkeit geht zurück. Genau auf diese Theorie gründet sich eines der Prinzipien des visuellen Trainings, die in meinem Buch behandelt werden: Dadurch, dass man das Auge einem angemessenen Defokus unterwirft, regt man es an, bezüglich seiner Brechkraft Anpassungen vorzunehmen. Dies wiederum bewirkt, dass der Sehfehler schwächer wird. Die hundertprozentige Sehkraft kann eventuell so wieder erreicht werden, doch setzt ein solches Ergebnis kontinuierliches und engagiertes Fokussiertraining voraus.

Diese Erkenntnisse sind bei Tierversuchen gewonnen worden, bei denen die Probanden mit verschiedenen Stadien des Defokus konfrontiert wurden. Die Theorie ist somit mittlerweile wissenschaftlich belegt. (Für wissenschaftliche Referenzen zu diesen Studien siehe Bibliografie.)

Um noch einmal speziell auf deine Frage zurückzukommen, sei gesagt, dass die Brechkraft des Einzelnen direkt mit der Menge und der Art von optischen Reizen auf lange und kurze Distanzen zusammenhängt. Gemäß der Theorie der Akkommodationsbilanz, die ich im Buch beschreibe, kann sich Kurzsichtigkeit entwickeln, wenn die Reize im Nahbereich überwiegen. Hierzu gibt es zwei Lösungen:

1. Die Reize im Nahbereich reduzieren oder ausschließen, indem man zum Beispiel das Arbeitsumfeld verändert, um hauptsächlich in die Ferne blicken zu können. Sicherlich ist diese Lösung nicht unmittelbar umsetzbar und praktikabel.
2. Die Augen trotz Arbeit im Nahbereich keinem überakkommodativen Stress aussetzen, der durch das Fokussieren hinter der Netzhaut hervorgerufen wird. Wie bereits erwähnt, ist genau dieser Zustand einer der Gründe für die Entwicklung von Kurzsichtigkeit. Um diesen Stress zu vermeiden, werden bei jeder Arbeit im Nahbereich Pluslinsen getragen. Es versteht sich von selbst, dass dabei immer die eigene und die allgemeine Sicherheit garantiert sein muss. Die Akkommodation wirkt sich positiv aus: Die Augen stellen besser scharf und die Sehschärfe auf kurze Distanzen wird erhöht. Das Tragen von Pluslinsen bei Beschäftigungen im Nahbereich schützt die Augen vor übermäßigen Reizen auf kurze Distanzen. Ich denke, man kann Kurzsichtigkeit auf diese Weise sehr gut vorbeugen und so unserer modernen Zivilisation auf die Sprünge helfen. Unser Leben spielt sich zu sehr im Nahbereich ab, und genau das ist der Hauptgrund für die weite Verbreitung von Kurzsichtigkeit.

   Während ich dir antworte, sitze ich am PC und trage eine Übungsbrille der Stärke +1, eben um Überakkommodation zu vermeiden. Hierbei ist es wichtig zu beachten, dass die Glasstärke auf den jeweiligen Sehfehler und auf die Bedürfnisse des Einzelnen abgestimmt ist. Es wird daher empfohlen, sich die Gläser von einem Augenarzt, Optometristen oder sonstigem Experten auf dem Gebiet verordnen zu lassen.

36) Hallo, ich bin Alessandro und bin zwanzig Jahre alt. Meine Kurzsichtigkeit liegt auf beiden Augen bei etwa 6–7 Dioptrien und 1,25 Dioptrien Hornhautverkrümmung. Ich bin inzwischen derart besessen davon, meine Sehschärfe zu verbessern, dass ich blockiere und die gewünschten Ergebnisse nicht erreiche. Sollte man die Muskeln, die für das Scharfstellen verantwortlich sind, nicht „gehen lassen"? Bei mir ist es, als wären sie blockiert, und ich glaube, solche Übungen anzuwenden wie beim Bodybuilding, wie du es erfolgreich gemacht hast, hat für mich keinen Sinn oder wäre sogar schädlich. Meine Augen sehen, was und wie sie wollen und können also nicht wie der Bizeps durch gezielte Übungen geformt und modelliert werden.

Ich würde gerne eine Sache von dir wissen, die sehr wichtig für mich ist und die auch meine Kindheit und die Ursprünge meines Problems angeht: die Vorstellungskraft. Wenn ich versuche, mir einen Gegenstand vorzustellen, gelingt es mir nicht, ihn gedanklich festzuhalten: Er entflieht mir und rast von einer Ecke zur anderen, sodass ich ihn nicht in seinen Einzelheiten betrachten kann. Mit meiner Kurzsichtigkeit ist es dasselbe: Es ist, als ob jede beliebige Übung, die ich mache, nichts nutzte, weil ich offenbar dafür bezahlen muss, dass ich seit meiner Kindheit versuche, aus Ungeduld mein Unterbewusstsein und Dinge, die in meinem Körper vor sich gehen, zu unterdrücken. Ich bitte dich, mir zu sagen, wie ich meine Vorstellungskraft verbessern kann, und vielleicht kannst du auch darauf eingehen, was für ein Verhältnis ich deiner Meinung nach zu den geistigen Bildern vor meinem Auge habe und wie ich es langsam schaffen kann, sie zu fixieren. Aufrichtigen Dank für alles.

Um besser fokussieren zu können, ist es nicht so wichtig, die psychologischen Wurzeln oder die Gründe für deine Ungeduld zu kennen und zu verstehen. Verstehen wollen kann in diesem Zusammenhang bedeuten, eine zu analytische und „verkopfte" Einstellung zum Leben zu haben. Das ist eine typische Eigenschaft von Kurzsichtigen, die für jeden Zustand einen Namen finden wollen. Wenn sich auch hinter Körper- und Sehfunktionen starke psychologische Komponenten verbergen, wie es die Psychosomatik bewiesen hat, ist es nicht nötig, sich zu „psychoanalysieren", um das Problem zu lösen oder zu verringern. Alles was du tun musst, ist dem Bild die Chance geben, von deinen Augen wahrgenommen und erkannt werden zu können. Damit will ich dir sagen, dass du dich um die körperliche Rehabilitierungsarbeit als reines Training bemühen und daraus keine Psychotherapie machen sollst.

Willst du normal fokussieren, musst du „dynamisch entspannen", deine äußeren Augenmuskeln „gehen lassen", wie du ganz richtig sagst. Doch wie soll man sie entspannen und die chronische Spannung lösen, die sie in ihrer natürlichen Fähigkeit blockiert, die sakkadischen Augenbewegungen auszuführen und ein Objekt punktgenau zu fixieren?

Bekannte Institutionen raten zu mehr oder weniger spezifischen Entspannungsübungen. Ich kann aus eigener Erfahrung sagen, dass die einfache Entspannung der Muskeln nicht ausreicht, um die chronische Anspannung eines Muskels vollständig zu lösen. Es ist notwendig, Kraft und Flexibilität der Muskeln zu stärken. Diesen Ansatz habe ich in meinem Buch erklärt.

Du kannst in diesem Sinn mit den reinen Muskeltrainingsübungen des aktiv-statischen Dehnens arbeiten. Das sind einfache, aber sehr effektive Übungen, was die Entspannung verspannter Muskeln und das Fixieren angeht. Auf diese erste Phase reiner Muskelarbeit (und dazu muss man nicht ins Fitness-Studio gehen) folgt das

Fokussiertraining mit oder ohne Übungsbrille. Du musst einen Grad der Unschärfe herstellen, der für deinen Sehfehler und dessen Stärke geeignet ist.

Wenn du allmählich besser siehst – vorausgesetzt du übst *kontinuierlich* und gibst nicht auf –, lösen sich auch die psychologischen Blockaden auf, die sich hinter der Kurzsichtigkeit verbergen. Wahrscheinlich wird sich auch deine Vorstellungskraft, dein Erinnerungsvermögen und – so ist es mir als ehemaligem Kurzsichtigem ergangen – deine Persönlichkeit und deine sozialen Kompetenzen verbessern. Schließlich wird auch deine Zuversicht ins Leben und in deine Selbstheilungskräfte wachsen.

37) Ich muss sagen, dass ich ziemlich interessiert bin an deiner Methode von Power Vision. *Ich bin nun fast 32 Jahre alt und lebe mit meiner Kurzsichtigkeit seit meinem 14./15. Lebensjahr. Obwohl ich aus der Pubertät längst heraus bin, verschlechtern sich meine Augen weiter, wenn auch langsam. Was mich erstaunt und auch ein bisschen skeptisch macht, ist die Tatsache, dass in all diesen Jahren kein Augenarzt, der mich behandelt hat und kein Fachtext, den ich während meines Medizinstudiums gelesen habe, je in Frage gestellt hat, dass Kurzsichtigkeit im Wesentlichen genetisch bedingt und damit unaufhaltbar sei. Ich kann eigentlich nur hoffen, dass diese These vollständig widerlegt werden kann …*

Ich habe *Ohne Brille seh ich besser* auch für Fachleute geschrieben, die ihren Horizont erweitern wollen. Ich hoffe, und das habe ich auch im Buch geschrieben, dass der wissenschaftliche Nachwuchs im Bereich der Augenheilkunde *Power Vision System®* und vor allem *sämtlichen* wissenschaftlichen Studien zum Thema Defokus und Veränderungen der Brechkraft Beachtung schenken wird.

Ich habe die Theorie meines Augentraining-Programms verfasst und habe nicht vor, ein Patent darauf anzumelden, sondern es vielmehr zur freien Verfügung zu stellen. Die Ergebnisse habe ich am eigenen Leib erfahren, denn ich habe meine Kurzsichtigkeit damit besiegt. Nun sind Menschen wie du und der medizinische Nachwuchs im Allgemeinen an der Reihe, die Erkenntnisse zu verbreiten und anzuwenden.

Zu deinen Fragen: Wie du als Medizinstudent wissen wirst, ist es *äußerst* schwierig, sich über bestehende wissenschaftliche Theorien und Dogmen hinwegzusetzen, vor allem im Bereich der Medizin: Wer kann es sich schon leisten, eine gefestigte Theorie in Frage zu stellen? Gefährlich viele Gewissheiten werden nun angezweifelt und der Putz beginnt zu bröckeln. Mit der Zeit werden sie unter der Beweislast der Ergebnisse derer, die *über* den Rand hinaus geschaut haben und ihren Sehfehler verbessert haben, völlig zusammenbrechen. Die kopernikanische Wende wird nicht die letzte gewesen sein, die die Wissenschaft zu überleben hat: Sie kann es sich nicht erlauben, sich Entwicklungen und Entdeckungen zu verschließen, wenn sie kein „alter Zopf" werden will. Wirkliche Wissenschaft entsteht dadurch, dass sie sich angesichts neuer Standpunkte und Entdeckungen immer aufs Neue einer kritischen Betrachtung und Prüfung unterzieht.

Das Interesse, Brillen zu verkaufen, ist größer als das, die Betroffenen wirklich über ihre Augen zu informieren und darüber, wie die Brechkraft unmittelbar von der Gesamtheit gegebener visueller Reize abhängt. Mein Buch wird dir Antworten auf deine Fragen geben. Wenn du die physiologischen Grundlagen von *PVS* verinnerlicht hast und vor allem, wenn du konsequent übst, wirst du die Resultate mit *eigenen* Augen *sehen* können.

Ich würde mir wünschen, dass du dich in Augenheilkunde spezialisiertest. Du würdest wahrscheinlich eine Vorreiterrolle auf diesem Gebiet einnehmen. Ich will noch einmal klarstellen, dass ich weder Augenarzt noch Optometrist bin. Vielleicht waren deshalb die kurzsichtige Sichtweise und die wissenschaftlichen Dogmen zum Thema „Unheilbarkeit" von Brechungsfehlern kein Hindernis für mich.

38) Ich arbeite seit dreißig Jahren als Optikerin und Optometristin, verfüge über Kenntnisse auf dem Gebiet der Verhaltensoptometrie und der Orthokeratologie und bin immer an neuen Techniken zur Heilung von Brechungsfehlern interessiert. Mit Interesse habe ich dein Buch gelesen, doch ich habe dir ein paar Fragen dazu zu stellen:

1) Du sprichst von Kurzsichtigkeit und von Weitsichtigkeit, aber hast du auch im Bereich der Hornhautverkrümmung Erfahrungen sammeln können? Falls du auch damit Erfolg hattest, bis zu welcher Dioptrienstärke bist du beim Üben gekommen?

2) Mein Sohn hat gerade mit deinen Übungen angefangen und ich weiß nicht, ob ich ihn weitermachen lassen soll oder nicht. Letztes Jahr haben wir an seinem linken Auge ein Keratokonus entdeckt, der seine Sehschärfe nicht beeinträchtigt, sondern automatisch seine Kurzsichtigkeit um circa eine Dioptrie verbessert hat, ohne dabei offensichtliche Veränderungen der Hornhautkrümmung auszulösen. Was rätst du mir? Meinst du, Menschen mit Keratokonus sollten aufgrund der Verdünnung der Hornhaut deine Übungen meiden?

Auf dem Gebiet der Hornhautverkrümmung (auch Stabsichtigkeit oder Astigmatismus genannt) habe ich keine Erfahrung, und ich weiß auch nicht, was für Auswirkungen eine solche Sehstörung haben kann. Unmittelbare Erfahrungen habe ich im Bereich der Kurzsichtigkeit gesammelt: Von –2 Dioptrien auf beiden Augen habe ich es auf 20/20 Sehschärfe gebracht, die im Wesentlichen stabil ist. Die Stärke von Brechungsfehlern ist von vielen Faktoren abhängig und kann je nach herrschenden Bedingungen leicht variieren.

Auch mit Keratokonus habe ich keine Erfahrungen gesammelt und möchte dir sagen, dass jeder eigene Erfahrungen mit seiner Linse und mit seiner Hornhaut machen muss. Wenn du Verbesserungen feststellen konntest, um so besser, doch ich glaube nicht, dass Muskelarbeit und Fokussiertraining verhindern könnten, dass deine Kurzsichtigkeit sich vermindert, im Gegenteil.

Ich glaube daher *nicht*, dass es irgendeinen Hinderungsgrund für jemanden mit Keratokonus gibt, mit *PVS* zu arbeiten. In jedem Fall, und besonders im Fall deines Sohnes, würde ich vor allem an eventuell bestehenden Muskelasymmetrien und der Rehabilitierung der Augenmuskeln arbeiten. Mit dem Fokussiertraining sollte er erst einige Zeit später anfangen. Schon durch gezieltes Muskeltraining sollte er eine Verbesserung der Sehschärfe verzeichnen können.

Ich halte deine Arbeit für sehr wichtig, und ich möchte dir anbieten, zu jedem einzelnen Fall Stellung zu nehmen und dir dabei zu helfen, für jeden die beste Lösung zu finden. Die Theorie habe ich in meinem Buch beschrieben, doch jeder Einzelne wird je nach Sehfehler seine eigene Arbeitsmethode anwenden.

Falls du an einem Tipp interessiert bist, bei welcher Personengruppe ein solches Training am ehesten erfolgversprechend ist, kann ich dir mit absoluter Sicherheit sagen, dass der Weg nichts ist für jemanden, der alles will und das sofort. Er kann langwierig sein und verlangt persönlichen Einsatz. *Motivation* ist alles, und dazu kommt die Beharrlichkeit im Training, die absolut notwendig ist. Jede Verbesserung ist ein Anreiz weiterzumachen. Sobald man spürt, dass sich etwas tut, wachsen Glauben und Mut in die Sache und man wird langfristig Erfolg haben.

Ich will noch einmal betonen, wie sehr ich deine Arbeit und deine Fähigkeit schätze, über den dichten Nebel hinaus zu sehen, der die allgemeine Meinung zur „Heilung" von Brechungsfehlern kurzsichtig werden lässt. Du kannst mich jederzeit kontaktieren, wenn du noch einmal Hilfe brauchst. Ich werde dir so schnell antworten, wie meine Arbeit es mir erlaubt. Ich stehe überhaupt Augenärzten, Optometristen und Optikern zur Verfügung, die an der Anwendung der Methode in ihrem Arbeitsumfeld interessiert sind. Alles, was ich von ihnen verlange, ist, die in meinem Buch beschriebenen Techniken zu erlernen und in ihrem Arbeitsbereich anzuwenden.

Ich beabsichtige, auf meiner offiziellen Webseite (www.powervisionsystem.com) die Adressen sämtlicher Fachkräfte aufzulisten, die mit der Methode arbeiten. Bates hat Großes geleistet, aber angesichts der neuen Studien rund um das Fokussieren heißt es zum Wohle aller: nach vorne schauen.

39) Dieselbe Optometristin (Frage 38) stellt hier Fragen zu einzelnen Fällen:

Ich habe drei Klienten ausfindig gemacht, die interessiert und motiviert scheinen, dein Programm zur visuellen Rehabilitation in die Tat umzusetzen. Alle drei befolgen folgenden Trainingsplan:

- *Augen dehnen: dreimal pro Woche jeweils dreimal am Tag.*
- *Training mit Übungsgläsern der Stärke +2,50 an beiden Augen bei all den Aktivitäten, die es erlauben (Lesen, Arbeiten am Computer).*

Die drei Klienten sind folgende:

Erster Klient: Marco (mein Sohn), –6,25 rechts und –5,50 links (Asymmetrie wegen Keratokonus). Nach vier Wochen Training trägt er regelmäßig –5,50 rechts und –4,75 links und sieht dabei perfekt, wenn er auch eine leichte Verschlechterung spürt, nachdem er einige Stunden im Nahbereich (unter drei Meter) gearbeitet hat. Er ist der einzige der drei, der noch nicht mit dem Fokussiertraining begonnen hat.

Zweite Klientin: Francesca, –1,25 rechts und –0,75 links. Am Sonntag beendet sie ihre erste Trainingswoche. Ihr Plan enthält auch Fokussierübungen, aber ich habe ihr keine genauen Vorgaben zur Trainingsdauer gemacht.

Dritter Klient: Massimo, –2,00 rechts und links. Für ihn gilt genau dasselbe wie für Francesca.

Zu meinen Fragen:

1) *Beeinflusst das Alter die Trainingsergebnisse?*
2) *Muss ich den Trainingsplan der drei Klienten irgendwie verändern?*

3) *Wann ist der richtige Zeitpunkt gekommen, die Stärke der Übungsgläser zu erhöhen? Oder bleibt sie gleich? Ich frage mich, ob Gesunde und Kurzsichtige immer Plusgläser im Nahbereich tragen sollten?*
4) *Marco hat mir gesagt, dass er mit seiner jetzigen Brille besser sieht. Wann soll ich die Stärke für den Fernbereich verändern?*

Hallo, ich will dir Schritt für Schritt auf deine Fragen antworten:

Der aufgestellte Trainingsplan ist in Ordnung so, und du kannst die Dehnübungen drei Mal wöchentlich jeweils drei Mal am Tag vorsehen. Aber du musst deinen Klienten begreiflich machen, dass sie die Muskelarbeit bei maximaler Reichweite der Augen in ihren Alltag integrieren sollten. Das heißt sie sollten sich angewöhnen, in Momenten der Entspannung und morgens die Augen in kurzen Bewegungen kreisen zu lassen. Das kann man zum Beispiel während des Zähneputzens tun, wo einem keine verständnislosen Blicke begegnen.

Die Fähigkeiten der Augen sollten voll ausgenutzt werden, um ihre Kraft, Flexibilität und Koordination zu erhalten. Dies ist nicht möglich, wenn die Augen sich in einem begrenzten Blickfeld bewegen, wie beim Tragen einer Brille.

Was die Übungsgläser der Stärke +2,5 Dioptrien angeht, musst du wissen, dass die geeignete Unschärfe je nach Brechungsfehler und vor allem je nach Schwere des Sehfehlers festgestellt wird. Ein Kurzsichtiger, dessen Glasstärke bei –0,5 Dioptrien liegt, kann problemlos Plusgläser der Stärke +1 oder +2 tragen, wenn er im Nahbereich arbeitet. Bei stärkerer Kurzsichtigkeit (höher als 2) steuert man durch Abnehmen der Brille oder eine reduzierte Gläserstärke gegen die Überakkommodation. Bei einer beträchtlichen Kurzsichtigkeit wie in Marcos Fall sollte die „Nahbrille" zwei Dioptrien herabgesetzt werden, oder zumindest könnte er bei Arbeiten im Nahbereich über seiner aktuellen Brille Plusgläser der Stärke +2 tragen. Das führte ihn bei einem Glas der Stärke –6 Dioptrien zu einer Stärke von –4 Dioptrien und einer reduzierten Akkommodation.

Ich erinnere dich daran, dass der Defokus und damit der Grad der beabsichtigten Unschärfe je nach Ziel verändert wird. Um Kurzsichtigkeit vorzubeugen, setzt man schwache Plusgläser vor; will man sie allmählich reduzieren, muss man mit einem *höheren* Grad der Unschärfe arbeiten, bei dem man alltägliche Tätigkeiten nicht ausführen könnte, ohne dabei die Sehschärfe einzuschränken. An dieser Stelle sei daran erinnert, dass der Defokus-Reiz beim Fokussiertraining das Ziel hat, den Sehfehler zu kompensieren und die Brechkraft zu erhöhen. Daher muss er gezielt eingesetzt werden.

Zu den drei Fällen: Bestehe weiterhin auf den Dehnungsübungen, bei denen ein Punkt fixiert wird und die äußersten Grenzen des Gesichtsfelds einbezogen werden. Für eine korrekte Ausführung der Übung musst du allmählich den Umfang der Rotationen erhöhen und dich besonders auf die Stellen konzentrieren, wo Schwierigkeiten vorhanden sind, das heißt wo Blockaden bestehen, die Kraft, Flexibilität und Koordination der Muskeln einschränken.

Kurz zu deinen Fragen:

1) Das Ergebnis ist nicht so sehr vom Alter abhängig, sondern vielmehr davon, wie lange eine Brille getragen wurde, das heißt wie lange die Brechkraft bereits durch das Tragen einer Sehhilfe „eingefroren" und das Auge in seiner Funktion „gelähmt" ist.
2) Der Defokus muss variiert werden, indem man die Dioptrienstärke der Übungsgläser erhöht. Der richtige Zeitpunkt dafür ist gekommen, wenn man bei ausgestreckten Armen mit den Plusgläsern die Buchstaben eines Textes klar erkennen kann. Beispiel: Wenn man anfangs einen Text auf zehn Zentimeter Abstand scharf einstellen konnte und diesen jetzt bei ausgestreckten Armen lesen kann, muss man zu stärkeren Pluslinsen übergehen, um weitere Verbesserungen zu erreichen.
3) Solange die Augen dauerhaft Stress im Nahbereich ausgesetzt sind und dieser nicht ab und zu durch einen Blick in die Ferne

ausgeglichen wird, besteht die Notwendigkeit, vorbeugend und zum Erhalten des Status quo Pluslinsen zu tragen. Ist das Auge gesundet, kann eine einzige Plusdioptrie für die Lesebrille verhindern, dass sich erneut bzw. überhaupt erst eine Kurzsichtigkeit entwickelt.

4) Die Regulierung der Stärke für die Fernsicht ist abhängig von der aktuellen Brechkraft und von Marcos Bedürfnissen. Einige fähige Optometristen und Augenärzte verschreiben leicht unterkorrigierende Gläser. Hier wird die Grenze aber von den Bedingungen des Einzelnen bestimmt: Ein Busfahrer oder Pilot beispielsweise, der per Gesetz oder für die eigene Sicherheit und die seiner Mitmenschen hundertprozentig sehen muss, darf keine unterkorrigierende Brille tragen. Wer dagegen nicht zu dieser Gruppe von Menschen gehört, kann und sollte eine unterkorrigierende Brille tragen, ohne zu vergessen, diese auch mal abzunehmen, wenn er sie nicht wirklich braucht. Viele Menschen tragen die Brille permanent (schlimmer noch die Kontaktlinsen), auch wenn sie sie nicht bräuchten, wie etwa im Nahbereich oder zu Hause. Das führt nur dazu, dass die Akkommodationsbilanz sich verschlechtert und die Augen Dauerstress erleiden, der ihren Sehfehler zusehends schlimmer werden lässt.

Ich danke dir für deinen lobenswerten Einsatz – deine Klienten haben Glück mit dir!

Früher oder später werden wir uns persönlich kennen lernen, denn ich habe vor, alle Fachleute, die mit *Power Vision System®* arbeiten, auf meiner Internetseite namentlich zu erwähnen.

40) Wie kann ich Muskelknoten lösen und wann soll ich mit dem stufenweise fortschreitenden Fokussiertraining anfangen?
Ich bin auf beiden Augen kurzsichtig bei einer Stärke von –7,5 Dioptrien; meine Kurzsichtigkeit hat vor zehn Jahren mit –0,5 Dioptrien eingesetzt.

1) *Ich habe mit den Rotationsübungen angefangen und habe im rechten oberen Bereich des Gesichtsfelds eine Art Knoten entdeckt. Wenn ich mit den Augen um diese Stelle kreise, spüre ich in diesem Bereich von innen heraus einen Schmerz. Ist das eine chronische Anspannung? Ich glaube schon.*
2) *Was für einen Nutzen haben Rotationsbewegungen bei geschlossenen Augen?*
3) *Wann ist der richtige Zeitpunkt gekommen, um mit dem Fokussiertraining zu beginnen?*
4) *Da ich aus ganz kurzer Entfernung fokussieren muss, um klar zu sehen (zehn Zentimeter), würde ich gerne wissen, ob ich a) die Fokussierübungen ohne Brille machen oder b) die Übungen mit unterkorrigierenden Gläsern (zwei oder drei Dioptrien weniger als die vollständige Korrektur der Sehschwäche) machen oder c) Plusgläser vor meine Brille setzen soll oder ob es d) egal ist.*
5) *Wurde schon damit angefangen, die verschiedenen Ergebnisse zusammenzutragen, die mit dieser Methode gesammelt worden sind? Ich denke, eine Statistik wäre eine interessante Sache.*

1) Chronische Anspannungen der Augenmuskeln zeigen sich, wenn die volle Leistung der Muskeln gefordert ist. Das kannst du überprüfen, indem du den Test zur korrekten Symmetrie und Koordination der Augenmuskeln durchführst, der im Buch vorgeschlagen wird. [Siehe dazu den *Power-Vision*-Test in Kapitel 2, Anm. des Verlags.] Es genügt, einen vor dir liegenden Punkt zu fixieren und die Augen symmetrisch kreisen zu lassen: Wenn wie in deinem Fall muskuläre Asymmetrien bestehen, das heißt ein Ungleichgewicht zwischen Länge und Elastizität der entgegengesetzten Muskeln vorliegt, spürt man genau das, was du als „Knoten" beschreibst.
Wenn du wie im Buch beschrieben mit den Übungen fortfährst (aktiv-statisches Dehnen, Rotationsübungen), gehen diese Spannungen allmählich zurück. Du wirst spüren, dass deine Augen

langsamer ermüden, da sie durch die Dehnungen und leichten Kontraktionen kräftiger geworden sind. Die kreisenden Augenbewegungen nehmen die kleinen, aber starken äußeren Augenmuskeln in ihrer vollen Leistungsfähigkeit und dem größtmöglichen Bewegungsradius in Anspruch. (Ganz im Gegensatz dazu sind sie beim Tragen einer Brille durch das Gestell „eingesperrt"; siehe dazu Abbildung 6.) Wenn du in der Vorbereitungsphase (im Buch 1. Phase des Augentrainings genannt) immer so weiter verfährst, wirst du auch erhebliche und *sichtbare* Verbesserungen bei der Fokussierung feststellen: Wer besser fokussiert, hat zum einen seine zentrale Fixation verbessert, das heißt die Muskeln sind besser koordiniert und können daher leichter auf der Netzhautgrube, der sensibelsten Stelle der Netzhaut, scharf stellen. Zum anderen funktionieren die sakkadischen Augenbewegungen besser.

Die äußeren Augenmuskeln werden nicht anders trainiert als jeder andere quergestreifte Körpermuskel. Um einen Muskel effektiv zu stärken, sollte man die Übungen bei maximalem Bewegungsradius ausführen, das heißt ihn maximal zusammenziehen und dehnen. In unserem Fall gehören zur Funktionalität des Muskels wie gesagt auch die sakkadischen Augenbewegungen. Du wirst merken, wie deine Grenzen sich durch das Üben am Rande der aktuellen Möglichkeiten immer weiter nach hinten verschieben.

2) Die Antwort auf diese Frage findest du unter 1). Die Augen müssen, wie jedes andere Organ auch, gemäß ihrer Möglichkeiten genutzt werden, selbst geschlossene Augen. Denk nur daran, dass wir täglich Millionen Mal ganz natürlich und automatisch blinzeln. Durch steife und weit aufgerissene Augen behindern wir diese Funktion der Augen. Nicht zufällig ist typischerweise bei mittlerer und bei sehr ausgeprägter Kurzsichtigkeit genau das ein Problem. Wenn wir die geschlossenen Augen durch rotierende Bewegungen trainieren, bleibt der Zustand der fließenden Bewegung auch dann erhalten, wenn die Augen sich mal für den

Bruchteil einer Sekunde schließen. Ein Auge mit zusammengezogenen Muskeln blinzelt „mechanisch" und weniger schnell (dazu gibt es keine Statistiken, aber das kannst du ganz leicht selbst beobachten, indem du deine eigenen Augenbewegungen, die anderer Kurzsichtiger und Normalsichtiger miteinander vergleichst). Normal funktionierende Augen sind entspannter, arbeiten geschmeidiger und sind folglich effizienter, *sowohl* wenn sie offen *als auch* wenn sie geschlossenen sind. Trainiere die Rotationsbewegungen also auch bei geschlossenen Augen.

3) Die erste Phase des Trainings, in der wir Muskelqualitäten wie Kraft, Flexibilität, Koordination und einwandfreies Funktionieren der sakkadischen Bewegungen wiederherstellen, ist *grundlegend* und Voraussetzung für jede weitere Verbesserung. Die Arbeit der zweiten Phase, nämlich das Fokussiertraining, muss *nach* der ersten Phase erfolgen. Es zu eilig zu haben und gleich mit dem Fokussiertraining zu beginnen, führt zu keinem guten Ergebnis, da man sich nicht auf gut funktionierende Muskeln stützen kann, die zum Fokussieren unbedingt notwendig sind. Sie sind genauso wichtig wie ein gut funktionierender Ziliarmuskel, der die Linse krümmt und, wie gesagt, ein glatter und kein quergestreifter Muskel ist.

   Ich kann nicht voraussagen, wie viel Zeit du brauchen wirst, um diese Grundlage zu schaffen. Das variiert je nach Mensch und jeweiligem Sehfehler und hängt davon ab, wie lange man schon eine Brille trägt und wie viele Stunden man sie pro Tag aufhat. Was man sagen kann, ist, dass nach nur zwanzig Tagen des gezielten Dehn- und Rotationstrainings wohl jeder ausreichend vorbereitet sein sollte, um zum Fokussiertraining überzugehen. In keinem Fall soll mit den Rotationsübungen aufgehört werden. Solange du gehen willst, wirst du deine Beine benutzen müssen, so wie du das maximale Potenzial deiner Augen ausschöpfen musst, wenn du sehen willst. Das Argument erscheint mir klar und einleuchtend.

4) *Übungsabstand beim Fokussiertraining*: Hier ist weniger der Abstand als vielmehr der *Grad* der Unschärfe entscheidend. Man darf weder zu scharf noch zu unscharf sehen. Zu kurze Abstände sind nicht optimal, so wie bei dir ein Abstand von zehn Zentimetern: Das Auge, das in solch übertriebenem Maße konvergieren muss, könnte Schwierigkeiten haben, die Akkommodation und damit den Ziliarmuskel zu entspannen. Ich erinnere daran, dass dieser Muskel bei Kurzsichtigen durch übertriebenes Kontrahieren zu sehr angespannt ist. Der Ziliarmuskel zieht sich zusammen, um Objekte im Nahbereich scharf zu stellen. Bei Kurzsichtigkeit ist der Muskel permanent kontrahiert.
   Wer das Defokussieren übt, muss also ganz besonders darauf achten, es mit der jeweils optimalen Unschärfe zu tun. Außerdem sehr wichtig ist, das Verhältnis zwischen Leseabstand und Dioptrienstärke der eventuell vorgesetzten Übungsgläser allmählich zu erhöhen. Aus diesem Grund spreche ich davon, den Defokus *schrittweise* zu trainieren. Wenn du heute mit oder ohne Übungsbrille bei einem Abstand von zwanzig Zentimetern den Übungstext klar erkennen kannst und du einen Monat später den gleichen Text bei einem Abstand von vierzig oder fünfzig Zentimetern scharf einstellen kannst, ist deine Fokussierfähigkeit *gestiegen.* Aus Gründen reiner Bequemlichkeit wirst du in dem Moment, wo du den Text weiter weghalten müsstest als deine Arme lang sind, die Unschärfe erhöhen. Das tust du zum Beispiel, indem du die Stärke deiner aktuellen Sehhilfe verringerst. Du kannst dazu deiner Brille Plusgläser *vorsetzen*, denn so wird ein Negativglas der Stärke - 7 mit einem Plusglas der Stärke +3 auf –4 Dioptrien reduziert. Die Antwort auf deine Frage lautet daher *d) es ist egal.* Wichtig ist es, *schrittweise* für eine höhere Unschärfe zu sorgen.
5) Nur die Zeit und die Bemühungen von Fachleuten wie vorausschauende Augenärzte, Optometristen und spezialisierte Optiker können zu einer erfolgreichen Statistik verhelfen. Jede Sache braucht Zeit, verdaut zu werden und sich zu entwickeln.

Anhang

Nachwort an die Skeptiker aus den Reihen der Wissenschaft

Es ist gut möglich, dass ein solcher Ansatz zum Heilen von funktionellen Sehfehlern von der Wissenschaft nicht vollständig anerkannt und für gut geheißen wird. Doch das ist im Grunde gar nicht wichtig für denjenigen, der begonnen hat, mit eigenen Augen und ohne Zuhilfenahme von Brillen oder Kontaktlinsen zu *sehen*.

Unter dem Gesichtspunkt, dass eine Heilmethode durch die Patienten auf ihre Tauglichkeit hin getestet wird und mit Bezug auf wissenschaftliche Grundlagen, ja physiologische Gesetzmäßigkeiten, fordere ich die Zweifler unter Ihnen auf, gegen folgende Punkte zu argumentieren und sich dabei auf *wissenschaftliche Grundlagen* zu stützen:

1. *Beweisen Sie*, dass überakkommodativer Stress, der durch übertriebene Akkommodation bei zu kurzen Entfernungen hervorgerufen wurde, keinen überhöhten Akkommodationstonus hervorruft und *keine* Verschlechterung der Sehleistung mit sich bringt.
2. *Beweisen Sie*, dass das Tragen von Brillen und Kontaktlinsen die Akkommodation nicht negativ beeinflusst und *nicht* zur Verschlechterung der Sehleistung beiträgt.
3. *Beweisen Sie*, dass das SAID-Prinzip der spezifischen Anpassung an einen gegebenen Reiz *nicht* für die Anpassung der Sehorgane, das heißt für die Verbesserung ihrer Struktur und Funktionalität,

gilt. Dass das Muskeltraining und das Fokussiertraining mit Übungsgläsern *nicht* zu Ergebnissen im Sinne des SAID-Prinzips führt.

4. *Erklären Sie*, warum ein Kurzsichtiger *sonst* mit der Zeit auf immer stärkere optische Hilfsmittel angewiesen ist, wenn nicht aufgrund von Gewöhnung an seine Sehhilfen und seine Überakkommodation, die wiederum eine Verschlechterung der Sicht mit sich bringt.

Wenn auch nur einer dieser Punkte nicht überzeugend bewiesen werden kann, bedeutet das für *Power Vision System®*, dass es *effizient* ist und auf *wissenschaftlichen Grundlagen* beruht.

Ich wünsche mir, dass meine Methode in wissenschaftlichen Kreisen, unter Augenärzten und Optometristen, auf Zuspruch stößt. Und dass diese Kreise mich bei der „Sensibilisierung der Fachkräfte" unterstützen. Wir brauchen Fachleute, die motivierten Menschen dabei helfen, ihre Abhängigkeit von der Brille oder den Kontaktlinsen zu überwinden und schrittweise das eigene Sehvermögen wiederzuerlangen.

Für das *Geschäft* mit der Brille würde das natürlich einen großen Einschnitt bedeuten, doch es ist schlicht und ergreifend die *Pflicht* jedes Arztes, den Patienten von seinem Leiden zu befreien und nicht, ihn eine Prozedur durchlaufen zu lassen, deren sich der Großteil der schlecht Sehenden gar nicht bewusst ist.

Wer sich dieser wichtigen Mission anschließen will, der verbreite die Prinzipien dieser Heilungsmethode. Ich stehe zur Verfügung, um ihre Gültigkeit an Ort und Stelle unter Beweis zu stellen und biete dazu ihre Anwendung in einer von ernsthaft motivierten Wissenschaftlern des Fachbereichs überwachten und kontrollierten Studie an.

Persönliches Nachwort – Was ich aus meiner Kurzsichtigkeit gelernt habe

Die Kurzsichtigkeit war für mich eine Schule des Lebens, Quelle großer und wichtiger Lernschritte. Abgesehen davon, dass ich wieder perfekt sehen kann, hat mich diese Erfahrung ganz persönlich und auf der Beziehungsebene erfreulich weitergebracht: Der Erneuerungsprozess meiner Sehkraft hat mich dazu gebracht, in mir das zu sehen und anzuerkennen, was mit meinen vordergründigen Interessen und Bestrebungen nicht auf einer Linie gelegen hatte. Außerdem verdeutlichte er mir meinen Umgang mit anderen Menschen, sodass ich diesen verbessern konnte. Ich begriff, dass ich den meine Augen umhüllenden Nebel selbst geschaffen hatte, um mich von der Außenwelt abzuschotten – zugegebenermaßen eine seltsame Feststellung in einem Buch, das auch einen wissenschaftlichen Ansatz zur Entstehungsgeschichte der Kurzsichtigkeit bietet. Die Arbeit, die ich an mir selbst geleistet habe, an meinem Sehorgan und an meinem Bewusstsein, hat mich zu ganz offensichtlichen Änderungen in Bezug auf die Wahrnehmung meiner selbst und der Welt geführt. Über diese „Nebenwirkungen" des körperlichen Trainings, dem ich den Namen *Power Vision System®* gegeben habe, bin ich besonders glücklich. Die Wahl des Namens habe ich auch im Hinblick auf die Stärkung der „inneren Sehkraft" getroffen, darauf, sich die eigenen innersten Wünsche und Ambitionen bewusst zu machen. Dieses Bewusstsein ist notwendig, um sein Leben in Richtung dieser Vorstellungen auszurichten, damit man sich entwickeln und verwirklichen kann – einmal ganz abgesehen von der Verbesserung des Sehvermögens. Wer diesen von mir vorgezeichneten Weg einschlägt und den Nebel vor den eigenen Augen und Zweifeln lichtet, macht sich zudem weitere Gaben zu eigen, die ihm in anderen Gelegenheiten des Lebens von Nutzen sein werden. Das Leben kann im Grunde als Herausforderung und begeisterndes Abenteuer angesehen werden, das demjenigen, der seinem Herzen Glauben schenkt und sich nicht davor verschließt, seine intimsten Wünsche erwachen zu sehen, nicht nur ein klares Sehvermögen geben wird, sondern auch mehr Kraft, mit den eigenen Zweifeln und Unsicherheiten umzugehen.

Die Tatsache, dass ich meine Kurzsichtigkeit, dieses von der Medizin als unheilbar eingeschätzte „Leiden", besiegt habe, hat mich zum Nachdenken gebracht. Ungeachtet dessen, was die Wissenschaft aktuell für möglich und unmöglich hält: Über welche Heilungspotenziale verfügt der Einzelne wirklich? Ich bin davon überzeugt, dass eine medizinische Wissenschaft, die näher an Gefühlen und Emotionen des Individuums orientiert wäre, weit über die bloße Beseitigung oder besser Unterdrückung des Symptoms hinausginge. Sobald sie den Menschen als eine Einheit erfassen würde, die aus mehreren Ebenen besteht: der körperlichen, mentalen, emotionalen und spirituellen. Bei einer solchen Betrachtungsweise fungiert das Symptom als eine Nachricht des Körpers und der Seele in Richtung der Heilung. Ich frage mich, welche Begabungen und Potenziale der Einzelne hat, der nicht nur seine Gesundheit im Sinne der Abwesenheit von Krankheit erlangt, sondern auch und vor allem die eigene Heilung im Sinne eines universellen Wohlbefindens und der Harmonie von Körper und Geist. Diese Art der Harmonie geht weit über die des gewöhnlichen Menschen hinaus, der von morgens bis abends über seinen Zweifeln, Ängsten und Illusionen brütet. Aus diesem Grund bin ich meiner ehemaligen Kurzsichtigkeit dankbar, weil sie mir diese großartige Gelegenheit bot, mich selbst und meine innersten Zielsetzungen zu umarmen. Und weil sie mich die mitreißende Schönheit der Bilder des Lebens begreifen und erfassen ließ, die sich in den eigenen Augen reflektieren.

Nachwort an den Leser

Lieber Leser, der Sie beschlossen haben, etwas zu ändern. Ich kenne jede einzelne Phase, die Sie auf dem Weg zur Besserung Ihres funktionellen Sehfehlers und der Wiedererlangung *Ihrer* klaren und perfekten Sehschärfe durchlaufen werden. Ich kenne die vielen kleinen Frustrationen, die Sie auf Ihrem Weg einholen werden. Ich weiß, wie viel Kraft Sie brauchen werden, um zu glauben, dass Sie es schaffen werden, und wie viel Durchhaltevermögen Sie aufbringen müssen.

Wir alle neigen dazu, aus Bequemlichkeit alles beim Alten zu belassen. Es ist wirklich schwierig, den Mut zur Veränderung aufzubringen, vor allem, wenn es sich wie hier um einen so neuartigen und umstrittenen Bereich handelt wie das Trainieren der Augen. Und doch kann ich Ihnen eines garantieren, lieber Leser: Wenn Sie langfristig durchhalten und die vorgeschlagenen Übungen machen, dem „Nebel" Stand halten, auf den ganz plötzlich Momente erstaunlicher Sehschärfe folgen, werden Sie es *schaffen*: Sie gelangen an einen Punkt, an dem Ihnen klar wird, dass es ohne Zweifel nur eine Frage der Zeit ist, bis Ihre Augen vollständig geheilt sein werden.

Ich glaube, der wahre Zauber des Lebens besteht darin, etwas unvergleichlich formvollendet zu tun, wie es nur ganz wenige zu tun verstehen. Für jede Kunst auf der Welt gibt es ein Lehrsystem, und das gilt auch für die Fähigkeit scharf zu sehen. Diese Fähigkeit, die uns die Natur von klein auf gelehrt hat, haben viele von uns aus unterschiedlichen Gründen mit den Jahren verloren. Die häufigste Ursache ist jedoch der falsche Gebrauch unserer wunderbaren „Sehinstrumente", der Augen. Das ist die Essenz psychosomatischer Krankheiten und funktioneller Störungen: Nicht das Organ an sich ist krank, sondern die *Art und Weise*, wie wir es gebrauchen. Ich denke an das alte Sprichwort „Wer rastet, der rostet", denn seine Aussage entspricht exakt der Grundlage des Systems, das in diesem Buch beschrieben ist: Die Augen dazu zurückzuerziehen, *alles* zu geben. Und dieses „Alles" bedeutet hier nicht bei der Olympiade zu gewinnen, sondern die Fähigkeit (wieder)zuerlangen, die Welt in ihrer ganzen leuchtenden Pracht klar zu sehen. Dazu braucht es ein hohes Maß an Geschicklichkeit, wie es auch bei der Kunst der Fall ist. Aber es gibt für alles eine Methode; wichtig dabei ist, jemanden zu finden, der sie einem beibringt.

Im Zeitalter der Information haben wir zum ersten Mal in der Geschichte das Privileg, räumliche Hürden zu überwinden und dank Internet Spezialisten spezifischer Disziplinen ausfindig zu machen, die sich jahrelang dem Studium verschreiben und an sich selbst experimentieren mit dem Ziel, bestimmte Ergebnisse zu erreichen, wie in diesem Fall die *drastische* Verbesserung des eigenen Sehvermögens. Alles hängt davon ab, die Schlüsselprinzipien dafür zu finden, was man sucht, und diese dann in die Tat umzusetzen.

Ihnen, lieber Leser, wird eine ähnliche Anstrengung abverlangt: Leidenschaftlich das in Ihre Arme zu schließen, was Sie sich aus tiefstem Herzen von sich selbst wünschen, daran zu *glauben* und *durchzuhalten*, bis das Hindernis sich vor Ihren Augen auflöst. Es gibt den Ausspruch „*glauben*, um zu *sehen*", und ich finde keine besseren Worte, um den Erfolg von *Power Vision System*® und im Allgemeinen ein erfolgreiches Leben zu beschreiben.

Ich bin wirklich ganz sicher, dass Ihre Motivation einen gewaltigen Schub erfahren wird und Sie sich auf andere Herausforderungen einlassen werden, wenn Sie erst einmal wieder gut sehen können. Sie werden Zweifel und Zögerlichkeit denen überlassen, die denken, dass wir leben, um so zu sterben, wie wir geboren wurden, und dass der Weg der Verbesserung und Evolution wenigen „Glücklichen" offen steht. Jeder von uns muss selbst etwas aus seinem Leben machen. Wir sollten unser Leben als eine wertvolle Quelle nutzen, die wir, wo immer möglich, verbessern und der wir etwas für die Welt und unsere Nachkommen hinzuzufügen haben.

Ich stelle mir die Zukunft vor, und ich stelle mir vor, wie viele Menschen von der Sklaverei des „Brilletragens" befreit sein werden;

ich stelle mir vor, wie vielen Menschen dieses Buch und andere Bücher zur Verbesserung der Sehkraft nutzen können.

Wenn ein Mensch in sich die Fähigkeit erkennt etwas zu ändern, beginnt er ein neues Leben – ein Leben in Hoffnung, voll der Motivation und Träume, welche sich eines Tages dank des Durchhaltevermögens und des Glaubens daran verwirklichen werden. Wir sind nicht auf die Welt gekommen um zu leiden, sondern um zu lernen, um zu wachsen und diese wunderbare Erde zu genießen.

Der Zauber, die Schönheit, der Reichtum des Lebens, die Liebe, wahre Freundschaft, einwandfrei sehende Augen, all dies und noch mehr Gründe dafür, dass es sich lohnt zu leben, stehen zur freien Verfügung. Der Preis, den es zu bezahlen gilt, ist der persönliche Einsatz: Die Bereitschaft, manchmal mit Zweifeln zu leben, wenn sich die gewünschten Ergebnisse nicht einstellen wollen, im Dunkeln zu tappen, wenn das Licht auf sich warten lässt, sich dafür zu *entscheiden*, „Nein" zu einem flachen Leben zu sagen, auch wenn viele um uns herum es führen.

Lieber Leser, nichts ist unmöglich, wenn Sie an sich *glauben*!

David De Angelis

Regeln zur Vorbeugung von Sehfehlern

Im Folgenden führe ich Empfehlungen beziehungsweise einfache Regeln auf, bei deren Einhaltung Sehfehler vermieden werden können. Sie verhindern, dass man die Augen falsch gebraucht, wie es leider so oft der Fall ist.

Ich erinnere daran, dass kleine Veränderungen des Lebensstils und die tägliche und wiederholte Ausführung von Einstellungen, Gesten, Übungen, Gedanken und Gefühlen unser Sehvermögen und damit unser Leben stark positiv oder negativ beeinflussen können.

Diese Präventiv-Regeln und das ganze Programm von *Power Vision System*® dienen einem der kostbarsten Güter, über die wir verfügen: unsere Augen!

1. **Tragen Sie keine unnötigen Sehhilfen**
   Bei mittelstarker bis leichter Kurzsichtigkeit sollten Sie die Brille *nur dann* tragen, wenn Sie sie wirklich benötigen, das heißt in Situationen, bei denen es die Sicherheitsbestimmungen oder das Gesetz vorschreiben. Setzen Sie als Kurzsichtiger Ihre Brille *niemals* auf, um im Nahbereich zu sehen. Da kann das kurzsichtige Auge bestens ohne Sehhilfe fokussieren.
2. **Benutzen Sie unterkorrigierende Gläser, wo immer möglich**
   Wo immer es möglich ist (zum Beispiel zu Hause) sollten Sie unterkorrigierende Brillen tragen, das heißt eine Brille, deren Gläser 1 oder 0,5 Dioptrien schwächer als die verordneten sind. Falls Sie leicht kurzsichtig sind, sollten Sie sich daran gewöhnen, auf die Brille zu verzichten.
3. **Setzen Sie Ihre Sonnenbrille nicht unnötig auf**
   Beschränken Sie das Tragen von Sonnenbrillen auf Situationen sehr starker Sonneneinstrahlung, wie zum Beispiel im Gebirge oder im Sommer am Meer.

4. **Lesen oder arbeiten Sie nicht auf zu kurze Distanzen**
   Lesen oder arbeiten Sie immer bei größtmöglichem Abstand vom Objekt, um den Augen unnötigen Stress zu ersparen. Zur Abwechslung und Entspannung sollten Sie zwischendurch öfter mal in die Ferne blicken. Für Weitsichtige gilt das Gegenteil: Sie sollten immer wieder einmal etwas in Ihrer Nähe konzentriert fixieren.
5. **Vermeiden Sie das Verharren in Positionen, die eine Asymmetrie der Augenmuskeln hervorrufen können**
   Beispiele für solche Situationen: Wenn Sie vom Bett aus fernsehen und der Fernseher seitlich zur natürlichen Blickrichtung positioniert ist. Oder aber wenn Sie bei geneigtem Kopf und *nicht* lotrecht zur Zeile lesen. Auf diese Weise erfahren die Augenmuskeln ein Ungleichgewicht und verlieren sowohl ihre Beweglichkeit und Koordination als auch die Fähigkeit, Gegenstände zentral zu fixieren und exakt auf der Netzhautgrube abzubilden.
6. **Integrieren Sie *Power Vision* dauerhaft ins Leben**
   Auch wenn Sie keine Sehprobleme haben oder nachdem Sie mit dieser Methode Ihr gutes Sehvermögen wiedererlangt haben, fahren Sie mit den Dehnübungen für die Augen fort.
7. **Freuen Sie sich jeden Tag am Wunder des Lebens**
   Betrachten Sie die Reflexionen der Sonne, das Blau eines Sees oder des Meeres, das Grün der Landschaft und das Licht in den Augen eines geliebten Menschen mit dem Erstaunen und der Begeisterung desjenigen, der lange Zeit im „Nebel" und im „Dunkel" der inzwischen überwundenen Kurzsichtigkeit gelebt hat.

Verschiedene Intensitätsstufen des Trainingsprogramms *Power Vision System®*

1 Trainingsprogramm geringer Intensität – Erarbeiten Sie die Grundlagen an Kraft und Flexibilität

Einmal pro Woche

- Dehnen Sie die Augenmuskeln einmal bei offenen und einmal bei geschlossenen Augen.
- Führen Sie langsame und konzentrierte Rotationsbewegungen bei offenen Augen aus: Fixieren Sie einen Punkt bei maximal gedehnten Augen, dreimal in eine Richtung und dreimal in die andere; versuchen Sie dabei, die Fusion der Augen beizubehalten (damit die Bilder beider Augen ein gemeinsames Bild ergeben).
- Führen Sie langsame und konzentrierte Rotationsbewegungen bei geschlossenen Augen aus: zehnmal in eine Richtung und zehnmal in die andere.

Täglich außer sonntags

- Trainieren Sie dreißig Minuten mit der Übungsbrille (Plusgläser für Kurzsichtige und Minusgläser für Weitsichtige).
- Gewöhnen Sie Ihre Augen an starke Lichtquellen, setzen Sie so selten wie möglich eine Sonnenbrille auf.

2 Trainingsprogramm mittlerer Intensität

Zweimal pro Woche

- Führen Sie zwei Trainingseinheiten am Tag durch, mit mindestens vier Stunden Pause dazwischen.
- Dehnen Sie die Augenmuskeln zweimal bei offenen Augen und zweimal bei geschlossenen Augen.
- Führen Sie langsame und konzentrierte Rotationen bei offenen Augen durch: Fixieren Sie einen Punkt bei maximal gedehnten Augen, fünfmal in eine Richtung und fünfmal in die andere; versuchen Sie dabei, die Fusion der Augen beizubehalten.
- Führen Sie langsame und konzentrierte Rotationsübungen bei geschlossenen Augen aus, fünfmal in eine Richtung und fünfmal in die andere.

Täglich außer sonntags

- Trainieren Sie eine Stunde mit der Übungsbrille (Plusgläser für Kurzsichtige und Minusgläser für Weitsichtige).
- Gewöhnen Sie Ihre Augen an starke Lichtquellen, setzen Sie so selten wie möglich eine Sonnenbrille auf.

3 Intensivprogramm – Erzielen Sie schnelle Ergebnisse

Dieses Programm richtet sich an alle, die hoch motiviert sind. *Hohe* Konzentration und ein großer zeitlicher Einsatz sind für dieses Programm unerlässlich.

Jeweils montags, mittwochs und freitags (oder an drei anderen Wochentagen mit gleichem Intervall): morgens, nachmittags und abends (mit jeweils mindestens vier Stunden Pause zwischen den Trainingseinheiten)

- Dehnen Sie die Augenmuskeln zweimal bei offenen Augen und zweimal bei geschlossenen Augen.
- Führen Sie langsame und konzentrierte Augenbewegungen bei offenen Augen aus: Fixieren Sie einen Punkt bei maximal gedehnten Augen, zehnmal in eine Richtung und zehnmal in die andere; versuchen Sie dabei, die Fusion der Augen beizubehalten.
- Führen Sie langsame und konzentrierte Rotationsübungen bei geschlossenen Augen aus, zehnmal in eine Richtung und zehnmal in die andere.

Täglich außer sonntags

- Trainieren Sie zwei Stunden mit der Übungsbrille (Plusgläser für Kurzsichtige und Minusgläser für Weitsichtige).
- Gewöhnen Sie Ihre Augen an starke Lichtquellen, setzen Sie so selten wie möglich eine Sonnenbrille auf.

Sehr wichtig: Von Tätigkeiten abgesehen, bei denen aus Sicherheitsgründen oder per Gesetz das Tragen von Sehhilfen vorgeschrieben ist, sollten Sie so *wenig* wie möglich korrigierende Sehhilfen tragen (zum Beispiel zu Hause oder beim Spazierengehen braucht man sie gewöhnlich *nicht*). Wenn Sie stark kurzsichtig sind (über 4–5 Dioptrien) und nicht ganz ohne Sehhilfe auskommen, können Sie eine unterkorrigierende Brille tragen. (Eine voll korrigierende Sehhilfe, wie Sie sie wahrscheinlich verschrieben bekommen haben, erlaubt eine Sehschärfe von 20/20 laut Snellen-Index bei monokularem Sehen, also beim Sehen mit einem Auge.)

Achtung: Dieses Intensivprogramm produziert *spezifischen Stress* für die Augen. Unter spezifischem Stress versteht man den Stress, der absichtlich produziert wurde mit dem Ergebnis, dass die Akkommodation sichtbare Fortschritte macht und man allmählich besser sieht.

Dieser Stress kann zu unterschiedlichen Phänomenen führen, von denen das natürlichste und üblichste Schmerzen der Augenmuskeln oder leichte Kopfschmerzen sind. Das ist absolut normal, denn jeder Muskel erfährt Stress und damit Schmerzen, wenn er trainiert wird; erst dann kann der Muskel seine Kraft, Flexibilität und Struktur verändern. Nach Absprache mit Ihrem Arzt können Sie Aspirin oder entzündungshemmende Medikamente einnehmen, um die Muskelschmerzen zu reduzieren.

Mit fortschreitendem Training fangen die Augenmuskeln an, sich der Trainingslast anzupassen, die durch die Übungen entstanden ist; die Schmerzen verflüchtigen sich allmählich, was ein eindeutiges Zeichen dafür ist, dass die Muskeln sich der Last angepasst haben. Sie sind nun kräftiger, elastischer und können besser akkommodieren. Die äußeren Augenmuskeln, die bei unserem Training im Mittelpunkt stehen, sorgen schrittweise für ein verbessertes Sehvermögen und erreichen eventuell sogar, dass das Auge ganz normal sehen kann.

Beachten Sie bitte: Die Trainingsprogramme nach *Power Vision* können und müssen an den jeweiligen Sehfehler und seinen Umfang individuell angepasst werden. Die oben aufgeführten Hinweise sind reine Wegweiser, da das Trainingsprogramm noch nicht im großen Stil an Testpersonen erprobt wurde und somit Nachweise fehlen, die die Festlegung eines Standards rechtfertigen würden.

Glossar

Das Glossar möchte kurze Erklärungen der wichtigsten in diesem Buch verwendeten Fachbegriffe bieten. Die hier gelieferten Definitionen werden durch die Lektüre im Buch vertieft.

A

Accommotrac® Vision Trainer ist ein patentiertes System zur Neuorientierung der Augen, genauer gesagt ein Apparat, der ein sicht- und hörbares Biofeedback gibt, durch das der Betroffene sich allmählich wieder daran gewöhnt, auf unterschiedliche Entfernungen scharf zu stellen. Das Gerät wurde von J.N. Trachtman in den 1980er-Jahren erfunden.

Akkommodation ist die Fähigkeit der Augen, Objekte korrekt scharf zu stellen, egal in welcher Entfernung sie sich befinden.

Akkommodation bei Unschärfe meint den Umstand, wenn man versucht, mit den Augen einen Text zu fokussieren, den man bewusst so weit (oder nah) weghält, dass man ihn nur unscharf erkennen kann. Dieses Phänomen macht sich *Power Vision System®* zunutze, um das Auge zum korrekten Scharfstellen zu animieren und so schrittweise den funktionellen Sehfehler rückgängig zu machen. Sie wird für Weitsichtigkeit und Kurzsichtigkeit jeweils gegenteilig angewandt (durch Weiter-weg-Halten des Textes bei Kurzsichtigen, durch Heranholen des Textes bei Weitsichtigen).

Akkommodationserfolg ist die Differenz zwischen Fernpunkt- und Einstellpunktrefraktion. Der maximale Akkommodationserfolg ist die Differenz zwischen Fernpunkt- und Nahpunktrefraktion, auch Akkommodationsbreite genannt.

Akkommodationsruhelage ist die anstrengungsärmste Einstellung des Akkommodationssystems. Diese Situation wird als Ergebnis des Sehtrainings angestrebt.

Aktiv-statisches Dehnen ist eine der Techniken, derer sich *PVS* bedient, und die darin besteht, den Bewegungsmuskel (Agonist) zusammenzuziehen und seinen Gegenspielermuskel (Antagonist) zu entspannen und zu dehnen. Das geschieht, während man in einer einzigen Position verharrt und eine einzige Augenbewegung macht. Damit wird beabsichtigt, die maximalen Bewegungsmöglichkeiten der Augen auszunutzen und dabei die eventuell vorhandenen Blockaden in einigen Bereichen des Gesichtfeldes zu überwinden. Spürt man bei Kreisbewegungen mit den Augen Blockaden, lässt dies immer auf ein Ungleichgewicht in der Muskelmasse der äußeren Augenmuskeln schließen.

Ametropie (Fehlsichtigkeit) Der Brennpunkt parallel verlaufender Strahlen liegt im nicht akkommodierten Auge vor (Myopie) beziehungsweise hinter (Hypermetropie) der Netzhaut.

Astigmatismus (Hornhautverkrümmung, Stabsichtigkeit) ist eine Fehlsichtigkeit, bei der das optische System des Auges unterschiedliche Brechungsverhältnisse aufweist, weshalb die einfallenden Lichtstrahlen keinen gemeinsamen Brennpunkt finden können. Die Ursache ist eine von der Norm abweichende Krümmung der Hornhaut oder der Linse.

Augentraining ist die Gesamtheit aller Techniken, deren Ziel es ist, auf natürliche Art und Weise funktionell bedingte Brechungsfehler rückgängig zu machen, ohne die physiologische Struktur der Sehorgane anzugreifen.

B

Binokulares Sehen bezeichnet das Sehen mit beiden Augen.

Biofeedback ist eine Technik, mit der man die Kontrolle über Funktionen des Körpers trainieren kann, die normalerweise unwillkürlich ablaufen. Die Technik arbeitet mit sicht- und/oder hörbarem Feedback.

Brechkraft ist die Stärke, mit der die Lichtstrahlen gebündelt werden. Sie wird in Dioptrien gemessen.

Brechungsfehler ist eine Fehlsichtigkeit bei abnormalem Durchmesser des Augapfels oder bei abnormaler Brechkraft der Hornhaut bzw. Linse. Zu unterscheiden sind Kurzsichtigkeit (Myopie), Weitsichtigkeit (Hypermetropie oder Hyperopie) und Hornhautverkrümmung (Astigmatismus).

Brennebene ist auf der optischen Achse eines abbildenden Systems die senkrechte Ebene durch einen Brennpunkt.

C

CRB-Bewegung (Abkürzung von Contraction, Relaxation, Blinking) ist ein spezifischer Bewegungsablauf (Kontraktion, Entspannung, Blinzeln), mithilfe dessen man den Akkommodationsprozess muskulär anregt. Er ist Bestandteil des Fokussiertrainings von *PVS*.

D

Defokus ist der spezifische Reiz, durch den das Auge mit der Zeit den Zustand der Brechkraft verändern kann. Dazu setzt man das Auge einer gewollten Unschärfe aus, um es quasi zu animieren, auch unter ungünstigen Bedingungen wieder scharf stellen zu können. Es gibt den kurz- und den weitsichtigen Defokus.

E

Einstellpunkt ist der Punkt im Objektraum, der bei einem gegebenen Akkommodationszustand scharf auf die Netzhaut abgebildet wird.

emmetrop normalsichtig

F

Fernpunkt ist der Punkt im Objektraum, der bei niedrigstem Brechwert des Auges scharf auf die Netzhaut abgebildet wird, mit anderen Worten der Einstellpunkt bei Akkommodationsruhelage.

Fovea (centralis) siehe Netzhautgrube

G

Gelber Fleck *(Macula lutea)* liegt in der Mitte der Netzhaut und vereint auf sich die größte Dichte an Sehzellen.

H

Homöostase ist die Fähigkeit des lebenden Organismus, Stabilität und innere Ordnung im Gleichgewicht zu halten, indem er sich äußeren Veränderungen anpasst.

Hornhautverkrümmung siehe Astigmatismus

Hypermetropie/Hyperopie (Weitsichtigkeit) Dieser Brechungsfehler ist dadurch gekennzeichnet, dass die Abbildung eines betrachteten Objekts hinter die Netzhaut fällt und so bei kurzen Entfernungen ein unscharfes Bild gesehen wird.

I

Isometrische Anspannung ist eine statisch ausgeführte Spannung, bei der man einen Muskel anspannt und ihn gegen einen Widerstand hält, ohne die Längenausdehnung des Muskels zu verändern.

K

Keratokonus ist eine kegelförmige Vorwölbung der Hornhaut, die meist eine Verdünnung der Hornhaut und einen Brechungsfehler nach sich zieht.

Konkave Linsen Nach innen gewölbte Linsen zur Behebung der Kurzsichtigkeit, in *Power Vision System®* als Übungslinse zum Training gegen Weitsichtigkeit angewandt.

Konvergenz der Sehachsen Die Sehachsen laufen optimal zueinander, wenn die Augen die Fähigkeit besitzen, beim Fixieren von Objekten im Nahbereich und in sämtlichen Teilen des Gesichtsfeldes die exakte Symmetrie der Sehachsen aufrechtzuerhalten.

Konvexe Linsen Nach außen gewölbte Linsen zur Behebung der Weitsichtigkeit, in *PVS* als Übungslinse zum Training gegen Kurzsichtigkeit angewandt.

Korrekturlinsen, korrigierende Linsen/Gläser sind die Linsen oder Brillengläser, die normalerweise für eine *vollständige* Korrektur des Sehfehlers verschrieben werden, die also die Sehschwäche direkt ausgleichen sollen.

Kreisatmen ist eine besonders effiziente Art des Atmens, um den Organismus in einen Zustand der Homöostase und des psychosomatischen Gleichgewichts zu bringen. Wird bei den Methoden *Rebirthing*, *Vivation* und beim holotropen (auf Ganzheitlichkeit ausgerichteten) Atmen angewendet.

Kurzsichtiger Defokus ist gegeben, wenn vor der Netzhaut fokussiert wird.

Kurzsichtigkeit (Myopie) ist der Brechungsfehler, der dadurch gekennzeichnet ist, dass die Abbildung eines betrachteten Objekts vor die Netzhaut fällt und so bei weiten Entfernungen ein unscharfes Bild gesehen wird.

L

„Lichtblitze scharfen Sehens" kurze Momente scharfer Sicht, die beim Fokussiertraining nach *PVS* hin und wieder auftauchen. Haben die Reize des Trainings eine „kritische Menge" erreicht, ist der Übergang zu einer verbesserten Brechkraft festzustellen. Dieser Übergang wird oft von „Lichtblitzen" schärferer Sicht begleitet, die deutlich über die eigentlich vorhandene Sehkraft hinausgehen.

M

Minuslinsen Konkave Linsen zur Korrektur der Kurzsichtigkeit. In *PVS* als Übungslinsen für Weitsichtige genutzt.

Monokulares Sehen bezeichnet das Sehen mit einem Auge.

Myopie (Kurzsichtigkeit) ist der Brechungsfehler, der dadurch gekennzeichnet ist, dass die Abbildung eines betrachteten Objekts vor die Netzhaut fällt und so bei weiten Entfernungen ein unscharfes Bild gesehen wird.

N

Nahpunkt ist der Punkt im Objektraum, der bei höchstem Brechwert des Auges scharf auf die Netzhaut abgebildet wird, auch Akkommodationsnahpunkt genannt.

Netzhautgrube (*Fovea centralis* oder Sehgrube) liegt im Zentrum des Gelben Flecks und ist der Ort des schärfsten Sehens. Die sensibelste Stelle auf der Netzhaut, auf die das Bild für eine korrekte Scharfstellung fallen muss.

O

Ophthalmologe Augenarzt

Optometrie Augenfachkunde, Sehkraftbestimmung, die Lehre vom Sehen und von den Fehlsichtigkeiten sowie deren Korrektur.

Optometrist ist für die Gesundheitsvorsorge des Auges und des gesamten visuellen Systems zuständig, er ist spezialisiert auf die Messung der Augen und der Sehleistung.

Orthokeratologie ist ein Verfahren zur vorübergehenden Korrektur von Kurzsichtigkeit oder Hornhautverkrümmung. Durch das nächtliche Tragen von speziellen Linsen wird die Hornhaut kurzfristig verformt, wodurch man tagsüber gut sieht. Die Wirkung hält etliche Stunden an, lässt dann aber nach.

P

Parasympathikus, parasympathisches Nervensystem ist Teil des vegetativen Nervensystems, zuständig für Hohlorgane im Bereich von Kopf, Hals, Brust und Bauch sowie von Drüsen und Blutgefäßen, zum Beispiel für die Verengung der Pupille, die Verringerung der Herztätigkeit und die Nahakkommodation.

Pluslinsen Konvexe Linsen zur Korrektur der Weitsichtigkeit. In *PVS* als Übungslinsen für Kurzsichtige genutzt.

Power Vision System*®** ***(PVS) habe ich das von mir entwickelte Augentraining genannt. Es ist nach dem heutigen Stand der Dinge das effizienteste Sehtraining, da es durch Übungen charakterisiert ist, die direkt auf die Ursachen der funktionellen Brechungsfehler einwirken.

Pseudomyopie (Pseudokurzsichtigkeit) Scheinbare Kurzsichtigkeit, die durch eine verkrampfte Augenmuskulatur ausgelöst ist und nicht durch einen zu langen Augapfel. Diese Kurzsichtigkeit ist nur gering ausgeprägt und im Grunde nur vorübergehend vorhanden.

PVS Abkürzung für *Power Vision System*®

R

Rasterbrille hat anstelle von Gläsern eine undurchsichtige Scheibe mit vielen kleinen Löchern. Das Punktraster sorgt dafür, dass der einfallende Lichtstrahl bereits vor dem Auge gebündelt und ausgerichtet wird und so auf die Netzhautmitte tritt. Auf diese Weise kann die Scharfstellung momentan verbessert werden. Andere Bezeichnungen für diese Art Brillen: Lochbrillen, Gitterbrillen, stenopäische Brillen.

Refraktionsfehler/-anomalie siehe Brechungsfehler. Refraktion bedeutet übrigens Lichtbrechung.

Refraktionszustand ist der Zustand des optischen Systems des Auges bezüglich seiner Brechkraft im Verhältnis zu seiner Länge.

Refraktive Laserchirurgie ist die chirurgische Methode für das Beheben von Brechungsfehlern. Die verwendeten Techniken entwickeln sich ständig weiter, bedeuten aber nach wie vor einen starken Eingriff auf physiologische Strukturen. Sind diese erst einmal verändert, gibt es kein Zurück, das heißt ihre ursprüngliche Beschaffenheit und Funktionalität gehen verloren. Die beiden größten Probleme der refraktiven Chirurgie sind folgende: Sie berührt nicht die wahren Ursachen des Brechungsfehlers, da sie rein „mechanisch" vorgeht, und sie berücksichtigt nicht die Möglichkeiten der Veränderungen und Anpassungen der Augen aus eigener Kraft, die das Augentraining dagegen bietet. Außerdem sind die langfristigen Auswirkungen der Laseroperationen bislang unbekannt.

Retina Netzhaut

Retinoskopie Verfahren zur Messung der Brechkraft eines Auges mittels eines Gerätes.

S

SAID-Prinzip Abkürzung von Specific Adaptation to Imposed Demand. Das Prinzip der spezifischen Anpassung an einen gegebenen Reiz ist das Grundprinzip von *Power Vision System*®, nach dem die Augen (wie jedes andere Organ) sich in ihrer Struktur und Funktionalität den Reizen anpassen, die auf sie einwirken.

Sakkadische Augenbewegungen sind die willkürlichen, sehr schnellen minimalen Bewegungen der Augen, während sie ein neues Objekt fixieren. Durch das Training nach *PVS* sind die sakkadischen Bewegungen insofern betroffen, als eine größere Elastizität der Augenmuskeln auch diese Bewegungen wieder erleichtert.

Sehgrube siehe Netzhautgrube

Sehtraining ist die Gesamtheit aller Techniken, deren Ziel es ist, auf natürliche Art und Weise vorhandene Brechungsfehler rückgängig zu machen, ohne die physiologische Struktur der Sehorgane anzugreifen.

Snellen-Index Sehprobentafel mit allmählich kleiner werdenden Zeilen von Buchstaben und Zahlen zur Prüfung der Sehstärke beim Augenarzt. Namengebend war der niederländische Augenarzt Hermann Snellen, der die Tafel zusammengestellt hat. Die optimale Sehkraft wird mit 20/20 angegeben. Ein Wert von 22/20 zum Beispiel besagt, dass der Patient ein Zeichen aus der Entfernung von 22 Metern scharf erkennen konnte, das bei optimaler Sehstärke eigentlich nur aus einem Abstand von 20 Metern gelesen werden kann.

Stabsichtigkeit siehe Astigmatismus

Stenopäische Brille Brille, die anstatt der Brillengläser Lochblenden oder Plastikscheiben mit Schlitzen hat (zur Verbesserung der Sehschärfe und Schärfentiefe bei starkem Astigmatismus). Siehe auch Rasterbrille

Strabismus (Schielen) ist der Zustand, in dem die Augen in unterschiedliche Richtungen zielen und so Doppelbilder und die Unterdrückung des Sehvermögens am schwächeren Auge produzieren.

Sympathikus, sympathisches Nervensystem ist Teil des vegetativen Nervensystems, zuständig für Organe mit glatten Muskeln, für verschiedene Drüsen und Blutgefäße, zum Beispiel beschleunigt es die Herztätigkeit und erweitert die Pupillen.

U

Überakkommodation, überakkommodativer Stress ist nach der Theorie, die das jeweilige Umfeld und die schlechten Angewohnheiten des Einzelnen für das Auftreten von Brechungsfehlern verantwortlich macht, die Hauptursache für die Verschlechterung des Sehvermögens. Sie/Er wird hervorgerufen durch übermäßiges Arbeiten im Nahbereich und das Tragen von Sehhilfen bei solchen Tätigkeiten – zum Beispiel Lesen –, bei denen das Auge normalerweise selbst korrekt fokussieren könnte.

Übungsgläser/-linsen sind die Gläser, die sich die *Power-Vision*-Methode zunutze macht, um den Akkommodationsreiz herzustellen. Im Gegensatz zu den korrigierenden Gläsern, die normalerweise verschrieben werden, benutzt man hier Plusgläser bei Kurzsichtigkeit und Minusgläser bei Weitsichtigkeit.

> *Wichtig:* Diese Gläser dürfen *ausschließlich* zu Übungszwecken getragen werden und *niemals* in Situationen, in denen eine vollständige Korrektur notwendig ist, wie zum Beispiel am Steuer, bei speziellen Arbeiten und in anderen Situationen, in denen eine perfekte Sicht für die Unversehrtheit der eigenen Person und von Fremdpersonen unabdinglich ist.

V

Verhaltensoptometrie auch Funktionaloptometrie genannt, beschäftigt sich mit Funktionsstörungen am gesunden Auge. Die Ursachen dafür werden in einer fehlerhaften Entwicklung des Sehens durch äußere Einflüsse gesehen und vor allem in einem unnatürlichen Sehverhalten.

Vernebeln, Vernebelung (***fogging***) siehe Akkommodation bei Unschärfe.

Visuelles Training siehe Augentraining

W

Weitsichtiger Defokus ist gegeben, wenn der Fokus hinter die Netzhaut fällt.

Weitsichtigkeit (Hypermetropie) Dieser Brechungsfehler ist dadurch gekennzeichnet, dass die Abbildung eines betrachteten Objekts hinter die Netzhaut fällt und so bei kurzen Entfernungen ein unscharfes Bild gesehen wird.

Z

Zentrale Fixation ist die Fähigkeit, die ein gesundes/normalsichtiges Auge kennzeichnet und bei der das zu fokussierende Bild in die Mitte der Netzhautgrube fällt.

Ziliarmuskel ein glatter, unwillkürlich funktionierender Muskel. Dieser Muskel ermöglicht die Krümmung der Linse und ist eine der Ursachen für Brechungsfehler. Die Linse variiert die Stärke ihrer Krümmung mittels stärkerer oder geringerer Kontraktion des Ziliarmuskels.

Bibliografie

Quellenangaben

Bates, W. H.: *The Bates Method for Better Eyesight without Glasses*, Owl Books, 1981 (= Gekürzte Version der Originalausgabe *Perfect sight without glasses;* siehe unten unter „Empfohlene Literatur").

Beatty, J. und Wagoner, B. L.: „Pupillometric signs of brain activation vary with level of cognitive processing", in: *Science* Nr. 199, 1978, S. 1216–1218.

Birnbaum, M. H.: „Nearpoint visual stress: a physiological model", in: *J. Am. Optom. Assoc.* Nr. 55, 1984, S. 825–835.

Birnbaum, M. H.: „Nearpoint visual stress: clinical implication", in: *J. Am. Optom. Assoc.* Nr. 56, 1985, S. 480–490.

Birnbaum, M. H.: „Myopia and nearpoint stress model", in: *Myopia & Nearwork*, 1988, S. 169.

Birnbaum, M. H.: *Optmometric Management of Nearpoint Vision Disorders*, Butterworth Heinemann, 1993.

Cannon, W. B.: *Bodily Changes in Pain, Hunger, Fear and Rage. An Account of Recent Researches into the Function of Emotional Excitement*, Appleton, 1929 (dt.: *Wut, Hunger, Angst und Schmerz: eine Physiologie der Emotionen*, München/Berlin/Wien: Urban und Schwarzenberg, 1975)

Catania, A.: „On the visual acuity of the pigeon", in: *J. Exp. Anal. Behave* Nr. 7, 1964, S. 361–366.

Curtin, B. J.: *The Myopia. Basic Science and Clinical Management*, Harper & Row, 1985.

Ehrlich, D. L.: „Near vision stress: vergence adaptation and accommodative fatigue", in: *Ophthal. Physiol. Opt.* Nr. 7, 1987, S. 353–357.

Fitzke, F. W., Hayes, W. und Holden, A. L.: „Refractive sectors in the visual field of the pigeon eye", in: *J. Physiol.* (Lond.) Nr. 369, 1985, S. 33–44.

Gottlieb, R. L.: „Neuropsychology of myopia", in: *J. Optom. Vis. Dev.* Nr. 13, 1982, S. 3–27.

Grosvenor, Th. und Goss, D. A.: *Clinical Management of Myopia*, Butterworth Heinemann, 1999.

Hayden, R.: *Development and Prevention of Myopia at the United States Naval Academy* Vol. 25 (old series Vol. 82), Nr. 4, The American Medical Association, 1941.

Hess, E. H. und Polt, J. M.: „Pupil size in relation to mental activity during simple problem-solving", in: *Science* Nr. 143, 1964, S. 1190–1192.

Holt, W. R., Caruso, J. L. und Riley J. B.: „Transcendental Meditation versus pseudo-meditation on visual choice reaction time", in: *Perceptual and Motor Skills* Nr. 46, 1978, S. 726.

Hung, L. F., Crawford, M. L. J. und Smith, E. L.: „Spectacle lenses alter eye growth and the refractive status of young monkeys", in: *Nature Medicine* Nr.1, 1995, S. 761–765.

Irving, E. L., Callender, M. G. und Sivak, J. G.: „Inducing myopia, hyperopia and astigmatism in chicks", in: *Opt. Vis. Sci.* Nr. 68, 1991, S. 364–368.

Irving, E. L., Sivak, J. G. und Callender, M. G.: „Refractive plasticity of the developing chick eye", in: *Ophthal. Physiol. Opt.* Nr. 12, 1992, S. 448–456.

Kahnemann, D.: *Attention and Effort*, Prentice-Hall, 1973, S. 1–49.

Libby, W. L., Lacey, B. C. und Lacey, J. I.: „Pupillary and cardiac activity during visual attention", in: *Psychophysiology* Nr. 10, 1973, S. 270–294.

Lowen, A.: *Bioenergetics*. Compass Books, 1994 (dt.: *Bioenergetik: Therapie der Seele durch Arbeit mit dem Körper*, Reinbek bei Hamburg: Rowohlt-Taschenbuch-Verlag, 2002)

McBrien, N. A. und Norton, T. T.: „The development of experimental myopia and ocular component dimension in monocularly lid-shrews (Tupaia belangeri)", in: *Vision Res.* Nr. 32, 1992, S. 843–852.

McFadden S. und Wallman, J.: „Guinea pig eye growth compensates for spectacle lenses", in: *Invest. Ophthalmol. Vis. Sci.* Nr. 36 (ARVO Suppl.), 1995, S. 758.

Medina, A.: „A model for emmetropization: the effects of correcting lenses", in: *Acta Ophthalmol.* Nr. 65, 1987, S. 565–571.

Medina, A. und Fariza, E.: „Emmetropization as a first-order feedback system", in: *Vision Res.* Nr. 33, 1993, S. 21–25.

Miles, F. A. und Wallman, J.: „Local ocular compensation for imposed local refractive error", in: *Vision Res.* Nr. 30, 1990, S. 339–349.

Millodot, M. und Blough, P. M.: „The refractive state of the pigeon eye", in: *Vision Res.* Nr. 11, 1971, S. 1019–1022.

Norton, T.: „Experimental myopia in tree shrews", in: *Myopia and the Control of the Eye Growth,* Ciba Foundation Symposium 155 (F. R. Bock und K. Widdows, Hrsg.), Wiley, 1990, S. 178–199.

Nye, P. W.: „On the functional differences between frontal and lateral visual fields of the pigeons", in: *Vis. Res.* Nr. 13, 1973, S. 559–574.

Oakley, K. H. und Young, F. A.: „Bifocal control of myopia", in: *Am. J. Optom. Physiol. Opt.* Nr. 52, 1975, S. 758–764.

Ong, E. und Ciuffreda, K. J.: „Nearwork-induced transient myopia. A critical review", in: *Doc. Ophtalmol.* Nr. 91, 1995, S. 57–85.

Ong, E. und Ciuffreda, K. J.: *Accommodation, Nearwork and Myopia*, Optometric Extension Program, 1997.

Paliaga, G. P.: *I vizi di refrazione*, Edizioni Minerva Medica, 1995.

Pribram, K. und McGuinness, D.: „Arousal, activation and effort in the control of attention", in: *Psychol. Rev.* Nr. 82, 1975, S. 116–149.

Raviola, E. und Wiesel, T. N.: „An animal model of myopia", in: *N. Engl. J. Med.* Nr. 312, 1985, S. 1609–1615.

Roberts, W. und Banford, R.: „Evaluation of bifocal correction of juvenile myopia", in: *Optom. Weekly* Nr. 58, S. 25–31, 21. Sept.; Nr. 58, S. 21–30, 28. Sept.; Nr. 58, S. 23–28, 5. Okt.;

Nr. 58, S. 27–34, 12. Okt.; Nr. 58, S. 19–26, 26. Okt., 1967.

Rosenfield, M. und Abraham-Cohen, J. A.: „Blur sensitivity in myopes", in: *Optom. Vis. Sci.* May 1999, Nr. 76 (5), S. 303-307.

Rosenfield, M., Ciuffreda, K. J. und Novogradsky, L.: „Contribution of accommodation and disparity-vergence to transient nearwork-induced myopic shifts", in: *Ophthal. Physiol. Opt.* Nr. 12, 1992, S. 433–436.

Rosenfield, M. und Gilmartin, B.: „Accommodative error, adaptation and myopia", in: *Ophtalmic Physiol. Opt.* Nr. 19 (2), 1999, S. 159–64.

Scott, A. B.: „Change of eye muscle sarcomeres according to eye position", in: *Journal of Pediatric Ophtalmology and Strabismus* Nr. 31 (2), 1994, S. 85–88.

Selye, H.: *The Stress of Life*, McGraw-Hill, 1956 (dt.: *Stress beherrscht unser Leben: das Standardwerk des Pioniers der Stressforschung*, München: Heyne, 1991)

Shaeffel, F., Glasser, A. und Howland, H. C.: „Accommodation, refractive error and eye growth in chickens", in: *Vis. Res.* Nr. 28, 1988, S. 639–657.

Shaeffel, F. und Howland, H. C.: „Properties of feedback loops controlling eye growth and refractive state in the chicken", in: *Vis. Res.* Nr. 31, 1991, S. 717–734.

Siegwart, J. T. und Norton, T. T.: „Refractive and ocular changes in tree shrews raised with plus or minus lenses", in: *Invest. Ophthalmol. Vis. Sci.* Nr. 34 (ARVO Suppl.), 1993, S. 1208.

Skeffington, A. M.: *Optometric Extension Program Continuing Education Courses*, Optometric Extension Program Foundation, 1928–1974.

Smith III, E. L.: „Environmentally induced refractive errors in animals", in: *Myopia & Nearwork*, Butterworth Heinemann, 1998, S. 73.

Smith III, E. L. und Hung, L. F.: „Optical diffusion disrupts emmetropization and produces axial myopia in young monkeys", in: *Invest. Ophthalmol. Vis. Sci.* Nr. 36 (Suppl.), 1995, S. 758.

Smith III, E. L., Hung, L. F. und Harwerth, R. S.: „Effects of optically induced blur on the refractive status of young monkeys", in: *Vision Res.* Nr. 34, 1994, S. 293–301.

Suchoff, I. B. und Petito, G. T.: „The efficacy of visual therapy: accommodative disorders and nonstrabismic anomalies of binocular vision", in: *J. Am. Opt. Ass.* Nr. 17, 1986, S. 119–125.

Trachtman, J. N.: „Biofeedback of accommodation to functional myopia: a case report", in: *Am. J. Optom. Physiol. Opt.* Nr. 55, 1978, S. 400–486.

Trachtman, J. N., Jambalvo, V. und Feldman, J.: „Biofeedback of accommodation to reduce functional myopia: a case report", in: *Biofeedback and Self Regulation* Nr. 6, 1981, S. 546–64.

Trachtman, J. N.: „Perceptual correlates of accommodative biofeedback training", in: *Research Reports and Special Articles*, Optom. Extension Program Nr. 59 (3), 1986, S. 1.

Wallman, J.: „Retinal control of eye growth and refraction", in: *Prog. Retinal Res.* Nr. 12, 1993, S. 134–153.

Wallman, J. und Adams, J. I.: „Developmental aspects of experimental myopia in chicks: Susceptibility, recovery and relation to emmetropization", in: *Vision Res.* Nr. 27, 1987, S. 1139–1163.

Wildsoet, C. F.: „Structural correlates of myopia", in: *Myopia & Nearwork*, Butterworth Heinemann, 1998, S. 35.

Wildsoet, C. F. und Wallman, J.: „Is the rate of lens-compensation proportional to the degree of defocus?", in: *Invest. Ophthalmol. Vis. Sci.* Nr. 38 (ARVO Suppl.), 1997, S. 461.

Young, F. A.: „Visual refractive errors of wild and laboratory monkeys", in: *Eye, Ear, Nose and Throat Digest* Nr. 27, August, 1965.

Young, F. A. et al.: „The transmission of refractive errors within Eskimo families", in: *American Journal of Optometry and Archives of the American Academy of Optometry* Nr. 46 (9), 1969.

Young, F. A.: *The development of myopia*, Contacto, 1971.

Young, F. A.: *„Primate miopia"*, in: *Am. J. Optom. Physiol. Opt.* Nr. 58, 1981, S. 560–566.

Zadnik, K., Satariano, W. A., Mutti, D. O. et al.: „The effect of parental hystory of myopia children's eye size", in: *J. Am. med. Association* Nr. 271, 1994, S. 1323–1327.

Zadnik, K., Mutti, D. O., Fusaro, R. E. und Adams, A. J.: „ Longitudinal evidence of cristelline lens thinning in children", in: *Invest. Ophthalmol. vis. sci.* Nr. 36, 1995, S. 1581–1587.

Empfohlene Literatur

AAVV, *Bibliography of near lenses & vision training research*, Optometric Extension Program, 1998.

Abel, Robert: *The eye care revolution. Prevent and reverse common vision problems*, Kensington Publishing, 1999.

Baker, Douglas: *Esoteric Anatomy*, 1976 (dt.: *Vollständige Werke*, Spigno Saturnia (LT): Ed. Crisalide, o. J.)

Barnes, Jonathan: *Improve Your Eyesight*, Souvenir Press, 2000.

Bates, W. H.: *Perfect sight without glasses, 1920. (dt.: Rechtes Sehen ohne Brille: Heilung fehlerhaften Sehens durch Behandlung ohne Brille*, Bietigheim: Rohm, 1999)

Benjamin, Harry: *Better Sight Without Glasses*, 1992 (dt.: *Ohne Brille bis ins hohe Alter*, Freiburg im Breisgau: Bauer, 1998)

Brown, Otis S.: *How to Avoid Nearsightedness – A Scientific Study of the Eye's Behavior*, C & O Research, 1999 (www.myopiafree.org).

Deakins, Fred T. und Grossman, Mark R.: *The New Revolution in Eye Care: Your Complete Guide to Improved Eyesight*, America 20/20 Corporation, 2000.

De Angelis, David: *Power-Flex: I Segreti della Super Flessibilità*, Sandro Cicarelli Editore, 2. Auflage, 2007.

Friedberg, Fred und McKay, Matthew: *Do-It-Yourself Eye Movement Techniques for Emotional Healing*, New Harbinger, 2001.

Goodrich, Janet: *Natural vision improvement*, Ten Speed, 1998 (dt.: *Natürlich besser sehen*, Kirchzarten bei Freiburg: VAK, 2006)

Hätscher-Rosenbauer, Wolfgang: *Augenschule für gesundes Sehen: das erfolgreiche Programm zur Stärkung der Sehkraft und zur Vorbeugung von Fehlsichtigkeit; 20 Kurz-*

übungen für das tägliche Training, München: Südwest, 1996.

Hätscher-Rosenbauer, Wolfgang: *Augenschule: das Übungsbuch für gesunde Augen und klares Sehen,* Bad Vilbel: IST, 2003.

Huxley, Aldous: *The Art of Seeing.* Creative Arts. 1982 (dt.: *Die Kunst des Sehens: was wir für unsere Augen tun können,* München/Zürich: Piper, 1996)

Kaplan, Robert-Michael: *The Power behind your Eyes,* Healing Art Press, 1995 (dt.: *Die integrative Sehtherapie: entdecken Sie die heilende Kraft hinter Ihren Augen,* Freiamt im Schwarzwald: Arbor-Verlag, 2000)

Kaplan, Robert-Michael: *Conscious Seeing – Transforming Your Life through Your Eyes,* Beyond Words Publishing, 2002 (dt.: *Bewusstes Sehen: verwandle dein Leben durch deine Augen,* München: Heyne, 2005)

Leung, Steve H. und Bossino, Han A.: *You Are Wearing the Wrong Glasses,* 2003 (www.chinamyopia.org)

Liberman, Jacob: *Take Off Your Glasses and See: A Mind/Body Approach to Expanding Your Eyesight and Insight,* Three Rivers Press, 1995 (dt.: *Natürliche Gesundheit für die Augen: Sehstörungen beheben, die Sehkraft verbessern,* München/ Zürich: Piper, 2000)

Markert, Cristopher: *Seeing Well Again WITHOUT Your Glasses,* Prentice Hall Trade, 1983.

Quackenbush, Thomas R.: *Relearning to See: Improve Your Eyesight – Naturally!,* North Atlantic Books, 2000.

Quackenbush, Thomas R.: *Better Eyesight. The Complete Magazines of William H. Bates,* North Atlantic Books, 2001.

Rehm, Donald S.: *The Myopia Myth: The Truth about Nearsightedness and How to Prevent it,* International Myopia Prevention Association, 1981 (www.myopia.org)

Rosenfield, Mark und Gilmartin, Bernard: *Myopia & Nearwork,* Butterworth Heinemann, 1998.

Rottè, Joanna und Yamamoto, Koji: *Vision: A Holistic Guide to Healing the Eyesight,* Japan Publications, 1986.

Roy, Marilyn: *Eyerobics: How to Improve Your Vision,* Peanut Butter Publishing, 1997 (dt.: *Augen-Aerobic: wirksame Übungen zur Stärkung und Erhaltung Ihrer Sehkraft,* München: Goldmann, 2001)

Schmid, Klaus: *Myopia Manual: An Impartial Documentation of All the Reasons, Therapies and Recommendations,* Pagefreepublishing, 2004 (www.myopia-manual.de)

Schneider, Meir: *Meir Schneider's Miracle Eyesight Method: The Natural Way to Heal and Improve Your Vision,* Audio cassette, 1997.

Severson, Brian: *Vision Freedom,* 1998.

Shaftesbury, Edmund: *Instantaneous personal magnetism,* Kessinger Publishing, 1926 (III Department of the magnetic eye)

Shapiro, Francine: *Eye Movement Desensitization and Reprocessing (EMDR),* Guilford Press, 2001 (dt.: *EMDR – Grundlagen & Praxis: Handbuch zur Behandlung traumatisierter Menschen,* Paderborn: Junfermann, 1998)

Sussman, Martin, *The program for better vision.* North Atlantic Books, Berkeley, California, 1998.

Totton, Nick, und Edmondson, Em.: Reichian Growth Work: Melting the Blocks to Life and Love, Prism Press, 1988.

Über den Autor

Foto: Andrea Dell'Anno

David De Angelis, der ursprünglich eine Karriere bei Gericht anstrebte, studierte die Rechtswissenschaften und machte seinen Abschluss an der Universität *La Sapienza* in Rom.

Das akademische Umfeld und der Zugang zu umfassenden medizinischen Bibliotheken erlaubten es ihm, seiner Leidenschaft nachzukommen, psychophysische Zusammenhänge näher zu erforschen. Er beschäftigte sich dabei vor allem mit muskulären Rehabilitierungstechniken und der Bioenergetik. Nach Jahren des theoretischen Studiums und der praktischen Ausübung schrieb er das Buch *Power-Flex – I Segreti della Super Flessibilità*, in dem er neuartige Techniken der Körperarbeit vorstellt, die der Entwicklung größerer Kraft und Flexibilität dienen.

Auf der Grundlage gewonnener Erkenntnisse über Funktionieren und Arbeiten der Muskeln wurde ihm klar, dass der äußeren Augenmuskulatur eine ganz besondere Aufgabe beim Sehen zukommt. In ihm reifte die Idee, dass durch eine Stärkung dieser Muskeln die Augen „umerzogen" werden könnten, um ihnen zu besserem Sehvermögen zu verhelfen.

Auch hier kam ihm der Zugang zu schwer beschaffbaren wissenschaftlichen Studien entgegen, denn sie ermöglichten es ihm, den praktischen Nutzen des Defokus und dessen Einfluss auf die Brechkraft des Auges zu entdecken. Nach unzähligen (Fehl-)Versuchen an sich selbst bestätigte sich die unumstößliche Wirksamkeit des progressiven Defokus zur allmählichen Reduzierung funktioneller Brechungsfehler. Aus dieser Erkenntnis heraus, die er durch seine persönliche Erfahrung gewann, und die sich sowohl an wissenschaftliche Studien zum Defokus als auch an den persönlichen Heilungserfolg und den vollständigen Rückgang des ursprünglichen funktionellen Sehfehlers anlehnt, schrieb er *Ohne Brille seh ich besser.* Das Ziel des Autors ist es, die eigene Erfahrung an die Öffentlichkeit zu bringen und damit Grundlagen und Orientierungshilfen für ein neues Verständnis des Sehens zu liefern.

Interview mit David De Angelis

(durch die Optikerzeitung „MixMagazine", Sommer 2007)

Was hat dich dazu gebracht, dieses Buch zu schreiben?
Der Wunsch, meine erfolgreiche Erfahrung zu teilen; der Öffentlichkeit mitzuteilen, dass es wirklich möglich ist, Fehler in der Brechkraft zu verringern und eventuell vollständig rückgängig zu machen, wie in meinem Fall die Kurzsichtigkeit. In gewisser Hinsicht möchte ich den Menschen die Augen öffnen und ihnen zeigen, dass nicht alles, was uns von akademischen Autoritäten aufgetischt wird, unantastbare Wahrheiten sind. Brillen sind nicht, wie uns weisgemacht werden soll, ein Weg der Heilung unseres Sehvermögens, sondern schlicht ein Linderungsmittel, das nichts anderes tut als den ursprünglichen Sehfehler zu verschlimmern. (Aussagekräftige Studien zu diesem Thema: Medina 1987, Medina und Fariza 1993.)

Was erwartest du dir von der Öffentlichkeit?
Dass der, der Augen hat, sehe, und der, der Ohren hat, höre. Wer bereit dazu ist, kann nun neben dem Weg des berühmten William Bates noch einen neuen Weg zur Heilung einschlagen.
Rein materiell gesehen kostet die Anwendung der Methode, vom Buch abgesehen, so gut wie nichts. Sie erfordert dagegen eine große Portion Mühe und persönlichen Einsatz, um die spezifischen Übungen umzusetzen.
Denkst du, dass Fachkräfte wie Augenärzte und Wissenschaftler reagieren werden?
Meine Methode wird ganz bestimmt all denen ein Dorn im Auge sein, die an den alten und überholten Theorien zum Verhalten des menschlichen Auges festhalten. Das menschliche Auge wird oft mit einem Fotoapparat mit fest eingestelltem Fokus verglichen, aber so kann man das nicht sehen. Herausragende Autoren und wissenschaftliche Studien zu dem Thema sowie die von mir persönlich erreichten Ergebnisse zeigen, dass diese Aussage nur teilweise der Wahrheit entspricht. Das Auge kann seine Schärfe unterschiedlich einstellen, indem es die Brennweite verändert. Das heißt, dass die Augenlänge und damit die Fokussierung verändert werden kann, je nach Reiz, mit dem das Auge regelmäßig konfrontiert wird (Theorie der Akkommodationsbilanz). Studien an zahlreichen Tierarten bestätigen das: Myopische und hypermetropische Reize führen langfristig zu Kurz- bzw. Weitsichtigkeit (Myopie bzw. Hyperopie).

Diese Ergebnisse beruhen auf der wissenschaftlich erwiesenen Tatsache, dass die Netzhaut, je nachdem, an welcher Stelle fokussiert wird, sich anpasst und verschiebt. Das Auge ist folglich kein Fotoapparat mit fest eingestelltem Fokus, sondern ein raffinierter Apparat mit Autofokus. Arbeitet man nach sinnvollen Kriterien an der Position des Fokus (durch progressives Defokussieren), gewöhnt das Auge sich daran, die Scharfstellung nach Bedarf zu variieren. Jedes Organ passt sich gemäß dem SAID-Prinzip der spezifischen Anpassung an einen gegebenen Reiz jedem Reiz an, der intensiv genug ist und öfter wiederholt wird. Die Augen machen da keine Ausnahme.

Was die Spezialisten der Augenheilkunde denken werden? Ich habe *Ohne Brille seh ich besser* auch für sie geschrieben, damit der wissenschaftliche Nachwuchs auch auf eine weniger kurzsichtige Sichtweise des Problems hingewiesen wird und seinen Standpunkt daraufhin hoffentlich noch einmal überdenkt. ? Es ist ein Ansatz, der eine wirkliche Heilung und den Rückgang des Sehfehlers verspricht und kein bloßes Linderungsmittel ist. Die Methode von *Power Vision System®* kann Kurzsichtigkeit im großen Stil vorbeugen, die heutzutage so sehr verbreitet ist, eben weil wir Dauerstress im Nahbereich ausgesetzt sind.

Sollte der Leser Fragen zu den theoretischen Grundlagen des Systems und seiner praktischen Anwendung haben, steht der Autor ihm zur Verfügung:
Internetseite: www.powervisionsystem.com
E-Mail: info@powervisionsystem.com
Leserforum: www.visuellestraining.com (Hier können Leser ihre Erfahrungen zum Thema mitteilen und Fragen stellen. Sie erhalten Unterstützung durch den Autor oder andere Leser.)

Stichwortverzeichnis

A

Accommotrac® Vision Trainer 143–144, 170–171, 237
Akkommodation 18, 24, 28, 31–33, 39–41, 47, 66, 80–81, 237
Akkommodation bei Unschärfe 31, 73–76
Akkommodationsbilanz 40, 67–70, 209
Akkommodationskrampf 39, 208
Anpassung des Sehsystems 28, 53–55, 58, 66 ff.
Atmung 116, 131–134
Augenmuskeln 32–34, 37, 44–56, 97 ff., 101–105, 125–127, 131, 187, 220
- Bewegungsradius 56, 68, 127, 145, 221

B

Bates, William Horatio 123, 124, 125, 142–143, 161
Bifokale Linsen 71–72, 194
Binokularität 29, 35, 238
Bioenergetik 113–114, 129
Biofeedback 143–145, 238
Blick: sicherer Blick und Kurzsichtigkeit 130–131

C

CRB-Bewegung 111–114

D

Defokus, Defokussieren 28, 39–41, 57–58, 59–67, 83–118
- Kurzsichtiger Defokus 63, 65–66, 72, 239
- Weitsichtiger Defokus 64–66, 68, 243
Dehnung der äußeren Augemuskeln 44–65, 98, 101–106, 202–203
Donders, F. C. 15–17

E

Entspannung 33, 112, 123, 125–127, 136, 211

F

Fokussiertraining 99, 107–111, 206, 207, 222
Fovea centralis 29, 34, 239; siehe auch Netzhautgrube

H

Helmholtz, H. 15–17
Homöostase 76, 120, 239
Hypermetropie 239; siehe auch Weitsichtigkeit

I

Inuit 42, 179

K

Kepler, Johannes 14–17
Konvergenz der Sehachsen 29, 33
Korrigierende Linsen/Sehhilfen 67, 86, 159, 194, 235, 239

Kurzsichtigkeit 41–43, 70–73, 108–109, 128–131, 240
- Ursachen von Kurzsichtigkeit 36–41
- Seelische Komponente 128–130

L

Laserchirurgie am Auge siehe Refraktive Chirurgie
Lichtblitze scharfen Sehens 91–92, 196, 240
Lowen, Alexander 114, 129

M

Miosis 33
Monokularität 35, 240
Myopie 240; siehe auch Kurzsichtigkeit

N

Nervensystem 120–131, 133–136, 240, 242
Netzhautgrube 29, 32, 34, 102, 169, 188, 240; siehe auch Sehgrube und *Fovea centralis*

P

Pseudokurzsichtigkeit, Pseudomyopie 39, 41, 151, 208, 241

R

Rasterbrillen 145–147, 241
Refraktive Chirurgie 89–90, 241
Regeln zur Vorbeugung von Sehfehlern 231–232
Retinale Exzentrizität 188
Rotationsbewegungen 52, 56, 103–106, 177, 202–203, 222
- der Augen 104–106, 201
- des Kopfes 103, 200–201, 203

S

SAID-Prinzip 47, 53, 69, 74–75, 93–95, 97, 163, 241
Sehgrube 29, 34, 241; siehe auch Netzhautgrube
Sehtraining 43, 58–59, 115, 142, 147, 242
Stenopäische Brille 146, 242; siehe auch Rasterbrillen
Strabismus 242
Stress 120–136
- Mentaler Stress und Augenentspannung 123–127

T

Test 45–46, 166

U

Überakkommodativer Stress 35, 41, 71, 77, 84–87, 165, 209, 242
Übungslinsen/-gläser, Übungsbrillen 52, 57, 58, 74–75, 107–108, 147, 158, 167, 171–172, 181–182, 218, 242

V

Verlängerung der Achsen, Achsenverlängerung 40, 60, 70, 126
Vernebelung/Vernebeln *(fogging)* 41, 75, 87, 190, 243; siehe auch Akkommodation bei Unschärfe

W

Weinen 138–140
Weitsichtigkeit 28, 40, 57, 60–61, 65, 109–110, 163–164, 195, 204, 243

Z

Zentrale Fixation 34, 127, 187–188, 243
Ziliarmuskel 20, 32, 39, 96, 135, 208, 223, 243

Janet Goodrich:

Natürlich besser sehen

Leseprobe: www.vakverlag.de

Natürlich besser sehen ist eine unterhaltsame „Schule des Sehens" von der Augentherapeutin Dr. Janet Goodrich. Dieses Buch lädt ein zu einer Reise, bei der Sie erleben können, wie das Sehen zustande kommt und wie Sie die einzelnen Sehfunktionen pflegen können. Zahlreiche vergnügliche Illustrationen machen die Leser zu Betrachtern und animieren Sie dazu, spielerisch an der Verbesserung Ihrer Sehfähigkeit zu arbeiten. Eine Schule des Sehens für alle, die einfach mehr sehen wollen.

Sonderausgabe, 272 Seiten, 220 Abb., Paperback (18 x 24,5 cm),
ISBN 978-3-932098-97-0

F. Batmanghelidj:

Sie sind nicht krank, Sie sind durstig!

Heilung von innen mit Wasser und Salz

Leseprobe: www.vakverlag.de

Der Titel des Buches ist wörtlich zu verstehen: Wassertrinken ist so wichtig, weil unser Körper nicht mehr richtig funktionieren kann, wenn er nicht genügend davon erhält. Hier erläutert Dr. Batmanghelidj eindringlich, warum Krankheitssymptome (wie Diabetes, Krebs, beeinträchtigte Gehirnfunktionen bis hin zum chronischen Müdigkeitssyndrom) als Schreie des Körpers nach Wasser zu verstehen und auch so zu behandeln sind.

202 Seiten, 11 Abbildungen, Paperback (13 x 20,5 cm)
ISBN 978-3-935767-25-5

Eric Franklin:

Bewegung beginnt im Kopf

Locker, leicht, dynamisch mit der Franklin-Methode®

Leseprobe: www.vakverlag.de

Bewegung beginnt im Kopf – mit diesem Ansatz ist die Franklin-Methode® nicht nur in Sport und Tanz erfolgreich, sie macht auch in Beruf und Alltag das Leben leichter. Weit über 100 einfache Bewegungsübungen – kombiniert mit einprägsamen Vorstellungsbildern – führen zu faszinierendem Erleben des eigenen Körpers. So kann man nicht nur gelenkiger werden, sondern auch Verspannungen lösen, Rückenschmerzen lindern, die Atmung verbessern, sportliches Training leichter und effektiver machen ...

166 Seiten, 95 Abbildungen, Paperback (19 x 24 cm),
ISBN 978-3-86731-004-8

Abbonnieren Sie unseren kostenlosen Newsletter: www.vakverlag.de

Werner Winkler:

Die kleine Gesundheitsinventur

So finden Sie, was Ihnen hilft: Schlüssellösungen für 300 Probleme

Leseprobe: www.vakverlag.de

Dieser originelle Ratgeber im Jackentaschenformat enthält eine umfangreiche Checkliste mit 300 Beschwerden und 52 Lösungsmöglichkeiten. Der Clou: Mehreren Beschwerden liegt oft dieselbe Ursache zugrunde. Egal, ob es um Nährstoffmangel oder die Veränderung von Lebensgewohnheiten geht – Leser, die sich schnell und unkompliziert selbst helfen möchten, finden hier prasixerprobte Schlüssellösungen, die sich leicht in den Alltag integrieren lassen.

108 Seiten, 2 Fotos, Paperback (10 x 15,5 cm)
ISBN 978-3-935767-89-7

Andrew Matthews:

So geht's dir gut

Leseprobe: www.vakverlag.de

Dieses Buch handelt davon, ...
... warum Sie immer nur Ihre besten Kleider mit Spaghetti bolognese bekleckern;
... warum Ampeln gerade dann eine ganze Ewigkeit auf Rot stehen, wenn Sie – bereits verspätet – zu einer Verabredung unterwegs sind;
... warum manche Leute immer zur rechten Zeit am richtigen Ort zu sein scheinen – und wie Sie dazugehören können.
Der Autor zeigt auf ebenso geistvolle wie amüsante Weise, wie Sie sich selbst verstehen, über sich selbst lachen, sich selbst vergeben und damit erfolgreicher und glücklicher werden können.

137 Seiten, 70 Illustr. des Autors, Paperback (18 x 24,5 cm),
ISBN 978-3-924077-32-7

Hale Dwoskin:

Die Sedona-Methode

Wie Sie sich von emotionalem Ballast befreien und Ihre Wünsche verwirklichen

Leseprobe: www.vakverlag.de

Bei der Suche nach Glück und Erfolg stehen wir uns meist selbst im Weg – mit negativen Denk- und Verhaltensmustern. Der Grund: Emotionen verzerren unsere Wahrnehmung. Die Sedona-Methode weist einen Weg aus dem Irrgarten der Gefühle: elegant in ihrer Einfachheit und unbegrenzt in den Anwendungsmöglichkeiten zeigt sie, wie wir Emotionen ganz einfach loslassen können. Wer sich darauf einlässt, fühlt sich befreit, erlebt erfülltere Beziehungen und navigiert mit Klarheit und Gelassenheit durchs Leben. Hunderttausende von Anwendern bezeugen die Wirksamkeit dieser leicht erlernbaren Selbsthilfemethode.

336 Seiten, 22 Abbildungen, Paperback (16,5 x 24 cm)
ISBN 978-3-935767-78-1

Leseproben für alle Titel finden Sie unter: www.vakverlag.de